機関投資家による
スチュワードシップの
実践と展望

スチュワードシップ・コードの10年

木村 祐基 編著

一般社団法人
スチュワードシップ研究会 著

同文舘出版

まえがき

　スチュワードシップ研究会は，スチュワードシップ・コードが制定された2014年に，機関投資家の有志が集まって発足した。コードが期待する機関投資家の役割を果たすための「実力」を養い，機関投資家としての意見を市場に発信していきたいという思いであった。スチュワードシップ研究会の活動の記録は補章に詳しく紹介させていただいた。

　スチュワードシップ・コードの制定（その翌年にはコーポレートガバナンス・コードが制定）とスチュワードシップ研究会の発足から10年がたち，この間に日本の機関投資家のスチュワードシップ活動や日本企業のコーポレートガバナンスの景色は大きく変わった。研究会の発足から10年の節目にあたり，過去10年の両コードをめぐる環境の変化や成果を振り返り，次の10年に向けた展望を議論しようという趣旨で，2023年に研究会のメンバーが集まり，ほぼ毎月1回のペースで報告とディスカッションを行ってきた。

　本書は，それらの報告とディスカッションをベースとして，研究会のメンバーが執筆したものである。全員が，現役で運用・調査等の業務に携わる投資家・研究者などである。各章の構成については，研究会の議論だけでなく，機関投資家のスチュワードシップ活動をめぐる幅広いテーマを取り上げている。

　具体的には，過去10年のスチュワードシップ活動やコーポレートガバナンス改革の振り返り，機関投資家によるエンゲージメント活動の実際とその成果，運用会社としての課題，日本企業の企業価値向上に向けた提言，コーポレートガバナンス・コード導入の成果と投資家から見た今後への期待と課題など，投資家の視点から，投資家自身ではなかなか書きにくい実情や課題についても率直に記述している。

　折しも日本政府が「資産運用立国」を掲げ，東京証券取引所は上場企業に対して企業経営の活力を高めるために「投資家との対話」を強く呼びかけている。また，新NISAの開始などで国民の間でも資産運用への関心が高まっ

ている。本書が，機関投資家と対話を行う企業の方々や，日本の株式市場に関心を持つ一般の方々にも興味を持って読んでいただけるものとなれば望外の幸せである。

　まずは，日々の業務多忙の中で各章の執筆に協力していただいた執筆者の皆さんの労をねぎらいたい。また，本書全体の編集や構成・章立ての決定については，一橋大学大学院教授の円谷昭一氏に全面的にご協力いただいた。ここに記して心からお礼を申し上げたい。

　また，同文舘出版㈱編集局の青柳裕之取締役，佐々木葵氏には，多様な執筆者の原稿の整理・編集で大変お世話になった。感謝申し上げたい。

スチュワードシップ研究会

代表理事　木村祐基

目　次

第1部
日本版スチュワードシップ・コードのあゆみ

第1章
スチュワードシップ・コードの10年

1　日本版スチュワードシップ・コードの導入　4

2　機関投資家のスチュワードシップ活動の進展　4

(1) スチュワードシップ責任とは　4
(2) SSコードの原則と機関投資家に求められる対話　5
(3) SSコードの改訂・再改訂　7
(4) 機関投資家の体制の整備　8

3　企業側の評価　9

4　今後の課題　11

第2章
スチュワードシップ・ガバナンス改革の
10年を振り返る

1　はじめに　16

2　政策を振り返る　17

iii

目　次

（1）　時系列で見た政策動向　17
（2）　政策の今後　23

3　対話と価値創造を振り返る　24

（1）　企業と機関投資家の対話　24
（2）　対話が価値創造につながったか　25

4　価値創造とサステナビリティ情報　26

（1）　サステナビリティ情報と対話　26
（2）　多様化と専門化の罠　27
（3）　サステナビリティ情報を価値向上につなげるには　28

5　おわりに　30

第2部

エンゲージメントの実際

第3章
エンゲージメントの現状と課題

1　はじめに　36

2　IR とエンゲージメント　38

（1）　IR があるのにカウントされていない場合が多い　39
（2）　機関投資家が定義するエンゲージメントは主に大企業に対して
　　　行われている　39
（3）　エンゲージメント内容の二極化懸念　39

3　対話の高度化・拡充にあたっての課題　40

（1）　大量保有報告制度と重要提案行為　40
（2）　安定株主をどう考えるか　41

目 次

（3）　国内機関投資家比率は十分か　41
（4）　アクティビストの活動　42
（5）　ガバナンス改革に残された課題（ICGN の提言）　42
（6）　日本企業にエンゲージメントすることが投資リターンの
拡大につながるか　43

4 企業と投資家のエンゲージメントに対する認識ギャップ　44

（1）　GPIF「機関投資家全般に期待すること」　44
（2）　投資家側の意見　46
（3）　これらの意見から見える将来のエンゲージメント　47

第 4 章

アクティブ投資家の役割と課題

1 はじめに　50

2 エンゲージメントにおけるセルサイドとバイサイドの違い　50

（1）　資本市場における役割の違い　51
（2）　企業の対話相手としてのセルサイドとバイサイド　51

3 議決権行使担当者とファンドマネージャー・アナリスト　52

（1）　議決権行使における議決権行使担当者と
ファンドマネージャー・アナリストの役割　52
（2）　運用会社におけるキャリアの違い　53
（3）　エンゲージメント内容の違い　53

4 アクティブマネージャーが効果的なエンゲージメントを行うには　54

（1）　エンゲージメント可能な銘柄数　55
（2）　エンゲージメントは対象銘柄の絞り込みが必要　56
（3）　アクティブマネージャーに求められるエンゲージメント力向上　57

5 企業が投資家の意見を適切に反映させるには　58

（1）　IR の改革は必須　58
（2）　対話担当の社外取締役が必要　59

v

目 次

6
協働対話・総会への事前質問への期待 60
(1) 協働対話の効果 60
(2) 総会への事前質問 61

7
おわりに 63

第**5**章

パッシブ投資家の役割と課題

1
パッシブ投資家のエンゲージメントへの期待 66
(1) パッシブ投資の増加 66
(2) スチュワードシップ・コードの要請 66

2
パッシブ投資のエンゲージメントの特徴と評価 67
(1) パッシブ投資のエンゲージメントの特徴 67
(2) パッシブ投資家の対話テーマはアクティブと異なるか 69
(3) GPIF の「エンゲージメント強化型パッシブ」 71

3
今後の課題と展望 73
(1) 議決権行使基準の課題 73
(2) 中小型上場企業との対話の課題 74
(3) 他の投資家や幅広い関係者との連携 76

4
おわりに 77

第**6**章

機関投資家の議決権行使

1
スチュワードシップ・コード導入による機関投資家の議決権行使の変化と企業との対話に与えた影響 80

2 機関投資家の議決権行使のプロセス
―アセットマネジメント One の事例― 83

(1) 議決権行使のプロセス 83
(2) ガイドライン策定 85

3 エンゲージメントとの関係―「形式的との批判」について― 88

4 おわりに 90

(1) 発行企業に期待すること 90
(2) スポンサー（アセットオーナー）に期待すること 91
(3) その他，東証等に期待すること 91
(4) 今後の方向性（ロードマップ） 92

第 7 章

サステナビリティと ESG 投資

1 はじめに 96

2 運用会社の ESG 課題―意識改革の必要性― 97

(1) 変容する運用会社の責任 97
(2) 目指すべき社会像 98
(3) 世界的な資金獲得競争の時代に突入 99
(4) これからの運用会社に必要なもの 99

3 事業会社の ESG 課題―サステナブル経営フレームワークの構築― 101

4 ESG 投資のエコシステムの課題 105

(1) インパクト投資のためのエコシステムの構築 107
(2) 投資家視点での社会的インパクトに関する望ましい情報開示
について 109
(3) さらなるインパクト投資の発展のための課題と ESG 投資のための
エコシステムの課題 110

第 **8** 章

協働エンゲージメントの役割

1

協働エンゲージメントへの期待　　114

（1）　日本での協働エンゲージメントの定着　114
（2）　海外のスチュワードシップ・コードにおける
　　　協働エンゲージメントの規定　114

2

機関投資家協働対話フォーラムの設立と活動　　115

（1）　機関投資家協働対話フォーラムの発足と活動方針　115
（2）　協働対話のメリットと市場への浸透に向けて　117

3

協働対話フォーラム以外の国内外の協働エンゲージメント活動について　　119

（1）　他の協働エンゲージメントの概観　119
（2）　英国 Investor Forum の活動　120

4

協働対話の課題と今後の展望　　122

（1）　日本の協働エンゲージメントの課題　122
（2）　協働対話フォーラムの課題　129

第 **3** 部

エンゲージメントの成果と考え方

第 **9** 章

企業と投資家との意識ギャップ

1

企業と投資家のギャップ　　134

（1）　東証が示した投資家目線とのギャップ実例　134

目 次

2
ギャップの背景，日本企業の IR と SR の土壌 135

(1) IR はマーケティングをしていない 135

(2) IR は投資家向け広報ではない 137

(3) 日本企業の最高財務責任者は CFO ではない 137

(4) SR は株主総会・株式実務担当が行っている 139

(5) SR は個人株主対応がベース 140

3
おわりに 142

第**10**章

PBR1 超え企業と 1 割れ企業の 特性分析とその示唆

1
はじめに 144

2
推進前期における企業価値創造 145

3
推進前期における株式市場の合理性 152

4
今後の展開に向けて 155

(1) 株主価値評価理論からの示唆 155

(2) 成長のネガティブ効果を避けるために 156

第**11**章

PBR 改善に向けた日本企業の処方箋

1
PBR 格差は修正局面を迎える 162

(1) 過去には PBR1 倍割れ比率が 1 割台にとどまる時期もあった 162

(2) 東証の要請後，PBR の水準も改善傾向にある 164

ix

2

株主アクティビズムの台頭 167

(1) 対話に積極的に取り組む投資家が日本企業を保有する件数は
大きく上昇 167

(2) 株主提案が出されている企業の属性と株価パフォーマンス 169

3

日本企業のさらなる PBR 改善に向けた処方箋（1）
キャピタルアロケーションの再考 171

(1) キャピタルアロケーション，取締役会の実効性に注目 171

4

日本企業のさらなる PBR 改善に向けた処方箋（2）
取締役会の実効性向上 176

(1) ポイント 1：取締役会の多様性確保 176

(2) ポイント 2：役員報酬改革を進める企業に注目 178

(3) ポイント 3：モニタリング型の取締役会と企業価値 179

第 12 章
ROIC-WACC を用いた
価値可視化フレームワーク

1

理論的な関係 184

(1) PBR と MVA：ともに将来に対する価値創造力を示す指標 184

(2) ROE スプレッド，ROIC スプレッドと PBR，時価総額，
MVA の関係 185

2

可視化＆ IR への応用 187

(1) ROE スプレッド，ROIC スプレッドと PBR の関係を
グラフで可視化 187

(2) ROE スプレッド，ROIC スプレッドを用いた市場評価の整理方法 188

3

ROIC の応用編—より厳密な ROIC-WACC の利用法— 190

(1) 一般的な投下資本の問題点 190

(2) 応用可視化テクニック
〜事業（リーン）投下資本と調達（シンプル）投下資本の区別 190

4 統計学的な分析 191

（1） 分析の前提と分析結果　191

5 さらなる可視化の応用テクニック
—MVA の長期的な価値創造とのリンク—　194

（1） サステナビリティ開示への応用
〜 MVA の将来の株主価値との統合　194

6 非財務情報の統合 194

7 おわりに 198

対談
スチュワードシップ活動は
役に立つのか

1 自己紹介がてら振り返り 201

2 投資家の役割とは何か・責任ある投資家とは 203

3 エンゲージメントとは何か 205

4 お互い「わかってくれない」というのはなぜか 207

5 機関投資家は結託すべきか 208

第4部

運用会社の課題

第13章
日本の運用会社の課題

1 はじめに 214

2 世界においてプレゼンスの低い日本の運用会社 215

3 日本の運用会社の特徴と課題 216
- （1） 独立性（利益相反問題） 216
- （2） 経営トップ 217
- （3） 運用プロフェッショナルの人材マネジメント 219

4 日本の運用会社の高度化のために 222
- （1） ガバナンス強化 222
- （2） 経営トップ 223
- （3） 運用プロフェッショナルの人材マネジメント 223
- （4） アセットクラスの拡大 223
- （5） 独立系運用会社への支援 224

第14章
運用会社のガバナンス

1 はじめに 228

2 日本の大手アセットマネジメント会社の構造的な問題 229

3 2009年時点の問題点 230

4
近年の大手アセットマネジメント会社の取り組み　232

5
プログレスレポート 2023　233

6
新たな提言と期待　236
（1）外部環境の変化　236
（2）指名委員会の設置（提言1）　237
（3）独立社外取締役の増員（提言2）　238
（4）ダイバーシティの推進（提言3）　239

7
おわりに　239

第15章
新興運用会社の役割と新規参入の課題

1
はじめに　242

2
運用業への新規参入の課題　242
（1）投資運用業への新規参入にあたって　243
（2）運用業への新規参入の課題　247

3
取り巻く環境の変化　250
（1）新興運用会社の政策的支援　250
（2）2024年の金融商品取引法改正　253

4
新興運用会社の果たす役割　254

5
おわりに　256

第5部

コーポレートガバナンス・コードの成果と課題

第16章
コード導入の成果と今後への期待

1　はじめに … 260

2　2030年　目指す姿の再確認 … 261
- （1）　長期の定義とは何か　261
- （2）　2030年日本が目指す姿とは　262
- （3）　目指す姿のために必要なアクションは何か　263
- （4）　改革の目的は何だったのか　265

3　コードの実績として「成長」は果たされたのか … 266
- （1）　日米比較　267
- （2）　資本市場と目線を合わせたKPI設定　269

4　形式基準の重要性 … 270

5　コーポレートガバナンス・コード　今後への期待 … 272

第17章
日本企業に残された課題

1　はじめに … 276

2　コーポレートガバナンス・コード導入の成果 … 277
- （1）　コーポレートガバナンス・コード導入の意図　277

（2） コーポレート・ガバナンス・コードの成果―道半ば― 278

3 残された課題 282

（1） 現時点での問題意識と課題リスト 282
（2） 残された課題と対応 284

補章
スチュワードシップ研究会の 10 年

1 設立の経緯 298

2 本研究会の目的と活動 299

3 勉強会・意見交換会の歴史で見る日本の投資家の議論の変遷 300

（1） 2014 年―機関投資家の情報交換・意見交換のネットワークとしての
研究会設立 300
（2） 2015 年―CG コード導入に伴う議論に貢献 302
（3） 2016 年―海外投資家との交流を活発化，パブコメで意見発信 303
（4） 2017 年―「気候変動」と企業価値創造の議論の始まり 304
（5） 2018 年―サステナブル・ファイナンス，投資家の社会的課題に対する
役割 305
（6） 2019 年―企業価値向上における投資家の役割 306
（7） 2020 年―コロナ禍の活動と，サステナビリティ開示 308
（8） 2021 年―投資家の開示 SFDR，ESG に目覚める米国 309
（9） 2022 年―気候変動株主提案，GFANZ とポートフォリオ
ネットゼロ 310
（10） 2023 年―コーポレートガバナンスアクションプログラム 311
（11） 2024 年―政策保有株に関するオピニオンペーパー 312

機関投資家による
スチュワードシップの実践と展望

―スチュワードシップ・コードの 10 年―

第1部

日本版
スチュワードシップ・コードの
あゆみ

第1章

スチュワードシップ・コードの 10 年

日本版スチュワードシップ・コードは 2014 年 2 月に初めて導入された。本章では，スチュワードシップ・コード導入後の 10 年で，機関投資家が体制の強化を進め，対話（エンゲージメント）を深化させてきたこと，対話の相手方である企業側からも一定の評価が得られていることを振り返り，次の 10 年に向けて取り組むべき課題は何かを考える。

第1部
日本版スチュワードシップ・コードのあゆみ

1

日本版スチュワードシップ・コードの導入

日本版スチュワードシップ・コードは，2014年2月に制定された。策定の直接の契機となったのは，2013年6月に閣議決定された日本再興戦略において，それまでの産業競争力会議における議論を踏まえて，「成長への道筋」に沿った主要施策例として，「機関投資家が，対話を通じて企業の中長期的な成長を促すなど，受託者責任を果たすための原則（日本版スチュワードシップコード）について検討し，取りまとめる。【年内に取りまとめ】」と明記されたことであった。

その後，2013年8月に金融庁に「日本版スチュワードシップ・コードに関する有識者検討会」が設置され，6回の会議を経てコードの確定に至った。

日本版スチュワードシップ・コード（以下，SSコード）は，2010年に制定された英国のSSコードを参考として検討された。世界で2番目となるSSコードである。

日本版SSコードは，英国にならい，義務付けではなく，いわゆる「ソフトロー」として，Comply or Explainアプローチを採用しているが，2014年8月末時点ですでに160機関が受け入れを表明し，コードの各原則に基づく実施方針を公表している。それまで日本では多くの人にとって「スチュワードシップ」という言葉自体がなじみのないものであったが，コードの制定と受け入れによって機関投資家の間に急速に定着していくことになった。

2

機関投資家のスチュワードシップ活動の進展

（1）　スチュワードシップ責任とは

スチュワードシップという言葉自体が日本ではなじみのないものであったので，2014年2月に公表されたSSコードでは，コード本文の前に，5頁に

わたって，経緯および背景，本コードの目的，プリンシプルベース・アプローチおよびコンプライ・オア・エクスプレインについて詳しく説明している。そこでは，「スチュワードシップ責任」とは，「機関投資家が，投資先企業やその事業環境等に関する深い理解に基づく建設的な『目的を持った対話』（エンゲージメント）などを通じて，当該企業の企業価値の向上や持続的成長を促すことにより，『顧客・受益者』（最終受益者を含む）の中長期的な投資リターンの拡大を図る責任を意味する。」とされている。

すなわちスチュワードシップ活動は，企業へのエンゲージメントを通じて企業価値向上を促し，ひいては投資リターンの拡大をもたらすものであるということである。また，本コードの目的は，「機関投資家と投資先企業との間の建設的な『目的を持った対話』が行われることを促すものであり，機関投資家が投資先企業の経営の細部にまで介入することを意図するものではない。」としている。

(2) SS コードの原則と機関投資家に求められる対話

2014 年 2 月に制定された SS コードは 7 つの原則と各原則を補う 21 の指針から構成されていた（2020 年 3 月改訂の現在のコードは 8 原則・33 指針に拡充されている）。

各原則はいずれも重要であるが，特に現場で企業との対話（エンゲージメント）に携わるアナリスト，ファンドマネージャーにとっては，原則 4 で「投資先企業との対話を通じて，投資先企業と認識の共有を図るとともに，問題の改善に努めるべきである」（下線は筆者による）とされたことが大きな意識変革を求められたものと考えられる。

それまでの企業調査活動では，企業の開示情報の分析や企業へのヒアリングを通じて企業の状況を把握して，企業の将来性を評価し，売り・買いの判断を行うということであった。しかし，SS コードでは，投資家がその企業の問題点・課題と考えることについて企業と「認識の共有を図り」，「問題の改善に努める」という行動が期待されることになったわけである。まさに，「調査」から「エンゲージメント」への大きな転換といえるだろう。

第 1 部
日本版スチュワードシップ・コードのあゆみ

図表 1-1　日本版スチュワードシップ・コードの原則（2020 年 3 月 24 日）

原則1	機関投資家は，スチュワードシップ責任を果たすための明確な方針を策定し，これを公表すべきである。
原則2	機関投資家は，スチュワードシップ責任を果たす上で管理すべき利益相反について，明確な方針を策定し，これを公表すべきである。
原則3	機関投資家は，投資先企業の持続的成長に向けてスチュワードシップ責任を適切に果たすため，当該企業の状況を的確に把握すべきである。
原則4	機関投資家は，投資先企業との建設的な「目的を持った対話」を通じて，投資先企業と認識の共有を図るとともに，問題の改善に努めるべきである。
原則5	機関投資家は，議決権の行使と行使結果の公表について明確な方針を持つとともに，議決権行使の方針については，単に形式的な判断基準にとどまるのではなく，投資先企業の持続的成長に資するものとなるよう工夫すべきである。
原則6	機関投資家は，議決権の行使も含め，スチュワードシップ責任をどのように果たしているのかについて，原則として，顧客・受益者に対して定期的に報告を行うべきである。
原則7	機関投資家は，投資先企業の持続的成長に資するよう，投資先企業やその事業環境等に関する深い理解のほか運用戦略に応じたサステナビリティの考慮に基づき，当該企業との対話やスチュワードシップ活動に伴う判断を適切に行うための実力を備えるべきである。
原則8	機関投資家向けサービス提供者は，機関投資家がスチュワードシップ責任を果たすに当たり，適切にサービスを提供し，インベストメント・チェーン全体の機能向上に資するものとなるよう努めるべきである。

注：原則 8 は 2020 年 3 月の改訂で追加された。
出所：金融庁（2020）「『責任ある機関投資家』の諸原則 《日本版スチュワードシップ・コード》」
　　　2020 年 3 月 24 日

　議決権行使については，2001 年に厚生年金基金連合会（現企業年金連合会）が「株主議決権行使に関する実務ガイドライン」を策定して，運用受託機関に効果的な議決権行使の実施を求め，さらに 2003 年 2 月に独自の「議決権行使基準」を定めて自家運用株式部分の議決権行使を本格的に開始したことを端緒として，国内機関投資家の間で議決権行使基準の策定と行使の厳格化が進んできた。日本証券投資顧問業協会の調査（2011）によると，同協会加盟運用機関の会社提案に対する「反対率」は，2003 年頃から急激に高まり，2005 年には 15% に達し，その後この水準が続いている。ただ，機関投資家

の議決権行使には，「企業の実態を考慮せず，基準を機械的に適用している」という批判もあったことから，コードの原則5では「形式的な判断基準にとどまるのではなく，投資先企業の持続的成長に資するものになるよう工夫すべきである。」とされた。機関投資家は，あらためて議決権行使基準やその運用についての体制を見直す契機になったと考えられる。

(3) SS コードの改訂・再改訂

SS コードは2014年の制定時に，「コードの内容のさらなる改善が図られることを期待して，おおむね3年毎を目途として，定期的な見直しを検討する」ことが提言されていた。このため，2017年，2020年にそれぞれ改訂，再改訂が行われた（その後は定期的見直しの方針は変更された）。

2017年，2020年の改訂の主な改正点は**図表1-2**の通りである。2017年には，アセットオーナーに運用機関への実効的なモニタリングを期待すること，運用機関のガバナンスの強化，パッシブ運用における積極的なエンゲージメント，議決権行使の個別行使結果の開示，協働エンゲージメントも有益

図表1-2　スチュワードシップ・コードの改訂・再改訂の主な改正点

■ 2017 年の主な改正点
①アセットオーナーによる実効的なモニタリング（企業年金の SS コード受入れの促進等）
②運用機関のガバナンス・利益相反管理の強化
③パッシブ運用における積極的なエンゲージメント
④議決権行使結果の公表の充実（個別行使結果の開示）
⑤議決権行使助言会社の経営体制のあり方
⑥協働（集団的）エンゲージメントも有益
⑦運用機関のコード実施状況の自己評価
■ 2020 年の主な改正点
①運用機関の議決権行使の賛否の理由や，対話活動に関する説明・情報提供の充実
② ESG 要素を含むサステナビリティをめぐる課題に関する対話の目的意識
③日本株式以外の資産への適用も可能
④企業年金のスチュワードシップ活動の後押し
⑤議決権行使助言会社の体制整備，助言策定プロセスの公表，企業と積極的意見交換
⑥年金運用コンサルタントにおける利益相反管理体制の整備・説明

出所：金融庁スチュワードシップ・コードに関する有識者会議の資料から筆者作成

第1部
日本版スチュワードシップ・コードのあゆみ

であることなど，機関投資家のエンゲージメントを強化する方向の指針が追加された。

2020年の改訂では，機関投資家向けサービス提供者（議決権行使助言会社，年金運用コンサルタントなど）を規律する原則8が追加された他，機関投資家にはサステナビリティの考慮が加えられた。また議決権行使については，重要な議案について賛否の理由を公表することなどが追加された。

（4） 機関投資家の体制の整備

SSコードに対応して，機関投資家の体制の整備も進められてきた。コードの受け入れ表明を行った機関投資家は，2014年8月末の160機関から2024年9月末では330機関にまで増加した。

運用機関ではコードの受け入れ表明に伴って，様々な体制の整備・強化を行ってきた。

① スチュワードシップ推進部，責任投資部などの名称のスチュワードシップ担当専任部署の設置。また，スチュワードシップ・オフィサー，ESGアナリストといった専門担当者の設置。

② ESGやパッシブ運用のエンゲージメントの強化。PRI（国連責任投資原則），Climate Action100+，30%Clubなどの国際的なイニシアティブへの参加や，気候問題，人権問題などの専門アナリストの採用。

③ 機関投資家協働対話フォーラムや生命保険協会スチュワードシップ活動ワーキング・グループによる協働エンゲージメントへの参加。

日本投資顧問業協会では，投資運用会員および日本版SSコードの受け入れを表明した投資助言・代理会員を対象としたアンケート調査を毎年行っている（**図表1-3**）。この調査では，対象となる運用機関の増加に伴って，アンケート回答会社数が2015年6月末の184社から2024年6月末に255社に増加し，運用業務従事者数は1,635人から2,377人に45%増加した。その内訳を見ると，ファンドマネージャーも33%増加したが，調査スタッフ（アナリスト）が58%の増加となっており，調査部門の充実がうかがえる。ファンド

第1章
スチュワードシップ・コードの10年

図表1-3　投資運用業における日本株関連の陣容

		2024年6月末 (255社)		2015年6月末 (184社)	
		人員数（人）		人員数（人）	
			内　専任		内　専任
運用業務従事者数		2,377	—	1,635	—
内	ファンドマネージャー数	1,298	—	975	—
内	調査スタッフ（アナリスト）数	765	—	485	—
内	議決権行使担当者数	714	48	404	23
内	モニタリング担当者数	938	58	689	25
内	エンゲージメント担当者数	965	77	662	31
内	ESG担当者数	660	52	—	

出所：日本投資顧問業協会「日本版スチュワードシップ・コードへの対応等に関するアンケートの結果について」2024年10月実施分，2015年10月実施分をもとに筆者作成

マネージャーや調査スタッフが議決権行使やエンゲージメント，ESG調査を（兼任も含めて）担っており，それぞれの担当者数が大幅に増加してきたことが分かる。この間にそれぞれの分野の専任担当者も大幅に増加した。

　調査やエンゲージメント担当者の強化と並んで，大手運用会社では2018年頃から「スチュワードシップ・レポート」「責任投資レポート」「サステナビリティ・レポート」などのレポートを作成して，スチュワードシップ活動の内容を詳しく説明する開示の強化も進めてきた。これらのレポートやホームページなどでの開示の拡大によって，機関投資家のスチュワードシップ活動の実際についての企業や関係者の理解も進んできたものと考えられる。

3
企業側の評価

　以上のような機関投資家のスチュワードシップ活動の活発化について，上場企業側はどのように受け止めているのだろうか。

第 1 部
日本版スチュワードシップ・コードのあゆみ

　まず，日本 IR 協議会が毎年行っている「IR 活動の実態調査」によると，SS コード導入直後の 2015 年度調査（回答企業 997 社）では，「日本版スチュワードシップ・コード導入による機関投資家やセルサイドアナリストの行動や質問の変化があったか」という質問に対し，変化が「見られる 32.5%」「見られない 38.7%」と，変化が見られないという回答が多かったが，翌 2016年度調査（回答企業 983 社）では，変化が「見られる 37.0%」「見られない35.3%」と逆転した。直近の 2024 年度調査（回答企業 1,039 社）では，質問がやや変わっているが，「企業の持続的成長を目的とした機関投資家との対話が，それ以前と比べて全般的に促進されたか」との質問に対し，「大いに促進された」「促進された」「やや促進された」の 3 者合計が 52.7% と過半数の回答になっており，投資家との対話が進展していることを評価している。

　また GPIF（年金積立金管理運用独立行政法人）が，運用受託機関のスチュワードシップ活動に関する評価等を把握するために，GPIF の主たる投資対象でもある TOPIX 構成企業を対象に行っている「機関投資家のスチュワードシップ活動に関する上場企業向けアンケート集計結果」では，「全体または多数の機関投資家の好ましい変化を感じる」という回答が 2019 年調査の3.5% から 2024 年には 16.8% まで年々増加しており，「一部の機関投資家については好ましい変化を感じる」という回答を合わせると 5 割近くの企業が好ましい変化が見られると回答しており，企業からも一定のポジティブな評価を得られているといえよう。

　しかし，2024 年でも，「好ましくない変化も増えた」という回答はほとんどないものの，一方で，「機関投資家の間で二極化しつつある」「とりたてて大きな変化は見られない」という回答が合わせて 5 割を超えている。機関投資家側の人材・スキルの不足や，エンゲージメント対象企業が主要企業など一部に偏っていることなどが影響していることも考えられ，今後の課題も残っているといえるだろう。因みに，2024 年調査の回答企業の規模別区分では，大型 11.7%，中型 32.8%，小型 55.5% であった。小型企業（TOPIX500以外の企業）では機関投資家との対話が十分に行われていないのではないかとも推測される。

第1章
スチュワードシップ・コードの10年

図表1-4 機関投資家全般について，ここ1年でIRミーティング等において変化はありましたか？

	2019年	2021年	2024年
①全体または多数の機関投資家の好ましい変化を感じる	3.5%	9.9%	16.8%
②一部の機関投資家についてではあるが，好ましい変化がある	37.1%	37.3%	29.8%
③変化は起きつつあるが，機関投資家の間で二極化しつつある	13.8%	11.5%	8.4%
④取り立てて大きな変化は感じられない	44.8%	40.9%	44.3%
⑤好ましくない変化も増えた	0.8%	0.4%	0.7%

注：対象はTOPIX構成企業，2024年の回答社数は717社，回答期間は2024年1月～3月。
出所：GPIF（2024）「機関投資家のスチュワードシップ活動に関する上場企業向けアンケート集計結果」2019年5月，2021年5月，2024年5月

　なお，同じGPIFのアンケートで，「貴社の企業価値向上の観点から有益な議論や貢献をした機関をあげてください」という質問では，回答企業の64%が有益であった運用機関を挙げており，逆に，有益でなかった運用機関を挙げた企業は4.7%のみであった。この結果からは，対話を行えば，企業が有益であったと感じる対話が行われているケースが多いことが見て取れる。有益であった議論の内容としては，経営戦略，財務戦略，ESG，情報開示などが挙げられている。

4
今後の課題

　以上，スチュワードシップ・コードの導入から10年の機関投資家のスチュワードシップ活動の進展を見てきたが，最後に次の10年に向けた今後の課題について考えてみたい。
　まず第1に，機関投資家の個々の人材の能力の一層の向上が求められることはいうまでもない。

第 1 部
日本版スチュワードシップ・コードのあゆみ

　生命保険協会の「企業価値向上に向けた取り組みに関するアンケート集計結果（2023年度版）」では，対話において企業が投資家に感じる課題／投資家が課題として認識し重点的に取り組んでいること，を聞いている（**図表1-5**）。

　これによると，企業・投資家ともに課題として挙げているのは，「短期的な視点・テーマのみに基づく対話の実施」であり，次いで「企業に対する理解が浅い（対話内容が形式的）」，「対話目的等の説明が不足」であった。企業と投資家との対話においては，投資家が質問し企業がそれに答えるというスタイルが一般的であろう。しかし「対話」においては，投資家からも対話の狙いや投資家としての取り組みを説明し，企業の質問に答えるという双方向の対話も重要であろう。

　一方で，「対話関係のリソースや人材が不足」「対話担当者の対話スキルが不足」という項目では，機関投資家側は高い比率で課題と認識しているが，企業側の比率は低い。機関投資家では，まだまだ対話すべき企業がたくさん

図表1-5　対話における投資家の課題（生命保険協会アンケート調査より）

	企業（442社）	投資家（81社）
	対話において投資家に対して感じる課題	課題と認識し重点的に取り組んでいること
a. 対話関係のリソースや人材が不足	7.5%	39.5%
b. 企業に対する分析や理解が浅い（対話内容が形式的）	39.6%	61.7%
c. 短期的な視点・テーマのみに基づく対話の実施	52.0%	54.3%
d. 対話目的等の説明が不足（保有方針，議決権行使方針，対話の位置づけ，対話後のプロセス等）	26.7%	29.6%
e. 対話担当者の対話スキルが不足	5.2%	40.7%
f. 特段無し	26.7%	3.7%
g. その他	3.8%	1.2%

注：当項目は複数回答。
出所：生命保険協会（2024）「企業価値向上に向けた取り組みに関するアンケート集計結果（2023年度版）」2024年4月

残っていて，対話に向けられるリソースが不足していると感じているのに対して，企業側では（特に大手企業では）一定の対話ができていることを評価しているのかもしれない。

　第2に，上記とも関連して，特にパッシブ運用（TOPIX インデックス運用など）の増加とともに，大手機関投資家の保有銘柄数が 2,000 社程度にものぼる中で，対話できる企業数にはおのずと限りがあり，特に中小型企業との対話をいかに進めていくか，協働エンゲージメントなどの手法も活用しながら，効率的なエンゲージメント活動の進め方を模索していく必要があろう。上記の「リソースが不足」という投資家の認識もこの辺りが意識されたものと考えられる。

　第3に，特にパッシブ運用においては，売却という手段がない中で，「対話と議決権行使による意思表示」がますます重要になっている。議決権行使基準をエンゲージメントのテーマに沿って企業への意見表明の1つとして分かりやすく示すように整備していくことも重要である。

　最後に，機関投資家がエンゲージメントや議決権行使を通じて意見表明を行っても，企業の「安定株主」が多い状況では，企業の行動を変えてもらうことは難しい。その観点では，政策保有株式の縮減など，日本市場全体の制度整備も重要であり，機関投資家として規制当局や社会への意見発信が期待される。

[参考文献]
GPIF（2024）「機関投資家のスチュワードシップ活動に関する上場企業向けアンケート集計結果」2024 年5月（同 2019 年版，2021 年版）（https://www.gpif.go.jp/esg-stw/stewardship/stewardship_questionnaire_09.html）。
生命保険協会（2023）「企業価値向上に向けた取り組みに関するアンケート集計結果（2023 年度版）」（https://www.seiho.or.jp/info/news/2024/pdf/20240419_3_5.pdf）。
日本 IR 協議会（2024）「IR 活動の実態調査 2024」ニュース・リリース（同 2015 年版，2016 年版）（https://www.jira.or.jp/file/news_file1_51.pdf）。
日本証券投資顧問業協会（2011）「投資一任会社における議決権行使 10 年間の推移について」2011 年 12 月 22 日（https://www.jiaa.or.jp/cg_society/pdf/20111221giketsukenreport.pdf）。
日本投資顧問業協会（2024）「日本版スチュワードシップ・コードへの対応等に関するアンケート（第 11 回）の結果について（2024 年 10 月実施分）」（https://www.jiaa.or.jp/osirase/pdf/steward_enq2024.pdf）。

第2章

スチュワードシップ・ガバナンス
改革の10年を振り返る

　本章では，スチュワードシップ・コードおよびコーポレートガバナンス・コードの策定に始まる過去10年の政策動向等を振り返る。一連の政策を時系列で整理するとともに，企業と機関投資家に要求された課題は何であったのかを考える。

　企業と機関投資家の対話による価値創造を目指した政策が矢継ぎ早に打たれたが，現時点での成果は限定的である。資本コストや株価に関する東証の強いメッセージにより変化の機運は高まっているものの，改革の実効性を高める努力が求められる。

　新たな課題として，サステナビリティ情報開示の潮流が到来していることに留意すべきである。第2の会計ビッグバンと表現しても誇張とはいえないほどの変化が企業情報の開示に起きようとしている。企業と機関投資家はともに「多様化と専門化の罠」を克服し，価値創造に取り組むことが求められよう。

1

はじめに

2014年に「『責任ある機関投資家』の諸原則（日本版スチュワードシップ・コード）」（以下，スチュワードシップ・コード）が，2015年に「コーポレートガバナンス・コード～会社の持続的な成長と中長期的な企業価値向上のために～」（以下，コーポレートガバナンス・コード）が策定された。また，一連の政策の考え方に影響を与えたと考えられる「持続的成長への競争力とインセンティブ～企業と投資家の望ましい関係構築～」プロジェクト最終報告書（以下，伊藤レポート）が2014年に公表されている。

これらの策定・公表から約10年が経過した。この10年をスチュワードシップ・ガバナンス改革と捉えると，改革の現在地はどこにあるのだろうか。変化が期待された日本企業と日本株式市場における課題は，解消・解決に向かっているものが一部には見られるものの，全体で見れば解消・解決していないという評価が妥当であろう。結果として，現在でも日本企業の価値向上を目的とする機関投資家のあり方や上場企業のあり方に関する政策が打ち止めとなる気配はない。

本章では，まずスチュワードシップ・ガバナンス改革に関する政策動向を振り返る。次に様々な政策において重要な役割を期待されてきた企業と機関投資家の対話に関して論点を整理し，対話に大きな影響を与えることが想定されるサステナビリティ情報との関わりについて考察する。以上を通して，今後の機関投資家と日本企業が，変革に向けて取り組むべきことを考えたい。

第2章
スチュワードシップ・ガバナンス改革の10年を振り返る

2
政策を振り返る

（1） 時系列で見た政策動向

　スチュワードシップ・ガバナンス改革に関する政策は，相互に関連性を意識して理解することが重要である。様々な政策が積み上げられているため，俯瞰的に捉えることが求められる。そこで，時系列に何が打ち出されてきたかを見直し，政策の関連性を意識しつつ議論を進めたい。

　図表2-1に2013年から2024年に至るスチュワードシップ活動とコーポレートガバナンスに関連する政策動向を示した。ここでは，人的資本や知財といった特定の項目に焦点を当てた政策やガイドラインなどの公表物を除き，企業の価値創造全体に関わるものを整理した。もちろん，すべての政策を網羅できているとはいえない点にはご留意いただきたい。

　時系列に整理してみると，スチュワードシップ・ガバナンス改革に関する政策動向の特徴を理解するためには，以下の3点に注目することが有用ではないかと思われる。

　①一連の政策の始まりとなったスチュワードシップ・コード

　②開示と対話に関する基本的な考え方を継続して発信した伊藤レポート

　③東京証券取引所の改革

1） 日本再興戦略とスチュワードシップ・コード

　日本企業の価値向上を目指す一連の政策の嚆矢は，2013年に首相官邸より公表された，「日本再興戦略 −JAPAN is BACK−」に見ることができる。この第2次安倍政権によって策定された戦略の中で，機関投資家のあり方が問われている。日本再興戦略では，「機関投資家が，対話を通じて企業の中長期的な成長を促すなど，受託者責任を果たすための原則（日本版スチュワードシップコード）について検討し，取りまとめる。」とあり，具体的な機関投資家向けコードを検討することが示された。

17

第 1 部
日本版スチュワードシップ・コードのあゆみ

図表 2-1　スチュワードシップ・コーポレートガバナンス改革の歴史

年	月	日本企業の価値向上に向けた政策等	主体
2013	6	日本再興戦略　-JAPAN is BACK-	首相官邸
2014	2	「責任ある機関投資家」の諸原則（日本版スチュワードシップ・コード）	金融庁
2014	8	「持続的成長への競争力とインセンティブ～企業と投資家の望ましい関係構築～」プロジェクト最終報告書（伊藤レポート）	経済産業省
2015	8	コーポレートガバナンス・コード～会社の持続的な成長と中長期的な企業価値向上のために～	東証
2017	3	価値協創ガイダンス	経済産業省
2017	5	スチュワードシップ・コード改訂	金融庁
2017	10	持続的成長に向けた長期投資（ESG・無形資産投資）研究会報告書（伊藤レポート2.0）	経済産業省
2018	6	アクティブ・ファンドマネージャー分科会報告書	経済産業省
2018	6	コーポレートガバナンス・コード改訂	東証
2018	6	投資家と企業の対話ガイドライン	金融庁
2020	3	スチュワードシップ・コード改訂	金融庁
2021	6	コーポレートガバナンス・コード改訂	東証
2021	6	投資家と企業の対話ガイドライン改訂	金融庁
2022	4	東証市場区分の見直し	東証
2022	8	価値協創ガイダンス2.0	経済産業省
2022	8	サステナブルな企業価値創造のための長期経営・長期投資に資する対話研究会（SX研究会）報告書（伊藤レポート3.0）	経済産業省
2023	3	資本コストや株価を意識した経営の実現に向けた対応	東証
2023	12	少数株主保護及びグループ経営に関する情報開示の充実	東証
2024	6	持続的な企業価値向上に関する懇談会「座長としての中間報告」	経済産業省
2024	8	アセットオーナー・プリンシプル	内閣官房
2024	8	「資本コストや株価を意識した経営の実現に向けた対応」に関する今後の施策について	東証

出所：各省庁等HPをもとに筆者作成

第2章
スチュワードシップ・ガバナンス改革の10年を振り返る

　スチュワードシップ・コード策定までの具体的なプロセスは**図表2-2**のようになっている。注目すべきは，日本の産業競争力を再生する文脈において議論されていることである。スチュワードシップ・ガバナンス改革の10年を振り返る際にも，産業競争力（あるいは企業の成長力や価値創造力）が向上したのか否か，またそこに機関投資家がいかに貢献しているのかという視点を忘れてはならないだろう。

　スチュワードシップ・コードがコーポレートガバナンス・コードより先に策定されていることにも注目したい。成長戦略を実践するにあたり，重要な推進主体としての機関投資家の役割を問う姿勢が明確といえ，日本経済の成長と国民の資産所得増加を目指す「資産運用立国」論にもつながる流れがここで生まれていると見ることもできよう。

　2014年に策定されたスチュワードシップ・コードは，2017年と2020年に改訂されており，実質化に向けた議論が進んでいる。改訂プロセスについては一定の透明性が担保されており，金融庁に設置されている「スチュワードシップ・コード及びコーポレートガバナンス・コードのフォローアップ会議」による意見書を受ける形で行われている。もっとも，2020年の改訂を最後に，スチュワードシップ・コードの改訂は行われていない。この背景としては，コーポレートガバナンス・コードに関係する項目が意見書に多かったことが考えられる。また，改訂の頻度の高さやコードの内容が細則に過ぎるのではといった指摘が一部にあったことも影響している可能性がある。

　最後にスチュワードシップ・コードの受け入れ状況も見ておきたい。スチュワードシップ・コードの受け入れ表明をした機関投資家数は，金融庁により原則として四半期ごとに公表されている。本章執筆時点で最新の業態別データは**図表2-3**の通りである。

　受け入れ表明数を業態別に見ると，スチュワードシップ・コードのスタート時点から課題とされているのが，アセット・オーナー（年金基金等）の活動が十分ではない点である。年金基金等の表明数は，84となっているが，この中には公的基金なども含まれている点に注意が必要である。企業年金の受け入れ表明がコードのスタート当初は極めて少なく，金融庁は「機関投資

第 1 部
日本版スチュワードシップ・コードのあゆみ

図表 2-2 スチュワードシップ・コードの策定と改訂

年	月	スチュワードシップ・コード策定と改訂の経緯・背景
2012	12	「日本経済再生本部」設置
2013	1	「日本経済再生本部」下に「産業競争力会議」設置
2013	4	内閣総理大臣より「機関投資家が適切に受託者責任を果たすための原則のあり方について検討すること」の指示 （日本経済再生本部第6回会合）
2013	6	「日本再興戦略 -JAPAN is BACK-」において日本版スチュワードシップ・コードの検討が明記
2013	8	「日本版スチュワードシップ・コードに関する有識者検討会」設置
2014	2	「『責任ある機関投資家』の諸原則《日本版スチュワードシップ・コード》」策定
2016	11	「スチュワードシップ・コード及びコーポレートガバナンス・コードのフォローアップ会議」による意見書 「機関投資家による実効的なスチュワードシップ活動のあり方」公表
2017	5	スチュワードシップ・コード改訂
2019	4	「スチュワードシップ・コード及びコーポレートガバナンス・コードのフォローアップ会議」による意見書 「コーポレートガバナンス改革の更なる推進に向けた検討の方向性」公表
2020	3	スチュワードシップ・コード改訂
2020	12	「スチュワードシップ・コード及びコーポレートガバナンス・コードのフォローアップ会議」による意見書 「コロナ後の企業の変革に向けた取締役会の機能発揮及び企業の中核人材の多様性の確保」公表
2023	4	「スチュワードシップ・コード及びコーポレートガバナンス・コードのフォローアップ会議」による意見書 「コーポレートガバナンス改革の実質化に向けたアクション・プログラム」公表
2024	6	「スチュワードシップ・コード及びコーポレートガバナンス・コードのフォローアップ会議」による意見書 「コーポレートガバナンス改革の実質化に向けたアクション・プログラム2024」公表

出所：金融庁（2020（再改訂））「『責任ある機関投資家』の諸原則《日本版スチュワードシップ・コード》」，金融庁 HP「審議会・研究会等」等をもとに筆者作成

20

第2章
スチュワードシップ・ガバナンス改革の10年を振り返る

図表2-3　スチュワードシップ・コード受け入れ表明数（2024年6月30日時点）

	受け入れ表明数
信託銀行等	6
投信・投資顧問会社等	209
生命保険・損害保険会社	24
年金基金等	84
その他（機関投資家向けサービス提供者等）	11
（合計）	334

出所：金融庁（2024）「スチュワードシップ・コードの受入れを表明した機関投資家のリストの公表について」をもとに筆者作成

家等の皆さまへ」（2014）というメッセージを出し，「特に，資産保有者としての機関投資家（アセット・オーナー）による受入れは，本コード推進の駆動力の一つであり，大きな意味を持っています。」との訴えかけを行っている。

かかるアセット・オーナーに対する期待と問題意識は継続しており，「アセットオーナーシップ・プリンシプル」（内閣官房 2024）の策定などの形で発展していると見ることもできよう。

2）　伊藤レポート

スチュワードシップ・コードが，機関投資家が企業価値向上に対して重要な役割を果たすべきであるという要求を含んでいるため，企業と機関投資家の関係をどのように変革するかが重要な論点となってきた。この論点に切り込んだ提言が伊藤レポートと考えられる。

伊藤レポートのサブタイトルには，「企業と投資家の望ましい関係構築」と明示されており，日本企業が成長力を向上させるために，機関投資家が果たす役割が重要であるというメッセージが強く打ち出されている。

もっとも，伊藤レポートは問題意識の幅が広いため，一部だけの参照にとどまると，メッセージを誤って受け取るリスクがあることに注意が必要である。**図表2-1**に示したように，伊藤レポートは，「伊藤レポート 3.0（SX版伊

藤レポート)」までシリーズ化されていることに加え，「持続的な企業価値の向上と人的資本に関する研究会報告書～人材版伊藤レポート～」(経産省 2020：2022) や「企業のESGへの取り組み促進に関する研究会報告書 (ESG版伊藤レポート)」(信託協会 2022) など様々な関連レポートも公表されていることには注意が必要である。特に，本流ともいえる伊藤レポート1.0～3.0の3つのレポートについては，**図表2-4**のようにつながりのある情報として理解し活用することが求められる。日本企業の資本収益率が低水準であることを問い直し，いかに収益性を改善させるかについて，国際的な潮流を視野に入れたストーリーとして理解し活用することで，企業の価値創造につなげることができると考えられる。

図表2-4　伊藤レポート（1.0～3.0）のkey word整理

出所：経産省（2022）「伊藤レポート3.0（SX版伊藤レポート）」4頁を参考に筆者作成

3）東京証券取引所による改革

　10年にわたり様々な政策が矢継ぎ早に打たれたものの，企業価値向上という成果について疑問が残る状況が続き，やや停滞感も生まれていた。しかし，2024年には日経平均株価が史上最高値となるなど変化の兆しが見えている。空気を変えるきっかけとなったのが，東京証券取引所（以下，東証）が資本コストや株価を意識した経営に対する施策を打ったことであろう。

第2章
スチュワードシップ・ガバナンス改革の10年を振り返る

　東証は，市場第1部，市場第2部，マザーズおよびJASDAQという4つの区分で構成されていた株式市場を，プライム市場，スタンダード市場，グロース市場という3つの区分に再編した。この市場区分を見直す主な背景として，下記の2点が示されている。

　①従来の区分は各市場のコンセプトが曖昧であった

　②上場企業の持続的な企業価値向上の動機付けが十分にできていなかった

かかる問題意識は，市場区分再編後も継続しており，「市場区分の見直しに関するフォローアップ会議」が設置された。2025年現在でも同会議は継続開催されており，東証からの重要な意見発信の基礎となっている。中でもインパクトが大きかったのが，「資本コストや株価を意識した経営の実現に向けた対応について」(2023年)であろう。東証は，自社の資本コストや資本収益性を把握した上で改善計画の策定とその実践を求めている。かかる要請を行った理由として，プライム市場の約半数，スタンダード市場の約6割の上場会社が，ROE8%未満・PBR1倍割れとなっている状況に対し，資本収益性や成長性の観点で課題があることを挙げている。この要請に応えた開示を行っている企業は，東証によると，プライム市場の90%，スタンダード市場の48%(2024年12月末現在，検討中を含む)とされており，プライム市場に上場している企業の対応が進んでいることがわかる。

　もっとも，要請に応えた開示を行っているだけで企業価値向上に直結するわけではない。今後は実践の成果が上場会社に問われることとなろう。

(2)　政策の今後

　10年間にわたる企業価値向上に関する主な政策を振り返った。最後に，今後の政策動向に関する方向性を確認しておきたい。

　スチュワードシップ・コードについては，協働エンゲージメントの促進や実質株主の透明性確保が具体的な検討項目とされている。またスチュワードシップ・コードの遵守状況を検証することが示されており，「資産運用立国」政策を進める中で，どのように実効性のある政策が具現化されるかが注目といえる。

第 1 部
日本版スチュワードシップ・コードのあゆみ

　伊藤レポートについては，持続的な企業価値向上に関する懇談会「座長としての中間報告」において，以下の 5 つの課題の再整理が必要とされている。

　　①企業価値に対する企業と投資家の間の認識のずれ

　　②長期視点の経営の重要性

　　③経営チーム体制の強化の必要性

　　④取締役会の実効性の強化

　　⑤資本市場の活性化

これらの論点提示は中間報告に過ぎず，具体的な内容については，まだこれからの議論となるが，10 年経過しても企業と投資家の間に認識のずれがあるという指摘が引き続き行われている点には留意すべきであろう。

　東証は，積極的な意見発信を続けている。上場企業が資本コストや株価を意識して企業価値向上に取り組むことが当たり前となる市場を目指すことを宣言しており，結果として非公開化という選択肢を尊重することを明確化した。企業の現状に応じたアプローチをとる方針が示されており，IR 機能の確保についても検討予定となっている。取引所が取り組むべき課題であるか否かの議論を喚起しそうな内容も含まれているが，資本市場において本来当たり前であるはずのことが当たり前ではなかった日本の現状について，認識を新たにする必要があるといえよう。

3

対話と価値創造を振り返る

（1）　企業と機関投資家の対話

　スチュワードシップ・ガバナンス改革においては，企業と機関投資家の対話が，企業価値創造に重要な役割を有することが継続して言及されてきた。しかし，対話は公開の場で行われることが基本的にはなく，対話のテーマは何か，だれが対話しているのか，その成果はどのように測られているのかな

ど第三者にとって不明な点が多い。

　年金積立金管理運用独立行政法人（GPIF）の調査（2024a）によると，企業がIRミーティング等の際に機関投資家に対して感じる変化において，全体または多数の投資家に好ましい変化を感じると回答した割合が，16.8%に上昇してきたが，一方で大きな変化は感じられないとする回答が44.3%となっている。投資家の取り組みをよいと認める企業の比率が上昇傾向にある一方，その比率はまだ低位といえ，変化を感じないとする比率が半数近い状況が続いている。企業側の感覚として，対話に関する行き詰まり感も生じているのではないだろうか。同調査においては，機関投資家に対して，画一化や短期目線に対する批判的な声に加え，業界や企業に関する理解不足を指摘する声も例示されている。対話により十分な成果を生み出すために機関投資家に課された宿題が少なくないことが示唆されているといえよう。

（2）　対話が価値創造につながったか

　日本市場全体で見ると，2013年以降およそ10年のROEやPBRの推移は，欧米比較で大きな改善が見られなかった。米国とのPBR比較ではむしろ差は拡大している。かかる現状にいかに向き合うかを考えるためには，対話は価値向上につながったのかという問いに対して様々な角度から問い直すことが必要であろう。

　GPIFが行ったエンゲージメントの効果検証（2024b）によると，機関投資家のエンゲージメント活動が増加傾向であることや企業側の対応者として経営陣である事例が増加していることなどが確認されている。対話のテーマとしては，「取締役構成・評価」というガバナンスに関するものや「経営戦略・事業戦略」が多く，「気候変動」に関するものが増加傾向にあるとされている。また，エンゲージメントの結果については，気候変動に関するエンゲージメントでPBRやトービンのQに正の効果が示唆されるなどの報告がなされている。このような研究に加え，いかに実務に落とし込むかといった観点を加えつつ対話の実効性を向上することが求められる。

第 1 部
日本版スチュワードシップ・コードのあゆみ

4

価値創造とサステナビリティ情報

（1） サステナビリティ情報と対話

　対話に関する実証研究は緒についたばかりであるが，政策の流れに新たな要素が加わる点には留意が必要である。新たな要素とは，任意開示で進んできたサステナビリティ情報開示が，グローバルスタンダードの開発を通して法定開示の対象となることである。

　サステナビリティ情報の開示に関しては多様な視点で議論されており，グローバルな各種イニシアティブだけではなく，国内においても「価値協創ガイダンス」・「人材版伊藤レポート」（経済産業省）や「知財・無形資産の投資・活用戦略の開示及びガバナンスに関するガイドライン」（内閣府）などが公表されてきた。日本においては，これらのガイダンスを参照しつつ，統合報告書やサステナビリティ報告書などにおいて任意開示されるという実務の流れができていた。この流れに大きな変化が起ころうとしているのである。

　任意開示の対象となっていたサステナビリティ情報の一部は，企業価値創造の極めて重要な源泉といえるものであり，対話の対象としても優先順位が高くなる可能性があるものと考えられる。法定開示における実際の変化はグローバルな実務の積み上げにも依存するため，徐々に進む可能性が高いと想定されるが，企業と機関投資家双方で大きな変化が起こると認識する必要があるのではないだろうか。

　サステナビリティ情報においては，「つながり」という概念を理解することが鍵となる。「つながり」には，以下の３つの側面がある。

　①情報が関連する項目の間（リスクと機会など）

　②サステナビリティ関連開示内（ガバナンス，戦略，リスク管理，指標および
　　目標との間など）

　③財務報告との間

この中で，③のいわゆる財務と非財務の間のつながりに関しては，これまで

26

第2章
スチュワードシップ・ガバナンス改革の10年を振り返る

も意識されてきたが，①や②のつながりに関する意識は薄かったのではないか。①に関しては，ESGに関する評価や対話の中でも重要なものになると考えられ，②に関しては，経営戦略に関する評価や対話のテーマとなりうるものである。

(2) 多様化と専門化の罠

　サステナビリティ開示の法定化・制度化は対話にも大きな影響を与える可能性があることを述べた。これに加え，インパクト投資への関心が高まっていることも様々な課題を投げかけてくると思われる。

　サステナブル投資やインパクト投資は論点が多様で，高度な専門性が求められる。すべてのサステナビリティに関する評価や対話を1人で完結できるアナリストやファンドマネージャーは存在しないであろう。また，インパクトの測定と評価まですべてを1人で行うアナリストやファンドマネージャーも存在しないと思われる。必然的に機関投資家内部での分業体制をどのように構築するかが問われることとなるが，分業化が運用チーム内コミュニケーションの劣化につながってしまうと，サステナビリティやインパクトといった企業価値向上へのチャンスをみすみす逃すおそれがある。ここに「多様化と専門化の罠」があるのではないだろうか。一方，「多様化と専門化の罠」に陥ることなくチャンスを活かすことができれば，対話において生じているかもしれない停滞感を取り払い，実効的な対話が実現できる可能性が広がるのではないだろうか。以上を概念的に示したものが**図表2-5**である。

　図表2-5は，企業と投資家の対話における主たる構成要素を①対話テーマ，②企業の担い手，③投資家の担い手の3点に分けてイメージ化したものである。対話の究極のゴールは，企業価値の向上としている。

　①の対話テーマに関する課題は，テーマが多様かつ専門的になっており，この傾向は今後一段と強まることが想定される点である。資本市場で活動している立場での感覚としては，かつての対話は，経営戦略や資本政策が中心でそれらに関する情報開示などがテーマとして取り上げられていた。しかし，サステナビリティに関する概念が整理され，任意の情報開示が広がるに

第 1 部
日本版スチュワードシップ・コードのあゆみ

図表 2-5　企業と機関投資家の対話の多様化・専門化

対話テーマ	企業の担い手	投資家の担い手	目指す地点
【従来】 経営戦略 資本政策 情報開示 ✚ 【サステナブル投資】 気候変動 生物多様性 人的資本 人権 セキュリティ ダイバーシティ 【インパクト投資】 解決すべき課題 解決・改善状況	【従来】 CEO CFO IR 担当 ✚ 【サステナブル投資】 CHRO CTO CSuO 社外取締役 （社外）監査役 【インパクト投資】 インパクト担当？	【従来】 アナリスト ファンドマネージャー ✚ 【サステナブル投資】 ESG アナリスト 議決権行使担当 エンゲージメント担当 【インパクト投資】 インパクト担当？	企業価値の向上 企業と社会のサステナビリティの同期化 社会の課題解決

出所：菊池（2023）「第 5 章　ESG 投資（1）」北川編著『サステナビリティ情報開示ハンドブック』
108 頁に一部追加し筆者作成

つれ，対話テーマは急速に多様化した。先に述べたように 1 人ですべてを深く理解するのは困難が伴うテーマであるため，企業側も機関投資家側も担当が分かれ，専門家が組織内に生まれてくる。これ自体を問題視する必要はなく，自然な流れともいえよう。しかし，企業と機関投資家のそれぞれにおける専門家が上手く融合しなければ，その専門知を有効に活かすことができない。企業価値の向上に向けた統合思考が，企業と機関投資家それぞれの組織内で必要なのではないだろうか。かかる統合を実現することで，対話が有効となりうる素地が整うと考えることもできよう。

（3）　サステナビリティ情報を価値向上につなげるには

　サステナビリティ情報開示の法定開示化・制度化が進む中で，忘れてはならない論点として，次の 2 点を挙げることができる。
　①企業のバウンダリーの拡張（バリューチェーン概念の開示における導入）

②企業価値創造の源泉である見えない資産・資本の可視化

　これらの論点は，第2の会計ビッグバンと表現しても誇張ではないと考えられる。サステナビリティ情報開示が国際化の流れでもあることは論をまたない。会計ビッグバンの特徴は国際化であったことから，サステナビリティ情報開示もその延長と考えることもできるが，指摘した2点は新たな動きと考えた方がよいであろう。

　2000年前後の会計ビッグバンと呼ばれる会計改革の中で，財務会計基準機構が設立され，企業会計基準委員会（ASBJ）が国際会計基準審議会（IASB）と連携を保ちつつ一般に公正妥当と認められる企業会計の基準開発を行うようになった。現在の変革では，サステナビリティ基準委員会（SSBJ）が国際サステナビリティ基準審議会（ISSB）への意見発信と国内開示基準の開発を目的に設立されている。会計の大きな変化が，再び起ころうとしているのである。

　会計ビッグバンが，日本企業の経営に与えた影響も大きかったと考えられ，時価主義会計やキャッシュフロー計算書もこのときに導入されている。企業のバウンダリーに関しては，単体重視であった日本の会計制度が連結決算へと移行した時期でもあり，企業経営のバウンダリーに大きな変化が生じたといえる。現在は当たり前になっている連結決算であるが，今回は連結対象だけでなく，バリューチェーン全体へと開示対象に関する視野が拡大する。この変化は，開示だけではなく企業経営そのものへも影響する可能性が高いのではないだろうか。

　また，開示の本質にも変化が生じると想定される。財務情報は，会計期間で切り出された結果の開示として投資家にとって極めて重要な情報であるが，従来の財務情報だけで将来キャッシュフローを予測することは困難である。サステナビリティ情報は，価値創造の源泉となる見えない資産・資本の開示を求めるものといえ，基準が整備されることで，企業評価のあり方にも大きな影響を与えることが想定される。

　企業と機関投資家の対話においても，この第2の会計ビッグバンをいかに活かすかが問われることとなる。**図表2-5**で示した「多様化と専門化の罠」

第1部
日本版スチュワードシップ・コードのあゆみ

を乗り越え，価値創造に資する対話の実践に取り組む必要がある。まずは，企業と機関投資家がそれぞれにおいて組織のサイロ化を打破し，情報による横串を通す努力を続けることが求められよう。

5

おわりに

　本章では，10年間にわたる企業価値の向上に向けた政策動向を振り返り，価値向上の推進役としての期待が継続している企業と機関投資家の対話が，サステナビリティ情報との関連で新たに直面する課題についても述べた。

　様々な政策が打たれてきたが，結果としての日本企業の価値向上は十分とはいえない状況にある。また，企業と機関投資家の対話が企業価値向上に何らかの貢献をしてきたのかを問い直す必要もある。次の10年では，企業と機関投資家双方が，政策に受動的に対応するのではなく，政策により打ち出された基準やガイドラインなどを活用した上で，自律した行動をとることが期待される。

[参考文献]

GPIF（2024a）「第9回機関投資家のスチュワードシップ活動に関する上場企業向けアンケート集計結果 2024年5月」。

GPIF（2024b）「エンゲージメントの効果検証プロジェクト報告書 2024年5月」。

菊池勝也（2021）『「対話」による価値創造』日本経済新聞出版。

北川哲雄編著（2023）『サステナビリティ情報開示ハンドブック』日本経済新聞出版。

金融庁（2014）「機関投資家の皆さまへ」。

金融庁（2020（再改訂））「『責任ある機関投資家』の諸原則 《日本版スチュワードシップ・コード》」。

金融庁（2023（2024更新））「資産運用立国実現プラン（概要）」。

金融庁（2024）「スチュワードシップ・コードの受入れを表明した機関投資家のリストの公表について（令和6年6月30日時点）」。

経済産業省（2014）「『持続的成長への競争力とインセンティブ～企業と投資家の望ましい関係構築～』プロジェクト（伊藤レポート）最終報告書」。

経済産業省（2022）「伊藤レポート3.0（SX版伊藤レポート）」。

経済産業省（2024）「持続的な企業価値向上に関する懇談会 座長としての中間報告」。

財務会計基準機構 サステナビリティ基準委員会（SSBJ）（2024）「適用基準案」。
首相官邸（2013）「日本再興戦略 −JAPAN is BACK−」。
東京証券取引所（2023）「資本コストや株価を意識した経営の実現に向けた対応について」。
東京証券取引所（2024a）「『資本コストや株価を意識した経営の実現に向けた対応』に関する
　　今後の施策について」。
東京証券取引所（2024b）「『資本コストや株価を意識した経営の実現に向けた対応』に関する
　　開示状況（2024 年 8 月末時点）」。
内閣官房（2024）「アセットオーナーシップ・プリンシプル」。

第2部

エンゲージメントの実際

第3章

エンゲージメントの現状と課題

　本章では，第4章・第5章でパッシブ・アクティブファンドのエンゲージメントで実効性を高めるための課題を考えるにあたって，各種データに基づき，エンゲージメントの現状と課題を明らかにする。

　ここで定義する高い実効性とは，エンゲージメントを通じて日本企業が，サステナビリティ課題の国際的な要求レベルを満たした上で，必要な経営改革を実行し，資本コストを上回る収益性を確保することで，日本企業の株式投資リターンが向上する状態を実現することとしている。

第2部
エンゲージメントの実際

1

はじめに

まずは，エンゲージメントの前提となる企業と機関投資家の体制について確認しておきたい。

企業のIR体制について見てみると，日本IR協議会（2024）「2024年　IR活動の実態調査」では1,039社（送付：全上場企業4,088社）が回答しているが，講座やカンファレンス参加など，日本IR協議会のサービスを利用したことがある企業の割合は56.4％となっている。年金積立金管理運用独立行政法人（GPIF）（2024a）「第9回　機関投資家のスチュワードシップ活動に関する上場企業向けアンケート」に回答したのは717社（送付：TOPIX2,154社），生命保険協会（2024）「企業価値向上に向けた取り組みに関するアンケート（2023年度版）」に回答したのは453社（送付：主要1,200社）となっている。

アンケートに回答してくる会社は，IRにも前向きでかつアンケートに答えるだけの体制がある会社と捉えると，500〜700社くらいが該当すると考えられる。また，日本IR協議会の2024年調査で，独立したIR専任部門がある会社は49.1％，専任部門はないがIR専任者を設置が28.6％，計77.7％（約810社）。このくらいが機関投資家から見た場合に一定のIR体制を持つ会社と見てよさそうだ。

次に機関投資家の体制を見る。上記の生命保険協会「企業価値向上に向けた取り組みに関するアンケート（2023年度版）」では，機関投資家200社に送付した結果，回答は88社。投資信託協会の「日本版スチュワードシップ・コードに関するアンケート調査の結果について」（2024年3月）では，正会員108社のうち，国内株式を自社運用する69社を対象としている。また，日本投資顧問業協会の「日本版スチュワードシップ・コードへの対応等に関するアンケート」（2024年10月実施分）では会員275社が対象になっているが，この中には日本株に投資していない会社も含まれており，日本版スチュワードシップ・コードに関する方針を「策定済み」とした会社は131社，さらに「日本株投資残高有」とした会社は93社となっている。以上から，国内機関

投資家数は 250 社程度で，そのうち投資信託を運用する会社は 69 社，投資顧問専業を合わせても，日本企業にエンゲージメントを行う一定の体制のある会社は 100 社程度と考えられる。

　なお，上記の日本投資顧問業協会アンケートでは，回答社の日本株関連の陣容として（2024 年 6 月末），運用業務従事者数 2,377 人，そのうちファンドマネージャー数 1,298 人，調査スタッフ（アナリスト）765 人，議決権行使担当者数 714 人，エンゲージメント担当者数 965 人（重複計上あり）などとなっており，企業との「対話」が可能なアナリスト・ファンドマネージャーは 2,000 人程度と推定される（**図表 1-3** 参照）。

　GPIF（年金積立金管理運用独立行政法人）の「エンゲージメントの効果検証プロジェクト報告書」（2024 年 5 月）によると，GPIF の保有する日本株式 2,000 以上の銘柄のうち，運用委託会社 19 社が 2022 年度に対話した会社は，全部で 805 社で，そのうち時価総額 1 〜 400 位では 370 社と 9 割以上の会社と対話しているが，401 位〜 1000 位では 301 社と約半分，1000 位以下では 134 社に過ぎない。

　また，日本 IR 協議会の 2023 年アンケート（回答 1,039 社）では，IR 実施企業のアナリスト・機関投資家の取材受け入れと訪問回数を聞いている。それによると，セルサイドアナリストについては「年間 1 〜 50 件」が 69.0 ％，「0 件」が 15.3 ％である。機関投資家については，「101 〜 200 件」が 17.4 ％，「51 〜 100 件」が 15.1 ％，「1 〜 50 件」が 46.8 ％，「0 件」が 8.1 ％となっている。セルサイドアナリスト，機関投資家のいずれも年間 50 件未満の企業が大半という結果になっている。

　以上から，機関投資家とかなり頻度高く対話している会社は 400 〜 500 社程度，その他に年に数回程度でもエンゲージメントを実施しているとしている機関投資家との面談の機会がある会社が 400 〜 500 社程度，計 1,000 社弱が機関投資家との対話を行っている。これで，時価総額ベースでは 90 ％以上を占めている。

　次に，エンゲージメントの目的でもある，投資家との対話の，経営への反映状況を確認してみる。日本 IR 協議会が対象とした IR 活動を行っている

第2部
エンゲージメントの実際

会社1,010社からの回答によると，経営トップがIRに関与する会社は9割を超えており，約3分の2の会社はIRが対話内容を取締役会や経営会議で社内共有しフィードバックする仕組みを持っている。社外役員と機関投資家の対話についても，実施した会社は150社程度（日本IR協議会，GPIF調査）あり，徐々に広がってきている。

　以上から，機関投資家と対話を行っている会社では，経営トップが関与し，一定の社内フィードバックも行われ，社外役員も徐々に参加が増えていることがわかる。

　投資家との対話の企業からの評価について，総じて「有益な議論」との好意的な評価が多いが，特にイベントのない年にはポジティブな評価の比率が頭打ちになる傾向にある。市場全体での対話のテーマがないときでも建設的な対話が継続できる優れた企業や投資家とそうでない会社の二極化が生じているのかもしれない。

　スチュワードシップ研究会で2023年9月に行われた討議では，「対話のテーマについては，近年，環境問題などサステナビリティのテーマが増加し，事業戦略や資本政策などのテーマが減少傾向となっている」との指摘があった。しかし，対話のテーマに関してはそのときそのときで変化している。低PBR企業に対して「資本コストや株価を意識した経営の実現に向けた対応」が求められていることを考えると事業戦略や資本政策などのテーマについてのエンゲージメントも再び増加していると考えられる。

2

IRとエンゲージメント

　ここまでの数字を見てみると，積極的なIR活動を行っている会社はもっと多いのではないかという感想を持つ人も多いだろう。確かに20年前を振り返るとIRという部署が存在しない会社は多かったし，あったとしても経営と結び付いておらず，総務部門による投資家対応という色彩が強い会社もあった。しかし現在では，かなり時価総額の小さい会社も含めてIR対応が

第3章
エンゲージメントの現状と課題

ないという会社はほとんど見られない。実際，東証上場会社コーポレート・ガバナンス白書ではIRに関する担当部署または担当者を設置している会社の比率は94％（プライム97％，スタンダード87％，グロース99％）となっている。ではなぜアンケート結果ではこのような数字になっているのであろうか。

(1) IRがあるのにカウントされていない場合が多い

　小規模な企業の場合，IRはあっても費用の問題や業務時間の問題からアンケートなどに回答できていない会社も多いと考えられる。これらの企業は社長自らがIR活動を行っている場合が多く，経営へのフィードバックなどは自ら行っているわけであるが，資料作成等が経営企画部門の1つで行われている場合，時間的制約も多い。

(2) 機関投資家が定義するエンゲージメントは主に大企業に対して行われている

　エンゲージメントは効果測定なども含めて行われるため，小型株に属する企業に対する取材活動はエンゲージメントにはカウントされていない可能性もある。大手運用機関の場合，セクターごとにアナリストを揃え取材を行っており，ここでは1つ1つ丁寧な対話を行う傾向が強い。また，責任投資部などで行われるスチュワードシップ活動も議決権行使を除くESGなどの対話に関しては時価総額上位企業中心となる。

　つまり，小型株ファンドマネージャーやヘッジファンドマネージャーなどは積極的に小型株に属する企業への取材を行っているし，企業も取材対応を行っているが，これはどちらかというと有望企業の発見という側面が強いため，長期的かつ定期的に行うことが必要なエンゲージメントというカウントをしていないのではないかと考えられる。

(3) エンゲージメント内容の二極化懸念

　このような状況を踏まえると，主に株価という視点から取材を受ける小型

第2部
エンゲージメントの実際

株に属する企業はIRを行っていても，ESGに関する投資家とのディスカッションが十分ではない可能性がある。エンゲージメントを付加価値の源泉としているファンドの担当者にとっては，小型株は経営の意思決定がすぐに反映されるので魅力的なエンゲージメント対象となるはずであるが，そのようなファンドの数は限られているので，小型株がエンゲージメントの対象となる可能性が高いとはいえない。

逆に大型株に関しては，相当なエネルギーをもってエンゲージメントを行わなければ，会社が変わり企業価値が上がるということもないため，投資家側もエンゲージメントは行うものの効果に対する期待は低く形式的な対話になりがちという問題がある。

つまり，積極的なエンゲージメントが行われている大型株は十分な効果を上げることが難しく，中小型株は従来型の取材が中心でESGなどのエンゲージメントが不足しており，それぞれが異なる課題を抱えているといえよう。

3
対話の高度化・拡充にあたっての課題

現在，機関投資家の間で議論されているエンゲージメントの課題についてここで列挙しポイントを解説したい。なお，パッシブファンドやアクティブファンド，協働エンゲージメントの課題に関しては次章以降で説明する。

（1）　大量保有報告制度と重要提案行為

大量保有報告制度と重要提案行為がエンゲージメントの妨げになっていると指摘している人は多い。国内運用会社では，重要提案にならないように社内的にルールを共有しており，具体性を持った提案を行っていないという話もある。当然であるが，具体性を持った提案でないと企業としても真剣に受け止めることはできない。御社はROEが低いので改善してくださいというだけでは効果はほとんどなく，いつまでに，何をすることによってROEが

第3章
エンゲージメントの現状と課題

改善できるはずなので，それを行ってくださいといって初めて建設的な対話となるわけである。外資系運用会社の中にもグローバルな大量保有報告がややこしいため，かつては資料を作って持って行っていたのが「重要提案行為」がルールになったことで現在は行っていないという会社もあるようだ。

(2)　安定株主をどう考えるか

　安定株主比率は定義が会社によってマチマチではあるが，社数ベースでは安定株主40％以上の企業が全体の60％以上であり，形式的には少数株主の声が届きにくいと判断できる株主構成となっている（商事法務（2024））。もちろん会社側提案を支持してくれる安定株主にも様々な立場があり，少数株主と目線が同じであればよいが，ビジネス上，少数株主との利益相反が懸念されるような株主が安定株主となっている場合には問題である。つまりこれは単に比率だけの問題ではなく個社ごとに株主構成を見ていかなければならないが，それでも有事の際に少数株主からの企業価値ベースで判断した声が反映される株主構成になっていることは上場会社としての必要条件と考えられ，一定の規律が必要となろう。

(3)　国内機関投資家比率は十分か

　現在国内機関投資家の保有比率は年々上昇しており，現在25％であるが，欧米と比較した場合には高いとはいえない。機関投資家の立場から規律を効かせるには機関投資家比率が過半を超えていることが望ましく，32％の保有比率となっている外国人投資家との連携が有効だという意見もある。国内機関投資家や外国人投資家の保有は時価総額上位企業に偏っているという面はあるが，これらの企業に関しては，機関投資家と外国人投資家が意見を合わせることで高いスタンダードで規律を効かせることが可能となる。

　ガバナンス上の規律を効かせる目的であれば，必ずしも議決権の過半を握ることが必要というわけではないが，企業に対して一定程度のプレッシャーを与えることにはなろう。これまでのガバナンス改革は官主導で行われてきたが，制度改革を待たなくても，機関投資家による合意形成があれば改革を

第 2 部
エンゲージメントの実際

推進できるという意味で機関投資家の保有比率が高まることは有効である。英国のガバナンス改革は機関投資家主導で自主的に行われており，改革のスピードアップのためには保有構造の変化は望ましいと考えられる。

（4） アクティビストの活動

アクティビスト活動が盛んであるが，日本では制度上は株主権が強く，持ち合いなどによって株主権の実効性を弱めてきた。持ち合い解消が進んで安定株主比率が低下した場合，アクティビスト活動が盛んになるのはある意味当然といえる。アクティビストの提案の中には，本来そのような提案を受ける前に機関投資家とのエンゲージメントの中で問題提起され，対応しておけばよかったと思われるものも多い。

一方，伝統的な機関投資家の立場からすると会社と敵対的になるような行動はとりたくないのが本音であろう。その意味では過去と比べより本音でエンゲージメントを行い，様々な提言を行うことで事前に企業価値を高める努力が必要であり，企業も機関投資家の知恵を借りることが重要である。

アクティビストだけが本音で話し，機関投資家は心情的には彼らを応援しているというのは健全な姿とはいえない。

（5） ガバナンス改革に残された課題（ICGN の提言）

日本のガバナンスはこの 10 年で大きく進化しグローバルスタンダードに近付いている。それでも外国人から見て不満なのは，企業の稼ぐ力が十分上がっていないこと，対話をした場合，発想がグローバルスタンダードになっていないことにある。

国際コーポレート・ガバナンス・ネットワーク（ICGN）は日本企業で取締役会の独立性が急速に高まり，2023 年時点で東京証券取引所プライム上場企業の 95％ は独立社外取締役が取締役会メンバーの 3 分の 1 以上を占めるまでになったことや，英語での情報開示も進んだことは評価している。

一方で，取締役会における社外取締役比率は過半が望ましい，ダイバーシティが不足している，持ち合い解消が不十分であるなどを問題として挙げて

第3章
エンゲージメントの現状と課題

いる。これらの問題はすでに日本企業でも認識している課題である。ただ，その課題がなかなか解消されないのは，そのようなことが必要である理由を企業が納得できていないことにある。投資家は制度が変わるのを待つのではなく，なぜそれをする必要があるのか，グローバルにはどのように考えられているのかわかりやすく企業に伝える必要がある。ガバナンス・コードに書かれているからやることが求められるというのではなく，それはなぜ必要なのかということをわかりやすく伝えるのは投資家の役割だと私は考える。つまり，今は制度で縛っていくよりも投資家が企業にわかりやすく伝える努力が必要となる局面なのではないだろうか。

(6) 日本企業にエンゲージメントすることが投資リターンの拡大につながるか

　GPIF（2024b）の ESG 活動報告では，投資家のエンゲージメントの効果に関する学術論文のレビューが紹介されており，E と S のエンゲージメントは，ESG スコアの向上には寄与しているが，株価上昇にはつながっていないとされている。仮に株価上昇につながるエンゲージメントができていないとすると，これは投資家にとって単なるコスト負担になってしまう。

　かつて企業との対話では，財務データの分析が主で，対話を行うのはアナリスト・ファンドマネージャー，企業側の対話者は財務・経理・経営企画などだった。しかし，今ではテーマは ESG に広がり，投資家側も ESG アナリストやエンゲージメント専任者，企業側もサステナビリティ部，知財部，人事部等とエンゲージメントに携わる部門が広がっている。投資家，企業ともにテーマ，担い手が拡散し，様々な担当者がミーティングの場に出席すると対話内容が拡散し，対話時間の中での十分な対話が難しいという話も聞く。これはもちろん対話を仕切る人間の問題ではあるが，エンゲージメントのテーマを事前共有しておくことが必要となる。また事後的にも，投資家・企業ともに社内連携がとれていないのではないかという懸念が指摘されている。これは日本に限った話ではなく，欧州でも責任投資部門と CSR 部門が話している内容は，経営にも投資判断にも反映されていないという指摘もあ

第2部
エンゲージメントの実際

る。役割分担が進み過ぎると，開示もそれぞれの専門家同士にふさわしい内容が求められるが，本来はそれが統合されていないと，投資の意思決定には反映されず，企業としてもなぜ投資家と対話を行っているのかという疑問につながろう。

　また，顧客の運用リターンだけを考えれば，海外投資でもよいのに，コストが掛かり効果も不透明なエンゲージメントを日本の運用会社の役割として，日本企業に対して行うべきなのかという疑問も挙がっている。ただ，この後の章でも議論するが，費用対効果にあったエンゲージメントを行うべきで，効果はないがエンゲージメントを行っているので費用を負担してくれという話に納得する顧客はいないであろう。機関投資家はエンゲージメントの費用に見合ったエンゲージメント効果を上げ，それが顧客リターンにつながることで費用をいただけるという工夫が必要である。それを考えると，すべての市場参加者が利益を享受するパッシブにおけるエンゲージメントとファンドの受益者が利益を多く享受できるアクティブのエンゲージメントで違いが出るのは当然であろう。

4
企業と投資家のエンゲージメントに対する認識ギャップ

　この章の最後に，GPIF がまとめた機関投資家のスチュワードシップ活動に関する上場企業向けアンケート集計結果の中から「機関投資家全般に期待すること（2023・2024）」とそれに対する機関投資家の反応をスチュワードシップ研究会のガバナンス小委員会で挙げられた意見の中から，原文を一部要約しつつ抜粋した。

(1)　GPIF「機関投資家全般に期待すること」

・中長期的な企業価値向上に向けたエンゲージメントを希望する。他社をベンチマークとした，当社が不十分な点へのご指摘，開示項目の充実化等，積極的なご提言をいただき，建設的な対話となることを期待する。

第3章
エンゲージメントの現状と課題

・中長期視点で，当社の企業価値向上に向けて対話いただける投資家や機会が増えており，この傾向の継続を期待したい。特に，当社の事業活動や開示についての具体的なフィードバックや要望は参考になる。

・議決権行使にあたっては，自社の行使基準に機械的に従うのではなく，対話を通じて得られた知見等をもとに，柔軟に行使判断をすることを望む。

・当社の取り組み・考え方等の確認に終始するのではなく，持続的な企業価値向上に向けた実効性のある改革・改善を推進するための示唆を与えていただけるディスカッションを期待したい。（特に人的資本，知的資本分野）また，機関投資家側も非財務情報をどのように評価し，投資判断に組み入れているかを，積極的に開示してほしい。機関投資家側の非財務情報の活用方法がクリアになることで，企業側の情報開示も促進されると考える。

・新聞などで話題になっているトピック（例えば，PBR1倍割れ問題など）に関して，投資家の立場からの見解や企業に対する意見を伺おうとしても，何も見解を持っていない方がいる。見解を持っている方と話すとお互いが重視しているポイントをすり合わせることができ，企業側の対応を図る意味で有意義。

・経営層との対話を求める依頼が増えるが，今まで当社と1度も対話を行っていない担当者から経営陣とディスカッションしたいという依頼を受けることがある。当社の基本情報は事前にIR担当者にヒアリングを行い最低限統合報告書や決算資料を見た上で対話に臨んでいただきたい。

・発行体に求める変革・改善について，エンゲージメント面談などを通じて繰り返し伝えていく姿勢を継続してもらいたい。社外からの声は，社内からの声より，より強い関心と対応意識をもって受け止められる傾向にあり，会社をさらによい方向性に変えていく推進力にしていきたい。

・機関投資家様とのミーティングは四半期決算など短期的なビジョンによる取材内容が多いと感じている。当社事業の本質的な企業価値や長期的な戦略にもスポットを当て，資本市場から見た当社事業戦略への改善すべき内容や事業環境に関するご意見など，建設的なディスカッションを活発にできるような取材内容が増加することを期待している。

第２部
エンゲージメントの実際

・社外取締役の選任や役員構成の多様性の確保などの取り組みにも，創業来取り組んできた。事業の成長と非財務項目の充実を並行して取り組んでいるので，短期的な業績のアップダウンだけではなくて，そうした側面にも注目していただければと考えている。
・経営者とのミーティングにおいてやや一方的な主張のみでお互いに有益な対話ができていないケースがあるように感じる。
・東証要請に関して，画一的な話ではなく，企業ごとの課題に応じた，プロとしての企業分析を踏まえた見解・提案をしてほしい。
・機関投資家側で算出している投資先の資本コストの水準を開示してほしい。可能であれば計算の前提となるパラメーターの数字を示していただけると助かる。

（2）　投資家側の意見

　上記の企業側の意見に対して，投資家側の議論の中では，企業側の意見には理解できるところも多々あるが，投資家について誤解している面もあるのではないかとして，次のような意見が出された。
・投資家は個々の企業のすべてを理解しているわけではない。企業は知ってもらう努力をすべきである。
・長期のビジョンを語れていない企業が多いのではないか。
・投資家が企業の現状を把握するための「取材」と，企業と考え方をディスカッションする「対話」を区別できていないのではないか。
・投資家のコメントが企業経営に有益な示唆を与えることはあると思うが，投資家は企業の先生や，コンサルタントではない。投資家に企業の経営のあり方を教えてもらうというスタンスは間違っている。
・一般的に，企業は業績向上に資する話やコメントは歓迎するが，資本効率の話は一応聞いておくというスタンス。ガバナンスには触れられたくないという感情が強いのではないか。

第 3 章
エンゲージメントの現状と課題

（3） これらの意見から見える将来のエンゲージメント

　企業の意見，投資家の意見ともに腑に落ちる部分もあるが，エンゲージメントというのはお互いを理解しようと努めるところから始まると考える。スチュワードシップ・コーポレートガバナンスの両コードのお陰で，エンゲージメントがいわば義務化され，両者ともに当然のことと捉えているが，20年前などに遡ればこれらはすべて当たり前のことではなかった。

　いかに企業のマネジメントと話をするか，IR の方々との信頼関係を築き，少しずつ上席の人たちに会いながら経営者にたどり着く。そのような経験をしている世代の者からすると，企業から基本情報を理解していないとか，投資家として何も見解を持っていない人がいるといわれるのはたいへん情けない。もちろん，投資家は先生ではなく企業のすべてを理解しているわけではない。だから取材をするわけである。ただ，投資家は企業価値向上の手段に関しては見識を持っていることは不可欠で，企業が何をすべきかを明確に語れる必要がある。それがなければエンゲージメントという行為は成り立たない。

　一方，企業との取材の中でも気になるのは，自社のことを自分事として考えず，とにかくベストプラクティスを模倣しようとする企業が多いことである。特に開示に関しては，よい会社の開示をまねようとする傾向が強い。しかし，ベストな開示は個社によって異なる。その会社にとって何が必要かは会社の人が最もよくわかっているはずである。投資家もその企業を見る際の視点をしっかり伝え，それを理解した上で開示していくことで有効なエンゲージメントが行える土台が作られていくのではないか。

[参考文献]
GPIF（2023）「第 8 回　機関投資家のスチュワードシップ活動に関する上場企業向けアンケート集計結果」2023 年 5 月。
GPIF（2024a）「第 9 回　機関投資家のスチュワードシップ活動に関する上場企業向けアンケート集計結果」2024 年 5 月。
GPIF（2024b）「エンゲージメントの効果検証プロジェクト報告書」2024 年 5 月。

第 2 部
エンゲージメントの実際

金融庁（2023）「金融審議会諮問事項」2023 年 3 月 2 日。

経産省（2023）「公正な買収の在り方に関する研究会」2022 年 11 月～ 2023 年 8 月。

商事法務（2024）「株主総会白書」2024 年版。

生命保険協会（2024）「企業価値向上に向けた取り組みに関するアンケート集計結果（2023 年度版）」2024 年 3 月。

東京証券取引所（2023）「東証上場会社コーポレート・ガバナンス白書 2023」。

東京証券取引所（2024）「株式分布状況調査」2023 年度。

投資信託協会（2024）「日本版スチュワードシップ・コードに関するアンケート調査の結果について」（2024 年 3 月）。

日本 IR 協議会「IR 活動の実態調査」結果概要（各年）。

日本投資顧問業協会（2024）「日本版スチュワードシップ・コードへの対応等に関するアンケート（第 10 回）の結果について」（2024 年 10 月実施分）。

第4章

アクティブ投資家の役割と課題

　本章は，エンゲージメントにおけるアクティブ投資家の役割と課題を述べる。パッシブ投資家が主に議決権行使によって企業に規律を与える役割を担うのに対して，アクティブ投資家は不断の対話を通じて，企業価値向上に向けた経営判断に影響を与える役割を持つ。アクティブ投資家による対話は積極的に行われているのだが，現状では踏み込んだ経営へのアプローチはアクティビストに劣ると見られている。本来，企業分析の能力にも人材にも優れる国内機関投資家がどうすれば実効性のある対話を実現できるかについて考える。

第2部
エンゲージメントの実際

1
はじめに

　企業と投資家との対話は，日常の IR 取材や，経営陣との面談の中で，従来から行われてきた。特に，1980 年代から 1990 年代前半まではバイサイドアナリストが充実していなかったこともあり，セルサイドアナリストのいわゆる重鎮といわれる人たちが，業界のビッグピクチャーを描き，経営のアドバイザーとしての役割を担うことも多かった。バイサイドのアナリスト体制が充実してくるにつれて，その役割はバイサイドに移行している。バイサイドはそれぞれが独立しており，バイサイド同士で意見交換することも少なく，投資哲学も異なること，市場に対する影響力も必ずしも個人の知識の深さではなく所属する運用会社の運用資産残高に影響されるため，企業としても捉えどころがなく対話が難しかった面があったと推察される。

　2014 年にスチュワードシップ・コードができて以来，機関投資家によるエンゲージメントがいわば義務化されたことにより，バイサイドからも一定水準の意見表明は行われることとなった。スチュワードシップ・コードが議決権行使基準の厳格化などを通じて企業のコーポレート・ガバナンスに対する規律付けに役立ったことは疑いがない。一方，「投資家との対話を通じて企業の持続的成長を促す」という目的を考えた場合，議決権行使による規律付けや開示の充実を要請するだけでは不十分で，株主の眼から見た経営方針への意見交換が不可欠である。

2
エンゲージメントにおけるセルサイドとバイサイドの違い

　企業の方とお話をしていると，投資家といったときにセルサイドアナリストをイメージされている方も多く驚くことがある。確かに，セルサイドアナリストの専門知識が高く，経営陣とのパイプも深かったため，意見交換をする相手としてはセルサイドアナリストが適切と考える企業があっても不思議

第4章
アクティブ投資家の役割と課題

ではない。経営陣と同じような視点で企業の進むべき方向を考えるだけであれば，業界や企業をよく理解しているセルサイドとの対話を重視していればよかった。しかし，株価を意識し企業価値向上を考えるのであれば，バイサイドとの対話が欠かせない。これは単に資本の論理ではなく，セルサイドとバイサイドの専門性の違い，資本市場での役割の違いに起因する。

（1） 資本市場における役割の違い

資本市場においてセルサイドとバイサイドの役割は全く異なる。やや誤解をおそれず大胆に違いを説明すると，セルサイドは業界や企業の専門家であり，バイサイドは独自のバリュエーションに関する考え方を踏まえた企業価値評価の専門家である。

確かに，1993年に野村総合研究所が株価レーティングを付け出して以来，セルサイドアナリストも株価に言及するし，彼らのレーティング変更が株価に影響を与える面はある。しかし，彼らのレーティングはあくまでも企業をよく理解した上で，彼らが持っている様々な情報が価格にどのように反映されるかの予想である。

一方，洗練されたバイサイドは，手法は各々異なるものの企業価値自体を推定し，自分たちが想定する企業価値と市場の認識との差に着目している。

（2） 企業の対話相手としてのセルサイドとバイサイド

資本市場における役割の違いは，企業の対話相手としてのスタンスの違いにも表れる。日常の経営戦術を考える場合，セルサイドは業界の事情にも詳しく他社動向にも精通しているため，企業と同じような目線で対話している場合が多い。一方，企業の経営判断が企業価値にどの程度の影響を与えるのかについてはバイサイドが専門である。バイサイドの企業評価手法は，それ自体が運用会社としてのノウハウの1つであり開示しているわけではないが，企業の経営判断にいくつかの選択肢があった場合，どの選択肢を選択するかで，なぜ，どの程度，企業価値に影響があるのかを一般論ではなく，自分たちの考え方に基づき明確に述べることができるはずである。

51

第２部
エンゲージメントの実際

3

議決権行使担当者とファンドマネージャー・アナリスト

　運用会社と対話を行う企業担当者にとって，同じ運用会社の人と対話をしても興味の対象が異なるということもよく聞く質問だ。議決権行使で企業に反対票を突き付けることが少なかった時代には，投資することは企業をサポートすることとほぼ同義であったが，今はファンドマネージャーが積極的に評価し，買入れているにもかかわらず，株主総会において会社提案の議案に反対するときもある。企業のIRとしては投資家には自社を評価し投資してもらいたいが，株式総務からすると会社議案に反対する投資家が増えるのは困るということもありうるわけである。

（1） 議決権行使における議決権行使担当者と
　　　 ファンドマネージャー・アナリストの役割

　運用会社における議決権行使担当者は，先ほど説明したバイサイドの企業価値評価の専門家ではなく，ガバナンスや最新のESGに関する動向を踏まえて投資先企業の規律を確認することが主たる役割である。そのため，対話の内容は形式的でボックスチェッキング中心になる傾向が強い。つまり，ファンドマネージャーが社長のリーダーシップを評価して投資している場合でも，議決権行使担当者から見た場合，企業のガバナンス体制に問題があるとして社長に対して反対議案を出すというような事態も生じうる。ただ，昨今のようにアクティビストが活躍し，株主提案が増えてくると，1つ1つ確認していかなければならない内容も増加し，その場合にはファンドマネージャー・アナリストと議決権行使担当者が緊密に連携して判断することも増加するだろう。パッシブファンドで投資している銘柄は議決権行使担当者が最終判断を行うにしても，アクティブファンドで投資している銘柄は，本来ファンドマネージャーまたは担当アナリストが議決権行使の最終判断を行うことが望ましい。

（2） 運用会社におけるキャリアの違い

　資産運用会社にとって，フロント部門と呼ばれる，ファンドマネージャー・アナリストは超過収益獲得の源泉であり，存在意義でもある。これは人事ローテーションの一環としてフロント部門に配属されたという位置付けになることもある国内運用機関よりも海外運用機関では明確である。彼らが行う企業との対話は，投資哲学によって投資ホライズンが違ったり，注目するポイントは異なったりするが，いずれにしても興味は企業価値であり，ESG に関する質問も社会通念上よいか悪いかということではなく，それがキャッシュフローにどのような影響を与える可能性があるか，あるいはディスカウントレートへの影響を与えるものかという視点で行われる。

　一方，議決権行使や責任投資といわれる部門は会社によって位置付けがマチマチである。スチュワードシップ・コードなどもあり議決権行使やその開示が重要となる中，運用会社の中でコンプライアンスが重要となることと同様の理由で重視され，運用部門の人材が横滑りする形で拡大強化されてきたケース，ESG を強化する過程で外部人材を含めてその分野の専門人材を集めたケース，ESG エンゲージメントを超過収益の源泉と考え，自社の企業価値評価のフレームワークに連動させることが意識されているケースなどがある。つまり彼らのバックグラウンドや運用会社内での同部門の位置付け，商品戦略によって必要としている情報や，企業への調査の仕方には差が生じている。

（3） エンゲージメント内容の違い

　スチュワードシップ活動におけるエンゲージメントに明確な定義があるわけではないが「企業の持続的成長を促すための対話」が求められている以上，単に企業を深く理解するための対話ではないと理解するべきであると私は考えている。そのような理解に立つと，議決権行使を中心とする責任投資部門のエンゲージメントは企業に規律を求めるためのものであり，この重要性はパッシブ運用でもアクティブ運用でも変わらない。一般的な投資家があ

第2部
エンゲージメントの実際

る程度共通認識として求める姿があり，そこに当てはまっていない場合には改善を求める。あるいは不透明な部分に対して開示を求めるといった内容で，個別企業ごとに事情はあったとしても，総論でいうと多くの投資家が賛同しやすい内容となっている。

　一方，ファンドマネージャー・アナリストはアクティビストのように株主提案の提出や，取締役会宛にレターを送ることまではしなかったとしても，深いリサーチをする中で様々な提案や，投資家が行うべきと考えることをなぜ行わないのかについて，その理由をヒアリングするのは一般的である。ただその内容は，似たものであったとしても，投資家ごとにすべて異なるといっても過言ではない。これは，多少水準感に差があっても基本求めるものは同じである議決権行使や責任投資担当者の考え方とは大きく異なる。そのため，企業としてもどの意見を聞けばよいのかわからず，対応が先送りになっていることも多いのではないか。本来は長期での企業価値を考えて，投資先企業への理解も深いファンドマネージャー・アナリストの提案内容は真剣に討議すべきものであるが，それに対する対応が十分できていない企業も多く，その対応自体がIR担当者のパーソナリティや対話時点での経営者の考え方に依存しているのが現状である。

4
アクティブマネージャーが効果的な
エンゲージメントを行うには

　現状では，アクティブマネージャーのエンゲージメントは通常の取材の域を出ないものが多い。企業経営者に気付きを与え，真に企業価値にインパクトを与えるエンゲージメントは投資家側にも覚悟が必要であるし，相応の時間とコストをかけることが必要となる。投資家としてその対価を得るには，運用フィーの問題もあるが，そもそも投資先とのエンゲージメントの結果，企業価値が上がった場合，パフォーマンスや運用報酬の拡大につながるポートフォリオの構造となっているかが重要である。

第4章
アクティブ投資家の役割と課題

（1） エンゲージメント可能な銘柄数

　外国人投資家からの質問で多いのが，「何銘柄に対してエンゲージメント
を行っているか」というものがある。これは，日本の機関投資家が皆エン
ゲージメントを行っているといっていることに対してどの程度の深さでエン
ゲージメントを行っているのかという質問と同義だ。議決権行使によって企
業に対して規律を与えるためのエンゲージメントであれば，投資先全銘柄に
対して行っているということも可能であるが，外国人の最終投資家が求めて
いるのはそのレベルのエンゲージメントではない。なぜならば，議決権行使
や通常のリサーチは機関投資家としての当然の義務であり，エンゲージメン
トとしてアピールするような内容ではないからである。

　一般的に，深いエンゲージメントが行える銘柄数は，ベテランアナリスト
で1人5銘柄程度と考えられる。より深く経営コンサルに近い業務や，アク
ティビストのように法的な対応も含めた活動を行うとなると，より対応でき
る銘柄数は少なくなり，2～3銘柄ということもありうる。つまり，企業価
値向上に向けた経営判断に影響を与えるようなエンゲージメントを行うため
には運用会社は膨大なコストが必要となるわけである。

　「スチュワードシップ・コード及びコーポレートガバナンス・コードの
フォローアップ会議」（第28回）に提出された「機関投資家等のスチュワー
ドシップ活動に関する実態調査」（みずほリサーチ＆テクノロジーズ株式会社
2023）によると，アクティブファンドであってもエンゲージメント担当者1
人あたりの平均担当社数が10社以下となっているのは36％に過ぎない。つ
まり，現在，日本の運用会社がエンゲージメントと定義しているものは，海
外投資家がイメージする企業価値を上げるための深いエンゲージメントとは
到底いえないレベルのものが大半であると想定される。

　実際，機関投資家によるエンゲージメントが容易でないのは日本だけでな
く，海外でも論点が形式的・カテゴリカルであり，情報コストや行動コスト
がほとんどかからないテーマに関しては威力を発揮しているものの，個別企
業の経営方針や経営陣の変更といった実体的問題では，情報コストも介入コ

第2部
エンゲージメントの実際

図表 4-1　エンゲージメント担当者1人あたりの平均担当社数

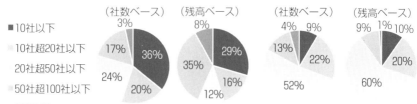

（※）有効回答数：アクティブ運用においてエンゲージメントを行っている87社（国内株式アクティブ運用残高 55兆円）
（※）有効回答数：パッシブ運用においてエンゲージメントを行っている23社（国内株式パッシブ運用残高 129兆円）

出所：みずほリサーチ＆テクノロジーズ株式会社（2023）「『機関投資家等のスチュワードシップ活動に関する実態調査』最終報告書」6頁

ストも高いため，実効性のあるエンゲージメントはあまりできていないといわれている。しかし，形式面での規律を生み出したことで，米国ではアクティビスト・ヘッジファンドの台頭を可能とする環境整備につながったし，英国でもHermes Focus Asset Managementが行ったように集中投資によってコスト問題を解決した事例もある。その意味では，日本は実効性のあるエンゲージメントを行うための環境がようやく整った段階と評価できるのかもしれない。

　日本の大手機関投資家は，アクティブファンド以外にもパッシブファンドを持っているため，アクティブで保有する以外のパッシブ部分でも議決権行使で大きな役割を果たすことができる。Hermesのフォーカスファンドが行ったような手法を用いれば，アクティビストが公然活動を行うことで，一般投資家の支持を必要としているのに対し，水面下のエンゲージメントに特化しても実効性の高いエンゲージメントを行うことができる可能性がある。

（2）　エンゲージメントは対象銘柄の絞り込みが必要

　企業に対して開示の充実など，企業の深い理解を特に必要としない事項や，多くの投資家が取材の中で当然指摘するような問題点を他の投資家同様に指摘し，それらを踏まえて企業が何らかの行動をとった場合，それをエン

第4章
アクティブ投資家の役割と課題

ゲージメントとその成功事例とするのであれば，エンゲージメント対象銘柄は多くてもよいが，これには特にバイサイドのアクティブマネージャーやアナリストの力は必要ない。

バイサイドのアクティブファンドマネージャーやアナリストが行うエンゲージメントはしっかりディープなものを，エンゲージメントとして定義付け，それを行う対象をどのように絞り込んでいるかを示すことが必要である。また，エンゲージメントの成果をしっかりとポートフォリオパフォーマンスに反映させるには，エンゲージメント先企業への投資ウエイトも重要で，例えば，その銘柄への投資ウエイトが１％にも満たない場合，合理的な最終投資家から見るとコストの無駄遣いとなるわけだ。

私の場合は，小規模なチームであったため，エンゲージメント可能な銘柄数に限りがあることを宣言し，エンゲージメントを行う銘柄群と行わない銘柄群を明確に区分し顧客に示してきた。また，エンゲージメントを行う可能性がある銘柄群に対しても，エンゲージメントを前提として投資し常時行うもの，必要に応じて行うものという区分を明示し，自分たちが行えるエンゲージメント銘柄数の限界を示した上で，現在エンゲージメントを行っている銘柄数を示していた。この程度の透明性がないと，外国人投資家から見た場合には真のエンゲージメントと見なされず，市場の流行に過ぎないと考えられるのではないか。

(3) アクティブマネージャーに求められるエンゲージメント力向上

足下は，政府や東証の様々な改革に後押しされ，それをしっかりと推進することを企業に提案しているだけで，企業がそれを実施してくれている。しかしながら，政府の後押しなしに，企業が腹落ちする形で改革が必要であることを説明し，実行してもらうのは容易ではない。また，株主還元など資本政策の改革だけであれば議論は比較的シンプルであるが，リストラを含むビジネスポートフォリオの変更になると，実際には机上の話だけでは済まない。このようなことを経営陣と議論し実行に移してもらうには，一段深いレベルでの企業に対する理解とビジネスや法務に関する知識も必要となる。

第2部
エンゲージメントの実際

　通常の投資家は，そのような知識を持ち合わせていないと考えられるが，現在のような局面でこそ，そのようなノウハウを身に付けることを目指してほしい。ただ，これらのエンゲージメントは時間もコストもかかり，特にこれまで困難であったのは，フレンドリーなエンゲージメントを行っている場合，その進捗がわからないことである。投資家はあくまで企業の外にあり，内部の動きは醸し出される雰囲気でしかわからない。そのため，想定以上に時間が掛かったり，その間経営陣の変更があると振出しに戻ったりと，費用対効果を考えるととても合理的とはいえないことになりがちである。そのため，私は主に効果が出やすいテーマにエンゲージメント対象を絞っている。日本企業の競争力を取り戻すという視点からは，体力のある日本の機関投資家には難易度の高いエンゲージメントにも是非チャレンジしていただきたい。また，後述するように，通常の対話から一段エスカレーションさせるツールを確保することによって，アクティビストのように株主提案を行わなくても難易度の高いエンゲージメントを合理的に実行できるのではないかと考える。

5
企業が投資家の意見を適切に反映させるには

　2024年の株主総会でもアクティビストの株主提案が数多く見られた。また，中には会社提案が否決される例などもあり，かつてのシャンシャン総会が一般的だった時代とは様相が一変している。しかし，それらの中には，なぜこれまで何もせずにきたのか，なぜ機関投資家たちは問題点を真剣に討議し改善を求めなかったのかと疑問に思う案件も多い。

（1）　IRの改革は必須

　多くの日本企業の開示資料は充実しており，IRの対応も充実している。しかし，アクティビストに攻撃されている企業の多くは投資家から見ても攻撃されて当然と思われる企業が多い。そのことをなぜ経営陣は認識していな

かったのか，あるいは認識していたとすればなぜ対応できていなかったの
か，というのは重要な問題である。

　認識できていたにもかかわらず，それに対応できていなかったとすると，
それは完全に経営陣の問題ではあるが，相談相手がいないという状況だった
とすると大変残念である。本来，企業は危機対応時の証券会社やコンサルだ
けでなく，潜在的な危機がある場合に，根本的な企業価値向上策をともに考
えることができる信頼できる投資家を複数対話相手として持っておくことが
望ましい。

　投資家がそのことを指摘していなかったのか，あるいは指摘していたにも
かかわらず，そのことが経営陣に共有されていなかったのどちらかだとする
と，それはIRにも問題がある。それでは，IRが単に決算情報などを説明す
る役割となっており，企業価値に関する高質な対話を行うことができる投資
家を確保できていないか，重要な意見を経営陣と共有できる仕組みができて
いなかったといえるからである。

　私の認識ではこれは両方ある場合が多いと感じる。アクティビストに攻め
られている会社を見ていると，IR慣れしており投資家との対話は十分行っ
ているものの，短期業績の話をお互いしているだけの会社もある。逆にIR
担当者が保守的で問題が見え隠れしているにもかかわらず頑なに防御を固め
ることに集中していると感じる会社もある。

　海外ではブロックシェアホルダーというが，ある程度の株数を持ち，オー
ナーシップとしての意識が高く，長期視点で信頼できる対話のできる株主を
見つけていくことがIRには求められよう。

(2)　対話担当の社外取締役が必要

　社外取締役の選任を義務付けている理由に，取締役会のモニタリング機能
を高める目的がある。適正な経営判断のモニタリングを求めているのが株主
であることを考えると，社外取締役には株主視点でのモニタリングが強く求
められる。株主視点が何であるかを知るためには，株主との対話が必須であ
るが，上場企業における社外取締役の投資家との対話は驚くほど少ない。ま

第２部
エンゲージメントの実際

た，対話が実現しているケースでも，機関投資家側が社外取締役との対話を求めるケースが多い。本来の趣旨を考えると，投資家の意見を吸収すべきである社外取締役が自ら対話を求めるのが当然であると考えられる。

監査役も含む社外役員は，投資家との対話担当社外取締役を決め，対話担当社外取締役が社外役員会合において，主要投資家の意見をフィードバックし，それを重要度に応じて取締役会の議題とすることが望ましい。もちろん，社外取締役はIRではないので，極端に多くの投資家と会う必要はない。会うべき投資家をIRが選別し，主要投資家や会社に対して深い洞察や強い意見を持っている投資家との面談を実現させるべきと考えられる。

6
協働対話・総会への事前質問への期待

多くの投資家にとって，企業の課題は明確である場合が多いが，その課題解決への道筋は投資家によって考え方が異なる。そのため，企業はどの意見に対応してよいかわからず，そのまま曖昧な対応になってしまうことも多い。

IRや経営トップの意識が高く，株主とのエンゲージメントが積極的に行われている会社に関しては問題ないが，エンゲージメントに積極的でない会社や，投資家の意見を聞いてはいるものの，改革を実行できていない会社に対して，伝統的機関投資家は有効な打開策を持っておらず，実質的にはアクティビストに期待しているという状態は健全とはいえない。

本来は企業と良好な関係を築きやすく，資本市場における当該企業の課題も認識できている機関投資家と建設的な対話を有効に行うために，検討すべきツールを紹介したい。

（1） 協働対話の効果

協働対話フォーラムの具体的な活動については山崎氏の第9章で説明されているが，企業に対して十分な保有ウエイトを持つ株主が共同で意見をまと

め提案ができれば，会社としても投資家の意見を理解しやすい。もちろん，この場合は突然事前質問を送るのではなく，十分な対話を行った上で，そのポイントを会社と投資家が共有し合うことで意味が生まれる。

　これが実現できると企業にとって効率的に対話ができるだけでなく，投資家にとっても意味のある投資ウエイトを持つ株主として対話ができることとなるため，対話の実効性は飛躍的に高まると考えられる。多様な投資家の意見を集約し，わかりやすく企業に伝えることは企業にとっても投資家にとっても対話の効率性を上げることにつながろう。

(2)　総会への事前質問

　株主提案が株主総会において会社側との議決権争奪戦となるのに対して，総会への事前質問制度の利用はその手前のマイルドなやり方として利用を検討してもよいだろう。

　株主は，株主総会において質問する事項を事前に通知することができ，その通知が，株主総会開催の日より当該質問に対する説明のための調査に必要とされる相当な期間前に，書面によりなされた場合には，取締役および監査役は，株主総会において，説明のために調査を要するということを理由として説明を拒否することはできなくなる（会社法施行規則第71条）。

　もちろん，取締役および監査役の説明義務は，株主総会において質問されて初めて生じるものであるから，事前に質問状が提出されていても，株主総会で現実に質問されない限り，これに対する説明義務は生じない（東京高判昭和61.2.19判時1207-120）ため，当日の質疑で事前質問を行った株主を当てなければ説明する必要がないとも考えられる。また，冒頭で，事前質問に回答してしまえば，仮に質疑で当てたとしても，「先ほどの説明の通り」で終わることも可能ではある。しかし，総会屋が質問状を送り付けているのとは違い，機関投資家が正当な質問をした場合には，それに回答しないことは株主総会という公の場で企業の閉鎖性を示すことになるため，企業は少なくとも何らかの説明を盛り込むと考えられる。

　ここ数年，僅かな株数しか持たない環境NGOなどが株主提案を行う案件

第 2 部
エンゲージメントの実際

が見られるが，彼らの活動を聞いていると事前の対話が明らかに不十分であると考えられるものもある。緊急の案件でない限り，株主提案を行う前段として，少なくとも総会への事前質問状制度を利用し，エンゲージメントの課題を周知した上で，その進捗がない場合に株主提案を行うというのがあるべき姿なのではないか。

先進的企業は，法的な手続としての「事前質問状」ではない「事前の質問」をネットで受け付けている場合もある。回答の義務がない，アンケートではあるが，このような取り組みを通じて株主総会を開かれた議論の場としようとする取り組みは評価できる。

これまで，多くの機関投資家は，実質株主であっても名義株主ではないため，株主総会には出席してこなかった。機関投資家の意識としても，特にファンドマネージャー，アナリストは，エンゲージメントは通常の取材の中で行うもので，株主総会における議決権行使は自分たちが行っているエンゲージメントとは別物という意識も強かった。しかし，実効性のあるエンゲージメントを実現するためには，エンゲージメント項目のリストアップと進捗管理が重要である。自分たちの取材メモと，IR担当者や経営陣の人柄に頼ったエンゲージメントでは不十分で，進捗をある程度見える化していくことも必要となろう。

もちろん，エンゲージメントは表に出ないからこそ，ざっくばらんに対話することが可能であり，効果を持つという側面はある。そのためすべてを開示する必要はないし，海外の運用会社のディスクローズでも開示するもの，しないものを分けている。しかし，企業との良好な関係を保ちながら，効果的なエンゲージメントを進めたい国内機関投資家がとるべき手段として，株式の売却やアクティビストの登場を待つだけでなく，もう一段エンゲージメントを進める手段を持っておくことは必要である。また，企業にとっても突然のアクティビスト登場に慌てることなく，対話を通じて自己変革していけるという意味で，企業を理解し企業価値評価の構造を理解しているアクティブファンドのファンドマネージャー・アナリストを有効活用してもらいたい。

第4章
アクティブ投資家の役割と課題

――――― 7 ―――――
おわりに

　スチュワードシップ・コードができて 10 年。エンゲージメントという言葉も一般化し，企業と投資家の対話は格段に進歩した。ただこれは政策に後押ししてもらったという側面も強い。本来自分たちのエンゲージメントによって投資先企業の価値を向上させ，超過リターンを得るというメリットがあるアクティブマネージャーは，アクティビストたちに負けないレベルのエンゲージメント力を付けることが望まれる。高度なエンゲージメント力をアクティブマネージャーたちは身に付け，日本企業が真の競争力を取り戻す一助となれるよう努力することが望まれる。

[参考文献]
全株懇理事会（2021）「グローバルな機関投資家等の株主総会への出席に関するガイドライン」。
田村俊夫（2014）「スチュワードシップは成長を促進するか」『資本市場リサーチ』32 巻。
みずほリサーチ＆テクノロジーズ株式会社（2023）「『機関投資家等のスチュワードシップ活動に関する実態調査』最終報告書」。

第5章

パッシブ投資家の役割と課題

　本章は，近年株式市場でウエイトが高まっているパッシブ投資家の
エンゲージメントについてアクティブ投資家のエンゲージメントと比
較しつつ，その特徴や今後の課題について論じている。パッシブ投資
家のエンゲージメントといっても，エンゲージメント対象企業の中長
期的企業価値の向上を目指すことはアクティブ投資家と変わらない。
対話のテーマもアクティブと大きく異なるわけではないが，パッシブ
では市場全体のパフォーマンス向上を目指すという性格から，より長
期的な市場全体に関わる課題としてのガバナンスや気候変動などの
テーマが多く取り上げられる傾向が見られる。今後は，投資家同士の
協働活動や，より広い市場関係者へのエンゲージメントなども重要に
なってくるだろう。

第2部
エンゲージメントの実際

1

パッシブ投資家のエンゲージメントへの期待

(1) パッシブ投資の増加

　近年，世界的にパッシブ投資（またはパッシブ運用）の増加が注目されている。とりわけ日本では，巨額の年金資金を運用するGPIF（年金積立金管理運用独立行政法人）がパッシブ投資を主体としていることや日銀によるインデックスETF（上場投資信託）の大量購入の影響などもあり，パッシブ投資の比率が大きくなっている。

　機関投資家による運用は，大きくアクティブ投資とパッシブ投資に分けられる。アクティブ投資は，ベンチマーク（運用成果の比較対象となる株価指数など）を上回る運用成果を目指す運用手法であり，ファンドマネージャーやアナリストが市場や個別企業の調査・分析を行い，その結果をもとに高い運用成果が見込めると評価する企業を選定して投資する手法である。

　一方，パッシブ投資は，ベンチマークとなるインデックス（日本では東証株価指数（TOPIX）や日経平均株価が代表的）に含まれるすべての構成銘柄をその構成比率の通りに投資し，これらの指数と同じ値動きをすることを目指す運用である。インデックス・ファンドやETFなどがこれに該当する。

　日本投資顧問業協会のアンケート調査によると，2024年6月末時点で投資顧問会社の日本株式運用のうちパッシブ投資が72％を占める（日本投資顧問業協会 2024）。また投資信託では，公募株式投信のうちETFとETF以外のパッシブ型ファンドを合計すると公募株式投信全体の60％を占める（投資信託協会 2024）。

(2) スチュワードシップ・コードの要請

　パッシブ投資は，もともと基準となるインデックス（株価指数）と同じ銘柄を同じ比率で投資することでインデックスと同じパフォーマンスを目指す運用であり，個別企業や市場環境の調査・分析を行わない運用であった。そ

のため企業へのエンゲージメント（対話）を行うことも難しいと考えられてきた。しかし，近年のパッシブ投資の増加により，保有する株式数が大きくなるにつれて，パッシブ投資家といえども株主としての責任ある行動や議決権行使が求められることになってきた。

その1つの表れとして，日本版スチュワードシップ・コードの2017年5月の改訂で，パッシブ運用を行う機関投資家は，積極的に中長期的視点に立った対話や議決権行使に取り組むべきであるとする規定が新設された。

「指針4-2（現在は4-3）　パッシブ運用は，投資先企業の株式を売却する選択肢が限られ，中長期的な企業価値の向上を促す必要性が高いことから，機関投資家は，パッシブ運用を行うに当たって，より積極的に中長期的視点に立った対話や議決権行使に取り組むべきである。」（金融庁 2017）

さらに世界最大規模のアセット・オーナーであるGPIFでは，運用受託機関に向けた「スチュワードシップ活動原則」において，「特に，株式のパッシブ運用を行う運用受託機関は，市場全体の持続的成長を目指す観点から，エンゲージメントの戦略を立案し，実効性のある取組みを実践すること。」という規定を設けて，パッシブ運用機関に積極的なエンゲージメントへの取り組みを求めている。

このような情勢のもとで，大手運用機関では，スチュワードシップ推進部，責任投資部といったエンゲージメント専任の部署を設けるなどして，パッシブ投資のエンゲージメントを強化してきた。

2
パッシブ投資のエンゲージメントの特徴と評価

（1）　パッシブ投資のエンゲージメントの特徴

図表5-1にアクティブとパッシブの運用とエンゲージメントの特徴をまとめた。アクティブ運用では個別の調査・分析に基づいて，数10から100銘柄程度の投資対象を選定し，株価の水準を評価して機動的に売買を行う。エ

第2部
エンゲージメントの実際

ンゲージメントは，自己のファンドの投資対象銘柄のパフォーマンスの向上を目的としており，当該企業の経営課題について対話や議決権行使で改善を促すことになる。もし企業との対話が不調に終わり，企業の改善が見込めないと判断された場合には保有株を「売却」するという行動がとられるだろう。

　一方，パッシブ運用では，売却という選択肢がなく，その株式がインデックスに採用されている限り保有し続けることになる。そのため，経営改善を求める企業との対話をアクティブ運用以上に粘り強く行う必要があり，より長期の視点が重視されるといえよう。経営改善を求めるエンゲージメントも

図表5-1　アクティブとパッシブの運用とエンゲージメントの特徴

	アクティブ運用	パッシブ運用
運用方針	個別銘柄を調査して，運用者の判断により，投資対象を選定	市場インデックス（TOPIX，日経平均など）に連動した運用
組み入れ銘柄数	数10～100銘柄程度	インデックス採用銘柄数（TOPIXの場合，2024年末2,124銘柄）
投資期間	株価の動向により機動的に売買	原則として売買しない超長期保有
エンゲージメント方針	自己が運用するファンドのパフォーマンス向上	インデックス全体の底上げ
エンゲージメントの目的	売り・買いの判断を行うため	インデックス採用企業の長期的企業価値向上を促すため
対象銘柄	ファンドが保有する特定の企業	インデックス・ウエイトが高い銘柄を中心に，幅広くカバー
手法	当該企業の課題について改善を求める	市場全体に共通する課題について，主要企業に働きかけるとともに，全企業に向けてメッセージを発信する
対話テーマの特徴	個別企業ごとの経営課題	市場全体に共通的なテーマが中心
問題企業への対応	対話，議決権行使と売却	保有継続，対話と議決権行使
フリーライダーへの対策	基本的に不要	協働活動を求める（アセットオーナーの理解・評価も重要）

出所：機関投資家協働対話フォーラム説明資料をもとに筆者作成

より長期の視点が重視されるだろう。エンゲージメントの目的は、インデックス全体の向上を目指すということになるので、個々の企業の改善の積み上げではあるものの、市場全体に共通する課題を取り上げて改善を促すという視点が強くなる。また、例えば TOPIX インデックスでは 2024 年末現在約 2,100 銘柄が含まれており、この全社と個別に対話することは不可能なので、構成比が大きい重点銘柄を対象に選んだり、市場全体に効果的にメッセージを発信する工夫を行ったりすることが必要になる。

また、企業への意思表示の手段として、議決権行使基準の公表によるメッセージや、議決権行使による賛否の表明が極めて重要になるといえる。

さらに、アクティブ投資との違いは、誰かがエンゲージメントの努力をして市場インデックスが向上すると、何もしなかった他の投資家も同じだけの利益を得るという「フリーライド」が避けられないという問題もある。そのため、パッシブ投資のエンゲージメントを促すためのインセンティブを考えることも必要になる。そのためには、パッシブ運用会社に資金を委託するアセット・オーナーが、パッシブ運用会社のエンゲージメントの努力や成果を公平に評価することが重要になろう。

(2) パッシブ投資家の対話テーマはアクティブと異なるか

パッシブ投資家のエンゲージメントといっても、「企業と建設的な目的を持った対話を行う」ということでは、アクティブ投資家と本質的な違いはないといえる。とはいえ、上述の通り、アクティブ投資では自己のファンドが保有する銘柄のパフォーマンスの向上が目標となるので、エンゲージメントでは当該企業の事業戦略や財務政策など短期や中長期の企業業績に直結するテーマが多くなると考えられる。他方パッシブ投資では、特定の企業のパフォーマンス向上よりもインデックス全体の向上を目指すことになる。したがって、エンゲージメントのテーマも、より長期的な市場全体のパフォーマンスに関わるコーポレート・ガバナンスのみならず、気候変動対応、社会課題など社会のサステナビリティ課題のウエイトが相対的に高くなることが考えられる。ある大手運用機関の幹部の方は筆者とのミーティングで、「アク

第 2 部
エンゲージメントの実際

ティブとパッシブで基本的にエンゲージメントに違いはない。ただし，アクティブでは α（アルファ）の追求がメインなので，稼ぐ力（収益力）にフォーカスされる。一方パッシブでは β（ベータ）の底上げ＝リスクの低減が主題になるので，ESG エンゲージメントが有益である。」と語ってくれた。

議決権行使については，国内大手機関投資家では，議決権行使基準を定めているが，ほとんどの会社でパッシブ・アクティブに関わらず会社として統一した基準で行使されるものになっている。その観点では，パッシブであることでエンゲージメントの方針が特別ということはないであろう。

因みに GPIF の委託先運用機関のアクティブとパッシブの対話テーマを集計したデータ（**図表 5-2**）では，アクティブでは経営戦略・事業戦略，財務戦略が 1 位と 2 位を占めているのに対して，パッシブでは 1 位が取締役会構成・評価，3 位に気候変動が挙がっており，それぞれの特徴が出ている。一方でパッシブでも経営戦略・事業戦略は 2 位に入っており，アクティブでも

図表 5-2　GPIF 委託運用会社の対話テーマ〜パッシブとアクティブ

【パッシブ】		【アクティブ】	
テーマ	対話比率	テーマ	対話比率
1. 取締役会構成・評価	16.2%	1. 経営戦略・事業戦略	19.4%
2. 経営戦略・事業戦略	12.2%	2. 財務戦略	11.5%
3. 気候変動	10.4%	3. 取締役会構成・評価	9.1%
4. コーポレート・ガバナンス（その他）	9.4%	4. 情報開示	8.2%
5. 情報開示	6.0%	5. コーポレート・ガバナンス（その他）	7.7%
6. 資本効率	5.3%	6. 気候変動	6.8%
7. その他	5.1%	7. その他	4.1%
8. 株主総会関連	4.0%	8. ダイバーシティ	4.0%
9. ダイバーシティ	3.9%	9. 資本効率	4.0%
10. 少数株主保護（政策保有）	3.0%	10. 株主総会関連	3.8%

注：2017 年 4 月から 2022 年 12 月末の対話件数合計に占める割合。
出所：GPIF（2024a）「エンゲージメントの効果検証プロジェクト報告書」20 頁をもとに筆者作成

第 5 章
パッシブ投資家の役割と課題

取締役会構成・評価が 3 位に入るなど，コーポレート・ガバナンス体制を基盤とした経営戦略・事業戦略により中長期的な企業価値向上を目指すという方針に大きな違いはないともいえよう。

(3)　GPIF の「エンゲージメント強化型パッシブ」

GPIF の株式運用のうち約 9 割がパッシブ運用であり，上場企業に幅広く投資を行っていることから，市場全体の長期的な成長がリターン向上には欠かせない。そのため，GPIF では，スチュワードシップ活動を通じた市場全体の持続的成長とスチュワードシップ活動のアプローチ方法の多様化・強化を目的として，2018 年からスチュワードシップを重視したパッシブ運用モデルの採用を開始した（GPIF 2024b）。

2024 年現在 4 社が採用されている。各社の運用モデルの特徴を**図表 5-3** にまとめた。アセットマネジメント One では，ESG 課題を設定して，重点企業を対象にエンゲージメントを行い，8 段階のマイルストーンを設定して進捗を管理する。

フィデリティ投信では，アクティブ運用のアナリストと連携して，インデックスのインパクトの大きい企業で企業価値が大幅に改善すると見込まれる企業を対象に，企業の収益性，成長性の向上を目指すとしている。

三井住友トラスト・アセットマネジメントは，個別企業へのエンゲージメントに加えて，各種イニシアティブを通じた活動や市場関係者などステークホルダーに対しても幅広くエンゲージメントを行うことで，市場全体の向上を目指している。

りそなアセットマネジメントは，AI 技術を活用した統合報告書の分析を起点として，評価項目をスコア化し，企業にもフィードバックすることで企業価値向上を促すとしている。

各運用会社は，上場企業の全社，あるいは TOPIX などのインデックスに含まれるすべての企業と個別に対話することは物理的に不可能なので，各社それぞれに工夫を凝らした特色あるエンゲージメントの取り組みで，市場全体のリターンの向上を促すように取り組んでいる。

71

第2部
エンゲージメントの実際

　なお，GPIFでは効果検証プロジェクトの因果分析の結果，エンゲージメントの効果が確認されたとしている。すなわち，「気候変動」「取締役会構成・評価」をテーマにした対話では，PBRなどの企業価値評価指標と，脱炭素目標の設定や独立社外取締役人数などの非財務のKPIがともにエンゲージメント非対象企業（対照群）と比べて改善している。また，「少数株主保護（政策保有）」をテーマにした対話では，「特定投資株式／純資産」比率

図表5-3　GPIFのエンゲージメント強化型パッシブ

アセットマネジメント One	18のESG課題を設定し，問題意識（課題）や目指すべき姿（ゴール），目指す企業行動（アクション）を示し，エンゲージメント活動の方向性を明確化。重点企業を対象に各課題に基づいたエンゲージメントを行う。ESGへのアプローチは，「リスクの観点」はもちろん「リターンの観点」を重視。8段階のマイルストーンを設定。
フィデリティ投信	アクティブ運用のアナリストの知見を活かし，インデックスへのインパクトが大きい企業（時価総額1兆円以上，企業価値が50％以上改善すると見込まれるなどの条件で絞込み）に変革を促すことで効率的にβを上昇させる。企業価値創造の観点からエンゲージメント議題を特定，企業の収益性，成長性の向上を目指す。インプット，アウトプット，アウトカムの3つの指標で進捗状況を管理。
三井住友トラスト・アセットマネジメント	投資先企業へのエンゲージメントに加え，各種イニシアティブを通じた活動や市場関係者などステークホルダーに対しても幅広くエンゲージメントを行う。トップマネジメント（会長・社長）自らがコミットし，カンファレンスへの登壇など積極的な発信を行う。マテリアリティをベースにした12のESGテーマをリスクと機会の観点で分類し課題設定を行う。各ESGテーマのゴール（長期目標）からバックキャストによるターゲット（中期目標）を対象企業ごとに設定。6段階のマイルストーンを設定。
りそなアセットマネジメント	統合報告書の現状分析を起点としたエンゲージメント。統合報告書の分析にあたって，インハウスのAI技術を活用，分析する着眼点を評価項目として，スコア化することで課題の所在を明確にする。エンゲージメント・マネージャーは対象企業に評価スコアのフィードバックを行うとともに，企業価値創造ストーリーに関する対話を実施し，非財務情報の開示促進，質的向上をトリガーとする企業価値向上を促していく。企業ごとにマイルストーンを設定。

出所：GPIF（2024b）「2023/24年スチュワードシップ活動報告」（2024年3月）31-39頁をもとに筆者作成

の減少など，テーマに直結した KPI の相対的な改善が多く見られた。企業規模別では，Small 企業への対話において，KPI の相対的な改善が比較的多く見られた。一方，エンゲージメントにより，KPI が悪化するケースは，ほぼないとしている。

3
今後の課題と展望

　以上見てきたように，パッシブ運用が拡大する中で，パッシブ運用機関は効果的なエンゲージメントのあり方を工夫し，成果も見られている。今後のさらなる進展のために，残された課題について考えてみたい。

（1）　議決権行使基準の課題

　第 1 に議決権行使基準の課題について考えてみたい。前節で見たように，パッシブ運用では売却という手段がなく，投資家の意思表示としては対話と議決権行使が重要な手段となる。現在，運用各社は議決権行使基準を公表しており，原則としてこの基準に沿った議決権行使を行っている。これは，すべての会社に対して運用会社の恣意性を廃し，より公平で透明性の高い議決権行使を行うという点で重要なものとなっている。ただ，すべての投資先企業に適用する基準であることから，ほとんどの運用会社では「最低基準」を示すことになっている。

　1 例として，多くの国内外機関投資家の最大公約数的な基準を示していると思われる ISS（Institutional Shareholder Services）の取締役選任に関する基準を見てみよう。

　ROE 基準では，5 ％が基準値になっている。ISS は「この ROE 基準は最低水準であり，日本企業が目指すべきゴールではない」との注記を付けているが，ROE5 ％達成を目標とし，5 ％達成で安心してしまう企業も少なくないのではないか。近時，PBR1 倍割れの解消が課題とされているところ，PBR1 倍を超えるには「株主資本コストを上回る ROE」が必要で，それは

第 2 部
エンゲージメントの実際

図表 5-4　ISS の日本向け議決権行使基準 – 取締役選任

【取締役選任】
・ROE 基準：過去 5 期平均の ROE が 5 ％を下回り，かつ改善傾向にない場合 　（注：この ROE 基準は最低水準であり，日本企業が目指すべきゴールとの位置づけではない）
・政策保有株式：政策保有株式の保有額が純資産の 20 ％以上の場合
・社外取締役比率：社外取締役の割合が 1/3 未満，または 2 名未満の場合
・女性取締役：女性取締役が一人もいない場合
・親会社や支配株主を持つ会社：独立社外取締役が 1/3 未満，または 2 名未満の場合
以上，いずれも経営トップである取締役に反対を推奨
・取締役会出席率：出席率が 75 ％未満の社外取締役に反対
＊なお，社外取締役の独立性基準のみを理由に当該社外取締役に反対推奨することはない

出所：ISS（2025）「2025 年版日本向け議決権行使助言基準」をもとに筆者作成

日本市場の平均では 8 ％程度と推計されている。議決権行使で投資家の意
見・期待値を企業に示すという観点からは，議決権行使基準も「投資家が期
待する水準」を示し，個々の企業の取り組みや努力は対話を通じて評価する
という考え方もあるのではないか。

　ただし，その場合，機関投資家がすべての企業と対話することが難しいか
もしれない。とすると，企業側が株主総会招集通知で自社の「努力」を十分
に説明し，投資家がそれを読んで評価するといった取り組みも必要になって
こよう。

(2)　中小型上場企業との対話の課題

　第 2 の課題としては，上記とも関連することであるが，中小型上場企業と
投資家の対話をいかに行っていくかという課題が挙げられる。

　パッシブのエンゲージメントでは市場全体の底上げを目指すといっても，
現在のパッシブ運用の主流である TOPIX 連動のパッシブ・ファンドでは
2,000 社以上の銘柄を保有しており（2024 年末時点），この全部の企業と個別
対話を行っていくことは不可能である。そこで，エンゲージメントの手法と
して主に 2 つの方法が考えられる。第 1 は，インデックスに占める比率・影
響が大きい代表企業に重点的にエンゲージメントを行うことである。第 2 節

の 3. で見た GPIF のエンゲージメント強化型パッシブでも，多くは「重点企業」へのエンゲージメントを強化している。

GPIF（2024a）の「エンゲージメントの効果検証プロジェクト報告書」では，GPIF の運用会社 19 社，21 ファンド（パッシブ 7 ファンド，アクティブ 14 ファンド）の時価総額区分別の対話件数・対話社数が示されている。2022 年度（4 月～12 月）の値を見ると，時価総額上位 400 社では 370 社と対話が行われ，1 社あたりの対話件数も 8.1 件とかなり多く，十分な対話が行われていることがわかる。

しかし，400 ～ 1000 位の企業 600 社になると，対話した会社数は 301 社で約半分の会社は GPIF の運用会社に保有されているのに対話実績がない。さらに 1000 位以下となると 1,000 社以上の対象企業に対して対話社数は 133 社に過ぎない。アクティブファンドが関心を持った少数の会社などが投資家の対話の対象になったものと考えられる。

日本市場全体の活性化という目標を考えると，これらの中小型上場企業も機関投資家と対話を行っていくことが望まれることはいうまでもない。しかし，個別の機関投資家の立場からいえば，限られた人的リソースの中でそこまで対話を行うことは難しいだろう。とすれば，業界全体で「協働して」小型企業との対話を分担していくような仕組みを検討することも有益なのではないか。パッシブ運用ではすべての運用会社が同じ銘柄を保有しているの

図表 5-5　GPIF 受託運用機関の対話件数～時価総額区分別

時価総額区分	対話件数①	対話社数②	対話社数の比率	①÷②
1 ～ 400	2,989	370	92.5%	8.1
401 ～ 1000	1,018	301	50.2%	3.4
1001 ～ 2000	404	133	13.3%	3.0
合計	4,412	805	（約 40 %）	5.5

注：GPIF の運用会社 19 社，21 ファンドを対象。集計対象は TOPIX 構成銘柄。合計には 2001 位以下の 1 社を含む。2022 年度（4 月～12 月）の値。

出所：GPIF（2024a）「エンゲージメントの効果検証プロジェクト報告書」（2024 年 5 月）17 頁をもとに筆者作成

第2部
エンゲージメントの実際

で，協働で活動することのメリットは大きいと考えられる。複数の運用会社が協働して対話先企業を分担していけば，対象企業を大幅に拡大することができるだろう（協働エンゲージメントの試みについては第8章を参照していただきたい）。

（3）　他の投資家や幅広い関係者との連携

　第3の課題として，国内機関投資家だけではパワーに限りがあり，他の投資家との連携の重要性がある。日本株式の保有構造データを見ると，狭義の国内機関投資家の保有分は，信託銀行（投資信託や年金基金の保有分はここに含まれる）と生命保険会社の持つ25％程度である。国内機関投資家だけでは企業への影響力にも限りがある。特に海外機関投資家（**図表5-6**の外国法人等32％はほぼ海外機関投資家である）との連携は重要であろう。

　連携とは，協働してエンゲージメントを行うといったことだけではなく，普段から意見交換などを通じて日本企業・日本市場の課題について共通した認識を持ち，知見を深めて，それぞれのエンゲージメントの場において企業

図表5-6　日本の株式所有構造（2024年3月末）

個人・その他	170兆円	（16.9％）
事業法人等	194兆円	（19.3％）
外国法人等	320兆円	（31.8％）
金融機関	291兆円	（28.9％）
信託銀行	223兆円	（22.1％）
（投信105兆円，年金約80兆円を含む）		
生命保険	30兆円	（ 3.0％）
損害保険	9兆円	（ 0.9％）
都銀・地銀その他金融機関	29兆円	（ 2.8％）
証券会社	30兆円	（ 3.0％）
合計	1,008兆円	（100％）

出所：東京証券取引所（2024）「2023年度株式分布状況調査」

第5章
パッシブ投資家の役割と課題

との対話に生かしていくことである。

　さらに銀行等の金融機関や個人株主とも，機関投資家の情報発信を通じて共通の認識を持っていくことで，企業に対するエンゲージメントの効果も高めることができるであろう。

　さらに，投資家との連携だけではなく，市場全体に共通する課題（例えば，資本コストの認識，政策保有株式，親子上場，買収防衛策等）について，機関投資家の共通意見として全企業・市場全体に向けてメッセージを発信したり，政策当局や東京証券取引所に働きかけるパブリック・エンゲージメントを行うことも有効であると考えられる。

　また，企業へのIR支援・コンサルティングや株主総会のサポートなどを行うIR支援会社，証券代行機関，コンサルティング会社などとの意見交換を通じて投資家の意見を理解してもらうことも，広く上場企業が投資家への理解を深める助けになると思われる。

─────── 4 ───────
おわりに

　以上，パッシブ投資家の観点からエンゲージメントの現状と課題を検討してきたが，最後に，日本市場の活性化のためには多様なアクティブ投資家の参入が期待されることを述べて，結びとしたい。

　パッシブ投資家は，様々な工夫によってインデックスに含まれる多くの企業との対話を行っていこうと努めている。しかし，残念ながら限度があり，どうしても対話ができない投資先企業は残るであろう。

　さらに，パッシブ投資家がエンゲージメントの対象とするのは主要なインデックス（株価指数）に含まれる企業だけである。日本株式ではTOPIXが代表的な指数であり，かつ最もカバー範囲が広い。2024年末現在約2,100銘柄が採用されているが，東証は指数採用基準の見直しを進めており，2028年には1,200銘柄程度まで削減されるといわれている。

　そうなると，パッシブ投資家がカバーする銘柄も減少することになる。現

77

在東証上場企業は約3,800社あるが，TOPIX採用銘柄以外の企業には，多様なアクティブ投資家が関与することで，機関投資家の専門的な知見が企業経営にも反映されることが期待される。日本ではこのようなアクティブ投資家の層が極めて少ないことが指摘されており，今後市場の活性化を一段と進めるためには，新たな投資家層の登場が期待される。

[参考文献]

GPIF（2024a）「エンゲージメントの効果検証プロジェクト報告書」2024年5月（https://www.gpif.go.jp/esg-stw/20240521_engagement_report.pdf）。

GPIF（2024b）「2023/24年スチュワードシップ活動報告」2024年3月（https://www.gpif.go.jp/esg-stw/StewardshipReport_2023.pdf）。

ISS（2025）「2025年版　日本向け議決権行使助言基準」（https://www.issgovernance.com/file/policy/active/asiapacific/Japan-Voting-Guidelines-Japanese.pdf）。

金融庁（2017）「『責任ある機関投資家』の諸原則　《日本版スチュワードシップ・コード》2017年改訂版」2017年5月29日（https://www.fsa.go.jp/news/29/singi/20170529/01.pdf）。

東京証券取引所（2024）「2023年度株式分布状況調査の調査結果について」2024年7月2日（https://www.jpx.co.jp/markets/statistics-equities/examination/mklp77000000aiyf-att/j-bunpu2023.pdf）。

投資信託協会（2024）「投資信託の主要統計」2024年12月（https://www.toushin.or.jp/statistics/factbook/index.html）。

日本投資顧問業協会（2024）「日本版スチュワードシップ・コードへの対応等に関するアンケート（第11回）の結果について（2024年10月実施分）」2024年12月18日（https://www.jiaa.or.jp/osirase/pdf/steward_enq2024.pdf）。

第6章

機関投資家の議決権行使

　スチュワードシップ・コードの導入を契機に，日本の機関投資家では議決権行使フロー（議決権行使ガイドラインの制改定，行使結果の開示等）の整備がより促進された。

　本章では，アセットマネジメント One の具体的な事例を示しつつ，機関投資家が議案の重要性に応じた厳格な議決権行使プロセスを設け，議決権行使ガイドラインに基づく賛否判断を実施していること，また投資先企業の持続可能な成長を支援することを目的に，コーポレートガバナンスの充実，積極的な情報開示や継続的な対話をエンゲージメントを通じて投資先企業に促していることを述べる。

第2部
エンゲージメントの実際

1

スチュワードシップ・コード導入による機関投資家の議決権行使の変化と企業との対話に与えた影響

　投資先企業の株主総会に上程される議案について，機関投資家が議決権を行使して賛否を判断するための基本方針や基準を示したものを「議決権行使ガイドライン」という。このガイドラインは，各機関投資家のホームページで開示されており，誰でも内容を確認することができる。

　日本では，1980年代後半に生じたバブル経済の崩壊後，1990年代にわたる株価低迷や政策保有株式の持ち合いが解消される中で，上場企業のコーポレートガバナンスや機関投資家の議決権行使に対する関心が高まった。これに対応して，国内の機関投資家は，2000年頃から議決権行使ガイドラインを制定し，このガイドラインに基づいて議決権を行使する体制を整備してきた。

　機関投資家は，議決権行使ガイドラインの制定以降，投資先企業の企業価値向上に資するコーポレートガバナンス体制の構築に貢献することを目指し，継続的に内容の見直し・改定を行っている。具体的には，ROE（株主資本利益率）などの業績基準，配当や株主還元，取締役会の構成，社外役員の独立性，女性取締役の割合，政策保有株式，役員報酬，買収防衛策，不祥事，株主提案などに関する基準の導入や改定を行い，現在に至るまで改善に取り組んでいる。

　2014年に公表されたスチュワードシップ・コードでは，議決権行使について「原則5」で「機関投資家は，議決権の行使と行使結果の公表について明確な方針を持つとともに，議決権行使の方針については，単に形式的な判断基準にとどまるのではなく，投資先企業の持続的成長に資するものとなるよう工夫すべきである。」と記載されている。このコードの導入により，年金基金等アセットオーナーをはじめ議決権行使への社会的な関心は一層高まることとなった。

　図表6-1は一般社団法人投資信託協会が開示している加盟機関投資家の会

図表6-1 会社提案議案に対する反対等行使比率推移

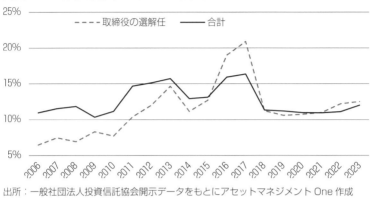

出所：一般社団法人投資信託協会開示データをもとにアセットマネジメントOne作成

社提案議案に対する反対等行使比率の推移を示している。この推移は緩やかな右肩上がりとなっており、2018年には集計方法の見直しにより反対等行使比率が低下したものの、全体としては機関投資家がガイドラインの基準を徐々に引き上げる一方で、上場企業各社もガバナンス体制の整備を進めてきたことが影響している。

現在の上場企業においては、取締役会における社外取締役の比率は3分の1以上が一般的であるが、**図表6-2**の通り、社外取締役を3分の1以上とする企業は徐々に増加してきている。アセットマネジメントOneの議決権行使ガイドラインでも、社外取締役の比率について、まず1人の採用を求めることから始まり、その後複数、20％以上、3分の1以上と徐々に基準を引き上げてきた。このように、長期的にあるべきガバナンス体制を念頭に、投資先企業の状況やその時点で求めるべきガバナンス体制を考慮しながら、議決権行使ガイドラインを引き上げているのである。

また、スチュワードシップ・コードの導入により、機関投資家の議決権行使結果の開示も大きく改善された。アセットマネジメントOneでは、スチュワードシップ・コード導入以前から議決権行使結果を、議案の主な種類ごとに集計して開示していたが、導入後はこれに加えて、投資先企業の個別議案ごとの行使結果を四半期ごとにウェブサイトで公表している。特に、親会社

図表6-2　3分の1以上の独立社外取締役を選任する上場会社（プライム市場）の比率推移

出所：株式会社東京証券取引所開示資料をもとにアセットマネジメントOne作成

など利益相反の観点で重要な会社の議案や，議決権行使の方針とは異なる判断を行った議案，投資先企業との建設的な対話に資する観点から重要と判断される議案については，賛否を問わず，議決権行使の理由を公表している。

　このような状況から，投資先企業からの議決権行使をテーマとするエンゲージメントの要望が増加している。アセットマネジメントOneでは，議決権行使の専担部署である「議決権行使チーム」を中心に対応しているが，ESGアナリストやセクターアナリスト，ファンドマネージャーが同席することもある。企業側の出席者は，以前は総務部など株主総会実務を担当する部署の方が多かったが，現在では代表取締役社長をはじめ，財務担当役員や社外取締役がメインスピーカーとして出席する企業も増加している。また，エンゲージメントの内容についても，かつては議決権行使ガイドラインに抵触するかどうかといった賛否判断に係るテーマが中心であったが，現在ではガイドラインには抵触していないが，さらなるコーポレートガバナンスの改善のためにどのような取り組みが必要かという観点から，統合報告書の内容も踏まえつつ議論する機会が増えている。

第6章
機関投資家の議決権行使

2
機関投資家の議決権行使のプロセス
―アセットマネジメント One の事例―

(1) 議決権行使のプロセス

アセットマネジメント One では，議決権を有する投資先企業の全議案について，議決権行使ガイドラインに基づいて賛否を判断する。2023年7月～2024年6月に株主総会が開催された国内企業のうち，議決権を行使した企業数は2,391社，議案数は23,613議案（会社提案：23,229議案，株主提案：384議案）であった。

議決権行使に関する業務はリサーチ・エンゲージメント部が所管しているが，具体的な実務は議決権行使チームが担当している。また，ESG アナリストも株主総会議案の賛否判断案の作成を担当しており，議決権行使チーム，ESG アナリスト，承認者であるリサーチ・エンゲージメント部長を含めて総勢十数名が議決権行使業務を担っている（**図表6-3**）。

アセットマネジメント One では，議決権を行使する株主総会議案を以下の3つに分類している。それぞれの議案について判断プロセスが異なる（図

図表6-3　リサーチ・エンゲージメント部組織図

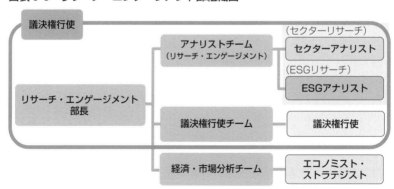

出所：アセットマネジメント One 作成

第 2 部
エンゲージメントの実際

図表 6-4　議決権行使プロセス図

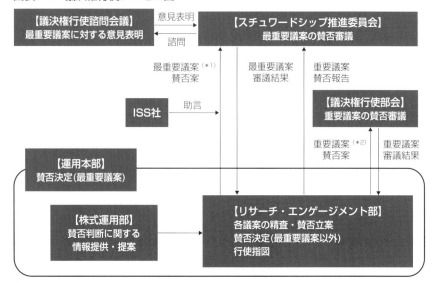

(*1) 最重要議案：親会社等，利益相反の観点で最も重要な企業の議案
(*2) 重要議案：エンゲージメントに基づき個別判断を行う議案や将来の企業価値に大きな変動が懸念される企業等の議案
出所：アセットマネジメント One 作成

表 6-4）。

1) 最重要議案

　親会社等，利益相反の観点で最も重要な会社（みずほフィナンシャルグループ，第一生命ホールディングス，みずほリース，オリエンタルコーポレーション）の議案である。これら4社の株主総会の全議案については，運用本部長を委員長，リスク管理本部長等を委員とする「スチュワードシップ推進委員会」での審議を経て賛否を決定する。「スチュワードシップ推進委員会」での審議に先立ち，独立した第三者である議決権行使助言会社（ISS 社）に当社ガイドラインに基づく助言を求め，独立社外取締役が過半を占める議決権行使諮問会議に諮問し，スチュワードシップ推進委員会にて審議した上で適切な行使判断を行う。その行使結果については，取締役会に報告することによっ

て，モニタリングする態勢を構築している。

2) 重要議案

　法令違反・不祥事が発生した投資先企業や，ROE 基準等ガイドラインに抵触したものの，アナリストやファンドマネージャーのエンゲージメントに基づく賛否判断を行う投資先企業の議案である。リサーチ・エンゲージメント部長を部会長とする「議決権行使部会」において審議を行うが，2023 年 7 月〜 2024 年 6 月では約 90 社の株主総会議案がこれに該当した。その際には，議決権行使チームや ESG アナリストに加え，セクターアナリストやファンドマネージャーが参加・意見表明等連携することで，エンゲージメントによって把握した投資先企業の状況を議決権行使判断に反映するプロセスを整備している。

3) 非重要議案

　最重要議案および重要議案以外の議案である。リサーチ・エンゲージメント部（議決権行使チーム，ESG アナリスト）で議決権行使ガイドラインに則り判断案を作成し，リサーチ・エンゲージメント部長の承認を経て賛否判断を行う。

　このように，議決権行使に関して厳格なプロセスを設けており，各議案の重要性に応じた適切な判断を行っている。これにより，投資先企業とのエンゲージメントを深め，持続可能な成長を支援することを目指している。

(2)　ガイドライン策定

　アセットマネジメント One では，6 月の議決権行使繁忙期作業が終了し，スポンサー向けの報告資料がひと段落する 9 月頃から，次年度の議決権行使基準改定に向けた議論が始まる。議論のもとになるのは，その時点で把握できる法律，コード（スチュワードシップ・コードやコーポレートガバナンス・コード）や東証などの公的機関が定める各種規定の改定（見込み）内容，委託者からの要望などである。

第2部
エンゲージメントの実際

　2024年4月にも議決権判断基準を改定した。その背景には，2023年3月に東証が企業に対して「資本コストや株価を意識した経営」の実践を求めたことにある。この東証の働きかけをもとに，発行企業に対し，「より適切な株主還元」と自社の株価を意識した取り組みを進めていただきたいとの考えから，配当基準の変更（収益性が低い場合，配当をより求める）を行うとともに，取締役の選任議案の判断基準に「株価」に関する要素を追加した。

　ここで，最も議案数が多く関心が高いと思われる，取締役選任議案の判断基準についての考えをご紹介する。

1）　取締役会の規模

　実効性を確保するとの観点から，大人数の場合は（総会後の取締役会の人数が20人以上），反対している。

2）　取締役会の構成

　株主の代弁者として，経営を監督する役割を期待する社外取締役が，複数および取締役の3分の1以上在任していることが望ましいと考える。なお，親会社などの大株主が存在する企業の場合は，大株主以外の株主の権利を保護するとの観点から，過半数が社外取締役であることを求めている。

　また，取締役会で活発な議論が交わされることを期待することから，取締役会の構成に関して多様性（ジェンダー，国籍，経験，年齢等）が確保されることが必要であると考えている。そのため，まずは「ジェンダー」の観点から，女性取締役が1名以上在籍していること（プライム上場企業を対象）を判断基準に導入している。

3）　個々の取締役に関する基準

　取締役の選任議案に反対する主な理由は以下の通りである。

　まずは，業績が思わしくない場合（例えば，ROE水準が低位で推移している，連続して赤字を計上し配当も行われない等），その経営責任を問うべきものと考える。

次に資本効率を低下させる可能性が高いと考え，政策保有株式を大量に保有している場合も反対対象としている。

また，社外取締役については，株主の代理人として経営を監督／牽制する立場にあることが必要であると考えており，候補者がその会社の大株主出身者であったり，長期間にわたって在任している場合には，独立性に懸念があるとして反対している。

さらに，取締役会に十分に出席していない場合，社外取締役としての役割を果たせていない可能性があると見なして反対している。

なお，毎年，製品検査の不正や，会計不正など多くの不祥事が発生するが，その結果，会社に重大な影響があった場合には，その責任を負うべきと考える取締役の選任に反対する。反対の対象となる取締役は，個々のケースによって異なる（その不祥事案の内容，会社に与えた影響度合いなどから判断している）。例えば，不祥事を起こした事業を担当する取締役のみに反対する場合もあれば，会社全体として経営責任をとるべきと判断する場合は，代表取締役を反対対象とする場合もある。

図表6-5　アセットマネジメント One の議決権行使ガイドラインの項目

A　執行・監督機関に関する議案
（1）取締役会
（2）監査役会
（3）役員報酬
B　資本政策・剰余金処分
（1）剰余金処分
（2）資本政策
C　ガバナンス・その他議案
（1）買収防衛策
（2）定款変更
（3）会計監査人
（4）株主提案
（5）法令違反・不祥事等

出所：アセットマネジメント One「国内株式の議決権行使に関するガイドラインおよび議案判断基準」（https://www.am-one.co.jp/img/company/16/kokunai_guideline_20240401.pdf）をもとに筆者作成

第2部
エンゲージメントの実際

　議決権行使ガイドラインでは，この他，役員報酬，資本政策，買収防衛策，不祥事等コーポレートガバナンスの重要な事項について，ガイドラインと議案判断基準を詳細に定めている（**図表6-5**）。

3

エンゲージメントとの関係
―「形式的との批判」について―

　議決権行使とエンゲージメントの関係について，アセットマネジメントOne の議決権行使ガイドラインには次のように記載されている。

　「当社では議決権行使の判断に当たり，単に形式的な判断基準に留まることなく，投資先企業との建設的な対話（エンゲージメント）に基づき，賛否判断を行うことを重視します。当該対話に基づく議案判断を行う場合，議決権行使部会において重要な議案として審議され，適切に行使判断を行います。」

　株主総会議案が「議決権行使ガイドライン」に抵触する場合，原則として反対している。しかし，投資先企業とエンゲージメントを行い，抵触の背景や改善の取り組み，進捗状況，過去のエンゲージメント実績などを総合的に考慮し，アナリストやファンドマネージャーが今後の改善に高い確信を持った場合には，例外的に賛成することもある。その際，アナリストやファンドマネージャーは，社内会議体である「議決権行使部会」に出席し，「議決権行使ガイドライン」の原則と異なる賛否判断をすることを諮り，抵触の背景や解消の蓋然性の高さ等が審議され，承認されることが必要である。

　「議決権行使ガイドラインに抵触している株主総会議案について，機関投資家とエンゲージメントを行ったものの賛否判断が変わらなかったことをもって，機関投資家はガイドラインを機械的に適用している」との批判を目にすることがある。上記の通りアセットマネジメント One はガイドラインに「形式的な判断基準に留まることなく，投資先企業との建設的な対話（エ

第6章
機関投資家の議決権行使

ンゲージメント）に基づき，賛否判断を行うことを重視します」と記載している。が，これは「エンゲージメントを行えば必ず賛成する」という意味ではない。エンゲージメントでは，抵触の背景や改善に向けた取り組みの内容，進捗状況等を確認するが，アナリストやファンドマネージャーが今後抵触状況が解消されることに高い確信を持てるかどうかが最も重要である。エンゲージメントを実施しても，抵触状況の解消に確信が持てなければ，ガイドラインの原則と異なる判断はできない。そのため，投資先企業には積極的な情報開示や継続的なエンゲージメントをお願いしている。

　また，機関投資家がエンゲージメントを行っても期待する改善が見られない場合，段階的に行動を強化するプロセスを「エスカレーション」という。「エスカレーション」について議決権行使ガイドラインには次のように記載されている。

　　「中長期的な株主利益に大きな影響を及ぼす企業毎の重要な課題について上記の環境・社会・コーポレートガバナンスの考え方に沿った当社の求める水準に照らして取組みが不十分であると考えられる場合，当該企業と対話を実施し，改善を促します。対話を通じて企業価値向上に資する取組みを促したにもかかわらず，十分な対応がなされない場合，または当社の『サステナブル投資方針』に照らして，社会的な悪影響を及ぼす度合いが極めて高く，中長期的に企業価値を大きく毀損するリスクの高い企業には，取締役選任議案に反対することで，スチュワードシップ活動におけるエスカレーションの一環として当該企業に対して取組みをより強く促していきます。」

　「エスカレーション」の具体例としては，独立性のない社外取締役の選任議案に対し議決権行使で反対するとともに，当該企業に対して改善（独立性ある社外取締役の選任）に向けたエンゲージメントを実施する。その際，メインスピーカーとして担当役員や代表取締役社長等経営トップ，社外取締役との対話を依頼し，エンゲージメントによっても改善しない場合には，独立性のない社外取締役のみならず指名権者である社長等経営トップや社外取締役

第2部
エンゲージメントの実際

にも反対することが考えられる。

このようにエンゲージメントと議決権行使は，スチュワードシップ活動における車の両輪として密接に連携し，相互に補完し合いながら投資先企業の企業価値向上に向けた取り組みを促すことが重要と考えている。

4
おわりに

（1） 発行企業に期待すること

毎年，多数の企業と対話の機会をいただいている。個別企業ごとにテーマは異なるが，企業にお願いしているのは次の内容である。

まず，情報開示を進めていただきたいということである。例えば，現在，取締役の選任に関して，多くの企業では指名委員会で議論されていると思われる。しかし，指名委員会については，その構成メンバーを開示していても，実際にどのような議論が行われているのか，社外取締役がその議論にどのように加わっているのか，外からは見えにくい場合が，多いように感じている。いわゆるサクセッションプラン（次の経営トップを育成するプラン）について開示いただいている先は，限られているとの印象である。取締役の選任や報酬の決定に関しては，より透明性の高いプロセスとするだけでなく，その内容の開示を進めていただきたい。

次に，対話の継続性である。例えば，買収防衛策（の更新）議案がある場合や，株主提案など何か特定の議案があるときのみ対話するのではなく，毎年，対話の機会を作っていただきたいと考える。対話の場で議論になったテーマについて，社内でどのような議案があり，改善が進んだのか（あるいは進まなかったのか）。それらを次の対話で共有することを繰り返すことで，発行企業と投資家の対話が確立され，企業価値の向上につながるのではないかと期待している。

また，対話の際の出席者についても，配慮いただきたいと考える。例え

ば，「経営トップの後継者の選任」が，注目されている企業の場合，やはり指名委員会でのサクセッションプランの議論について説明できる方が，投資家との対話に臨むべきである。

最近では，投資家との対話の場に社外取締役が参加される事例も増えており，貴重な話を伺うことができている。

(2) スポンサー（アセットオーナー）に期待すること

パッシブファンドも運用している運用機関は，年間約2,000社，約2万件の議案判断を行っているのが現状である。また，エンゲージメントを踏まえた行使判断を行うなど，より高度なフローの整備（システム投資や関連情報の取得等）を進める中，様々なコストが発生している。これらの投資負担に対して理解をいただきたいと考えている。

また，議決権行使を含むスチュワードシップ活動の報告に関しても，限られた時間，人員の制約のもとで行っていることから，「報告資料の標準化」への協力をお願いしたいと考えている。

(3) その他，東証等に期待すること

1) 発行企業の議決権電子行使プラットフォーム参加に向けた促進

現在，各機関投資家は議決権の電子行使対応を進めている。一方で，議決権の電子行使は，株主側が対応可能になったとしても，企業側が電子行使プラットフォームに参加していなければ，その企業に対しては，電子行使によって指図をすることができない。この結果，運用機関は，「電子行使による指図フロー」と「従来の指図フロー[1]」を併存して運用していく必要がある。システム改良等による対応は進めているが，2つのフローを運営していく事務負担は大きいものと考えている。こうした観点から，発行企業の電子行使への参加をさらに促進していただきたいと考える。

1　運用機関から資産管理銀行を経由して，指図を行う。一方で，電子行使による行使が可能となると運用機関が電子行使プラットフォームに直接行使することにより，従来の行使フローと比較した場合，個々の議案判断により時間を費やすことが可能となる。

第 2 部
エンゲージメントの実際

2) 議決権行使に関するデータ整備

　議決権行使にあたっては，その企業の様々なデータを予め準備して判断を行っている。業績に関して，決算発表したタイミングで概ね準備することができている。一方で，ガバナンスに関するデータは，現状，実際の議案が発表されるまでその内容は，分からない。発表後も，議決権行使のデータ提供会社がそれを取得し，我々運用機関に提供するまでには，一定の時間がかかる。将来的に発行企業が，議案を発表する際に東証などに登録し，そのデータを我々株主が活用できるようにしてもらえるのであれば，より迅速に正確なデータを活用できるのではないかと考えている。

(4) 今後の方向性（ロードマップ）

　現状，国内株式市場に対して，アセットマネジメント One では以下のような課題を認識している。
・国内企業のコーポレートガバナンス改革に対する前向きな取り組みへの評

図表 6-6　スチュワードシップ活動のロードマップ

出所：アセットマネジメント One 作成

価もあり，株式市場は上昇
・一方，収益性改善は道半ばで株価の動きも不安定
・取り組みの一層の充実によるコーポレートガバナンスの実効性強化が課題

　上記の認識のもと，2024年9月に，「中長期視点を踏まえたスチュワードシップ活動のロードマップ」を発表した。
　その内容は，「2030年」という具体的な時期を示した上で，「グローバル水準のコーポレートガバナンスの実現」に向けて，現時点で投資先企業に期待する項目の方向性を，短期（今後2年以内），中期（〜2027年），長期（〜2030年）のロードマップとして明示したものである。詳細は，**図表6-6**を参照いただきたい。

第7章

サステナビリティと ESG 投資

　本章は，ESG にまつわる運用会社と事業会社双方の課題を考察し，日本の ESG におけるエコシステムの課題について論じている。運用会社は，近年，世の中が投資に求める目的や目指すべきゴールが明確になってきている中，最終投資家や社会からの要請に敏感になり，運用会社自身が変化していくことが必要となってきている。また事業会社は，企業価値におけるサステナビリティ経営の重要性が高まってきている中，企業の持続的成長を支えると考えられる無形資産を重視し，それを活かすための経営フレームワークの構築を進める必要がある。また ESG 投資全体のエコシステムの課題としては，インパクト投資を事例として，情報開示の問題を指摘している。

第２部
エンゲージメントの実際

1

はじめに

筆者が所属する野村アセットマネジメント（以下，当社）は，現在約90兆円の運用資産を有する資産運用会社である（2024年12月時点）。その半分以上は日本の上場企業への投資であり，かつその日本企業への投資の90％以上がいわゆるパッシブ運用に基づく戦略である。伝統的に日本株アクティブ運用に強みを持つ当社であるが，グローバルなパッシブ化の流れを受け，当社のビジネス構造もここ数年で大きく変化してきている。また当社は，日本のみならず海外の様々な国や地域で資産運用業を展開している。この２つの事実が示すことは，当社にとって「責任投資はいまや資産運用業そのものである」ということである。

アクティブ運用と異なり，インデックスから除外されない限り，投資先企業を決められたウエイトで保有し続けるパッシブ運用にとって，投資先企業の企業価値の持続的成長は，資産運用会社にとってビジネス上，極めて重要な要素である。また海外で資産運用業を営む当社にとって，特に欧州顧客からのESGに関する要求事項の高まり，また年々強化されるグローバルなESG規制への対応なくして，我々のビジネスは成立しにくくなってきている。投資先へのスチュワードシップ活動（エンゲージメントおよび議決権行使）や運用調査におけるESGの考慮（ESGインテグレーション）の重要性は高まるばかりである。

その一方，ESGに関する課題も多く指摘されてきている。日本では2014年にスチュワードシップ・コードが，2015年にコーポレートガバナンス・コードが導入されて以降，上記のスチュワードシップ活動やESGインテグレーションが運用会社によって活発に実践されてきたが，概ねそれらは形式的なもので実質的なものではない，という評価が多く聞かれる。それは運用会社の取り組みが不十分であるということ以外にも，事業会社側の課題によってもたらされている部分もあると筆者は考える。この章では，ESGにまつわる運用会社側の課題とともに，事業会社側の課題を考察し，日本の

第7章
サステナビリティとESG投資

ESGにおけるエコシステムの課題についても論じてみたいと思う。

2

運用会社のESG課題―意識改革の必要性―

　前述した通り，近年の環境・社会・ガバナンス（ESG）投資やサステナブルファイナンスの世界的な拡大に伴い，世界各国でESG投資に関連する規制の強化が進んでいる。ESGに対する投資家の関心が年々高まる一方，実態が伴わないにもかかわらず環境や社会に配慮した取り組みをしているように装う，いわゆる「ESGウォッシュ」と呼ばれる投資行動が指摘されていることも背景にある。特にこの規制強化の動きをけん引しているのが欧州連合（EU）であり，代表的な出来事として，欧州委員会は2021年3月にサステナブルファイナンス開示規則（SFDR：Sustainable Finance Disclosure Regulation）を施行している。これは，「持続可能性」を一定の基準で定義し，根拠となる情報開示を求めることで，金融商品がどの程度持続可能性に配慮しているかについて示すことを求める開示規則である。SFDRにおいては，商品単位だけではなく会社単位での開示や定期的な報告などを促す規則が順次導入されており，運用会社の持続可能性に対する姿勢が強く問われる時代が来ている。

（1）　変容する運用会社の責任

　運用会社の果たすべき責務である受託者責任の考え方においても，変化が見られる。例えばスチュワードシップ責任で見てみると，過去においては基本的にいわゆるダブルコードが前提にあった。企業のサステナビリティ，そこからつながる社会のサステナビリティに対する責任はあくまでも企業側にあり，その監督責任を有する取締役会のあるべき行動規範としてコーポレートガバナンス・コードが定められた。そして，その取締役会に対する機関投資家のあるべき行動規範としてスチュワードシップ・コードが定められたが，あくまでも企業価値向上が主目的であり，社会のサステナビリティとは

第2部
エンゲージメントの実際

形式上，切り離されて考えられてきた。

それが2020年に改訂された英国スチュワードシップ・コードでは，最終受益者のベネフィットは，環境，社会，経済のサステナブルなベネフィットにも通じるものとして改められた。

インベストメントチェーンの考え方では，投資家の後ろには最終受益者である個人，そして社会全体が存在することから，それらと投資家がつながっていることは明白であるが，2020年以降の英国でのスチュワードシップ責任の考え方では，機関投資家は企業や投資家と関わりの強い社会や個人に対しても責任を有するものであると変化してきている。

(2)　目指すべき社会像

これらの変化の背景には，世の中が投資に求めるものとして，目指すべき社会像という概念が強く押し出されてきた流れがある。例えば欧州では2019年12月から欧州グリーンディールがスタートしているが，そのイントロダクションでは，経済成長と資源利用が切り離され，2050年には温室効果ガスの排出をネットゼロとするような資源効率的で競争力のある経済と，公正で繁栄した社会への転換が謳われており，そのために10年間で総額1兆ユーロの投資計画が発表された。

もともとEUでは，2018年に持続可能な成長を実現するための10のアクションプランが発表されており，欧州グリーンディールもその一環であるが，いま足元で進められているSFDRをはじめとした規制面の強化も，実はこの社会全体を転換させるための投資の流れを生み出す取り組みの一環で進められてきている。いま足元で起こっているESG規制を単なる規制対応として考え，その背後にある大きな狙いに気付かないと，「意思のない」投資として，顧客や社会からの信認を得られなくなるという大きな落とし穴にはまる可能性がある。そしてこの動きは欧州以外の国や地域にも広がっている。

第7章
サステナビリティとESG投資

（3）　世界的な資金獲得競争の時代に突入

　例えば，東南アジア諸国連合（ASEAN）では2011年から各国のコーポレートガバナンス改革を目指し，コーポレートガバナンス・スコアカードという取り組みが始まっているが，2017年以降からは，グリーンボンドやソーシャルボンドの基準整備，持続可能な資本市場のためのロードマップ策定，ASEAN版タクソノミーの制定など，環境や社会面における取り組みを着々と強化してきている。もともとアジア諸国は1990年代後半のアジア通貨危機という苦い経験があり，海外のリスクマネーの呼び込みには通常より敏感になっているとの背景があるが，欧州で始まっている壮大な社会実験，足元で起こっているサステナブルファイナンスの流れはグローバルな資金獲得競争であることを理解し，本腰を入れて取り組んできているといえる。

　日本も遅まきながら2020年12月にグリーン成長戦略を発表しているが，この戦略は日本にリスクマネーを呼び込むことにつながりうる非常に重要なものである。そして同戦略の成否は，投資される日本企業がきちんとこの戦略で見込まれる大きな機会をものにできるかどうかにかかっている。

　いま世界は，サステナブルな社会を構築するという目的を持った投資資金を自国に呼び込もうと，様々な取り組みを始めている。まさにサステナブルな投資資金の獲得競争の時代に突入したといえる。

（4）　これからの運用会社に必要なもの

　このように，近年，世の中が投資に求める目的や目指すべきゴールが明確になってきている中，機関投資家への期待や機関投資家が担うべき役割や責任も大きく変化してきているが，それは端的にいうと，意志（スピリット）のある投資が求められるようになってきているということである。それでは，これからの運用会社が持続的に成長していくための条件とは何であろうか。

　まずは変化する最終投資家ニーズへの対応がある。いま世の中は明確にサステナブル投資を志す動きが強まっているが，それは目指すべき社会に向け

99

第2部
エンゲージメントの実際

た投資でもある。このサステナブル投資も段階があり，経済的価値を重視する 1.0 から経済的価値と環境・社会的価値の両立を目指す 2.0 に移行し，今は，より環境・社会的価値を重視する 3.0 へ移りつつある。これは決して経済的価値をおろそかにするというわけではなく，経済的価値を確保しつつ，より大きな社会的価値を目指すという投資である。この新たな投資家ニーズに対応する必要がある。

　2つ目は，このようなサステナブル投資を自国に呼び込むために，いま世界中で ESG 規制が導入されている。これら ESG 規制に対応することなくして，運用会社は運用ビジネスを行えない。それと同時に最終投資家の信認を得ることもできない。高度な ESG プロダクトガバナンスを構築して，これらの規制に対応していく必要がある。そのとき重要なのは，最も厳しい基準に目線を合わせることである。それが結果的に各国の異なる規制対応にもつながる。

　3つ目は ESG スピリットのさらなる醸成である。これから色々な ESG 規制や顧客ガイドラインに対応していく必要が出てくるが，そのとき忘れてはならないのは，何のためにそのような規制やガイドラインが設けられているかである。背後にある目指すべき社会，意志のある投資という観点を忘れていると単なる形式だけになり，そのような運用は結果的に最終投資家から相手にされなくなると考えられる。スピリットのある運用でなければ運用会社は今後も生き残っていくことは難しくなる。

　サステナブル投資は極めて国益に直結する問題でもある。我々日本の運用会社や日本企業がこの流れに乗れないということは，日本にリスクマネーを呼び込めないということを意味しており，それは結果的に日本の衰退も意味する。そうならないために最終投資家や社会からの要請に敏感になり，運用会社自身が変化していくことが必要となる。このように考えると，運用会社がこのサステナブル投資の本質に気付くことが，必然的に形式から実質への移行の大きなドライバーとなるはずである。

第7章
サステナビリティとESG投資

3

事業会社のESG課題
―サステナブル経営フレームワークの構築―

　一方，事業会社にとっても企業価値におけるサステナビリティ経営の重要性が高まってきている。特に重要なのは，企業の持続的成長を支えると考えられる無形資産である。米国では，主要企業における無形資産への投資比率は，1990年代にはすでに有形資産へのそれを上回り，年々増加傾向にある。また米国株式市場における企業の時価総額に対する財務指標による説明力も，長期間にわたって低下してきていることが，いくつかの研究論文で指摘されている。現代の株式市場においては，投資家は企業の財務情報以上に，非財務情報を重視して企業の価値を評価しているといえる。一方，日本においては，依然として有形資産への投資が中心であり，株価の決定要因としての非財務情報の割合も，米国と比べて低い状態であることが指摘されている。無形資産への投資の少なさは，日本企業の国際競争力の低下や，諸外国と比較して，株式市場の時価総額の低迷の原因であるとも考えられている。そのため，無形資産への取り組みは，日本企業の企業価値向上における最重要アジェンダの1つとなってきている。

　図表7-1は，米国企業を対象としてESGスコアと事後的な財務パフォーマンスとの関係性について検証された，過去の論文事例である。使用されたのはKLD社のESGスコア（横軸）であり，左から右にいくほどESG評価が高いことを意味する。縦軸については，左のチャートがROA，右のチャートがNet Incomeとなっている。両チャートともいわゆるJカーブ効果があることが示されている。

　ESGへの取り組みを進めるためには，最初はコストがかかるため，財務的下方圧力がかかる。その後，企業のESG評価が高まるにつれ，徐々に財務的パフォーマンスに跳ね返るという1つの仮説が考えられる。一方，財務的余力がある企業ほど，ESGへの取り組みが可能になるという考え方も成り立つ。しかしながら重要なのは，投資したコストを将来キャッシュフロー

101

第2部
エンゲージメントの実際

図表7-1　ESG投資のJカーブ効果

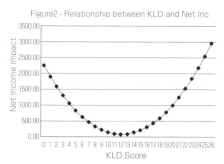

出所：Barnett and Salomon (2011)

として回収する経営マインドである。企業はESGへの取り組みに必要な投資を行い、それを将来キャッシュフローとして回収し、企業価値向上につなげるという「経営の仕事」が求められる。

　実は当社でも同様の分析を、対象企業をグローバル、米国、欧州、日本、新興国など地域別に分けて行ったことがある。その結果、日本以外は同じように企業のESG評価と財務パフォーマンスの間にJカーブの関係性を見出すことができたが、日本企業においては右肩下がり、つまりESG評価が高い企業ほど財務パフォーマンスが低くなるという結果が示された。このことが示唆する1つの仮説は、日本におけるESGを重視した経営は始まったばかりであり、まだJカーブの初期の段階に位置するという可能性である。もう1つの仮説は、日本企業におけるESGは従来型のCSR（Corporate Social Responsibility）から脱却しておらず、企業価値につながらないコスト要因にとどまっている可能性である。また日本企業は海外と比べて情報開示が遅れており、統計的に正しい関係性が見出せなかった可能性もある。筆者はこれらの要因すべてが今の日本企業の実態を表しているのではないかと考えている。つまり日本企業に求められることは、ESGという無形資産を費用ではなく「資本」と考え、積極的に企業価値向上につなげるための「投資」を実行し、適切に「情報開示」を通して投資家に伝えていくことであるといえる。

第7章
サステナビリティとESG投資

　それでは日本企業のESGへの取り組みを，企業価値向上の要素として投資家に正しく伝えるためには，どうしたらよいのであろうか？　そのためには，ESG投資を活かすための前提である仕組みや考え方を先に整理する必要がある。**図表7-2**はそれを簡単にまとめたチャートである。本来であれば順番的には上から下に流れるものであるが，下から逆算するとわかりやすい。

　「企業価値」は，ファイナンス理論的には「将来キャッシュフローの現在価値」と定義される。その将来キャッシュフローは現経営陣のみならず将来の経営陣も加わった「経営のリレー」によって生み出される。この経営のリレーを可能にするのが，未来志向の「指名」と「報酬」を軸とした制度設計であり，「取締役会を中心としたガバナンス」である。その制度設計にきち

図表7-2　企業価値向上につなげるためのフレームワークとESG投資の位置付け

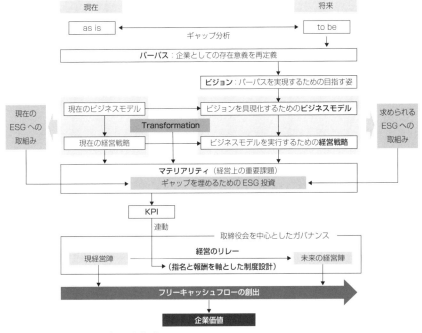

出所：野村アセットマネジメント作成

第2部
エンゲージメントの実際

んと「マテリアリティ（経営上の重要課題）」に基づく「KPI」を連動させることで，執行と監督という経営上の車の両輪が機能する。そしてマテリアリティを導き出すのは「経営戦略」であり，そのもととなる「ビジネスモデル」である。しかしながら企業価値は将来のキャッシュフローによって決まることから，経営戦略やビジネスモデルも将来の事業環境等を踏まえたものでなければならない。当然，現在のビジネスモデルや経営戦略とは異なるものである。そこで「Transformation」が必要になってくる。サステナビリティ経営は，まさにこの Transformation が鍵を握る。

現在のビジネスモデルや経営戦略が将来のあるべきビジネスモデルや経営戦略と異なるのと同じように，それぞれを支える ESG への取り組みも当然異なる。このギャップを認識して初めて，必要な ESG 投資やサステナビリティ経営が成立する。つまり**図表 7-2** で示されるフレームワークを構築することなしでは，企業のサステナビリティ経営は成り立たないということである。最終的には，「As-Is/To-Be」分析による現在と将来のギャップ分析を通して，企業としての存在意義である「パーパス」やパーパスを実現するための目指す姿としての「ビジョン」の再定義につなげる必要がある。これは，最近の企業 KPI として重要視される従業員エンゲージメント指数を向上させるためにも大切である。

企業価値を生み出していくための，これら一連のフレームワークなくして企業の ESG への取り組みも，サステナビリティ経営も活きてはこない。また機関投資家との対話においても必要不可欠である。企業のサステナビリティ経営が形だけに終わらないためにも，また投資家とのエンゲージメントの実効性を上げるためにも，まずは提示したフレームワークの構築から着手する必要がある。

第7章
サステナビリティとESG投資

4
ESG投資のエコシステムの課題

　ここでESG投資のエコシステムの課題を考えるにあたり，投資成果がわかりやすいインパクト投資を事例に取り上げてみたい。インパクト投資とは，経済的リターンと社会的リターンの両立を目指すという投資手法である。従来の投資の評価軸としてのリスク，リターンの2軸に加えて，3番目の軸として社会的インパクトを加えた新たな投資戦略として，昨今，注目されている。このインパクト投資とESG投資手法の大きな違いであるが，一般的なESG投資手法は，環境・社会・ガバナンスに対する企業の取り組み，そこから生じる事業の継続性，持続性を幅広く捉えるような運用手法のことを指す。一方のインパクト投資は，そのような全般的な取り組みというよりも，企業のビジネスモデルとそこから生み出される商品やサービスに焦点を当て，その社会性と創造されるキャッシュフローに着目するという手法である。機関投資家が果たすべき受託者責任との兼ね合いで，経済的価値に加えて社会的価値も追求するインパクト投資は成り立つのかという議論がよくなされるが，インパクト投資は企業が提供する商品やサービスから生まれるキャッシュフローに着目するという点において，受託者責任に反しないと考えることができる。なぜなら，企業価値はファイナンス理論的に将来キャッシュフローの現在価値と定義でき，将来キャッシュフローに着目している限りにおいて，通常のファンダメンタルズを重視した運用手法の範囲内で扱うことができるからである。そしてこの将来キャッシュフローという考え方は，社会的インパクトを生み出す主体である事業会社にとっても大切なポイントであり，情報開示のあり方においても非常に重要である。つまり，インパクト投資家から投資される事業会社においても，将来生み出されるであろう社会的インパクトを定量的に可視化する必要があるということである。

　足元では，インパクト投資のメインストリーム化が進んでいる。古くからある従来型インパクト投資では，企業の目的としても変革を目指すようなも

105

第 2 部
エンゲージメントの実際

のが多い中で，低流動かつ革新的な非上場企業が投資の対象となってきた。一方，今はインパクトという定義が拡大解釈され，投資対象が大型化してきている。着目するポイントも，従前よりも成熟したビジネスであり，社会・環境に利する一般的な商品やサービスも対象となっている。今のインパクト市場の規模を見ると，後者のメインストリームの投資の方がはるかに大きい。つまり投資対象が非上場企業から大型の上場企業に移っているということである。この定義の拡大解釈については賛否両論がある。それは，インパクト投資市場が拡大しやすいという側面がある一方，従来のような社会的課題解決型の事業を主なビジネスとしているスタートアップ企業と異なり，事業が多角化された大企業が創出するインパクトは，その企業の規模と比較して相対的に小さく，またわかりにくいというものである。

　情報開示上の問題もある。インパクト投資の投資対象が大型化しているとはいえ，ESG 投資全体の割合でいうとかなりまだ小さい。Global Sustainable Investment Alliance が 2 年ごとに出している統計データによると，世界のサステナブル投資の手法別で残高が大きいのは，ネガティブスクリーニングやインテグレーション，エンゲージメントを活用した投資であり，明示的にインパクト投資を謳っているものは最も残高の少ない部類となっている（**図表 7-3** 参照）。むしろこの将来的な成長ポテンシャルに大きな期待が寄せられている状況ではあるものの，投資される企業からすると，まだ数として多くないインパクト投資家向けにどれだけのリソースを割いて情報を開示すべきか，という疑問が生じるのも事実である。故にインパクト投資に必要な情報が不足しているという状況を生み出している。

　しかしながら前述した通り，実際には投資先企業のインパクトへの取り組み強化は必ずしも投資家にとっての経済的リターンを毀損するものではない。むしろ社会課題解決・インパクト創出を中長期的トレンドと捉え，新たな事業機会創出と持続的な収益性向上の実現，それによる企業価値向上も本質的な効用として含まれている。特に近年，消費者・企業・社会の要請や受容性の変化も著しく，社会的価値の追求は必然的にサステナブル経営にもつながるといえよう。そのような背景から，企業評価の枠組みである ESG の

図表 7-3　投資手法別サステナブル投資残高

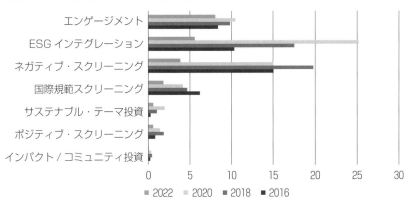

投資残高（単位：兆 US ドル）

出所：Global Sustainable Investment Alliance, Global Sustainable Investment Review の情報をもとに野村アセットマネジメント作成

解釈を広げ，社会全体の持続的な価値創出の枠組みとして定義することには一定の合理性もあり，事業会社にとっても「インパクト」はサステナブル経営を実現するための必要要素であり，経済的価値と社会的価値はいわば車の両輪と捉えるべきである。

（1）　インパクト投資のためのエコシステムの構築

　インパクト投資が注目される一方，最大の問題はインパクト投資を実践するための確固たるフレームワークがないということである。その結果，インパクト投資を実践する投資家が少なく，それが企業からのインパクト関連の情報開示が不足する原因にもなっている。また情報開示不足がインパクト投資家の増えない要因になるなど，鶏と卵的な状況を生み出している。こういった動きを打破しようと，国内外で様々な取り組みが進められている。

　例えばインパクト投資の法的枠組みの構築については，2019 年 1 月に PRI, UNEP FI, The Generation Foundation が，投資家がどこまでサステナビリティ・インパクトを検討できるのかを，法的に整理するための共同リサーチのプロジェクトを立ち上げ，2021 年 7 月に報告書を公表している。

第2部
エンゲージメントの実際

　また，UNEP FI によるポジティブ・インパクト金融原則が，先進国だけでなく新興国の金融機関も賛同する形で，2015 年 10 月に策定されている。同様に，2020 年 6 月には，PRI が SDGs 達成に向けたインパクト投資のフレームワークについての提言を行っている。それ以外にも，IMP（Impact Management Project）をはじめとして国際的に通用するフレームワーク作りが同時並行的に進められている。

　これらの取り組みに共通しているのは，定義の明確化やインパクト投資の枠組み構築，透明性評価を中心として，企業としてのインパクト創出のための明確な意図やエビデンスの確保，モニタリング体制やレポーティング，改善プロセスの必要性といったことが重視されている点だ。その中で特に印象的な指摘は，企業が意図しないインパクトを投資家が特定するというものである。企業が行っている事業から生まれる社会的インパクトは，おそらく企業が意図していないものも沢山あり，それらをきちんと投資家が特定して理解するところから始めるというものである。次にその成果を再現するため，意図的なものに移行するということを，方針と目標の設定として掲げている。そして，それらの目標に対する進捗状況をきちんと報告することで，インパクトの特定，アクションへの移行，報告までの一連のフレームワーク構築が重視されている。これらは企業によるインパクトに関する情報開示を充実させるために投資家が働きかけるべき項目として挙げられているが，主語を事業会社に置き換えて考えれば，企業がなすべきことも見えてくる。

　海外投資家からも投資可能にするためには，グローバルに通じるフレームワークを構築することが大切であることはいうまでもないが，どのような評価・報告フレームワークを構築するかということは，極めて大切である。インパクト投資は，社会に対してインパクトを与えつつ，創出されるキャッシュフローを評価する必要がある。しかし，特に日本は歴史的に CSR 的な取り組みを進めてきたことから，ビジネスやキャッシュフロー創出とのつながりが不明なインパクト開示に陥りやすい。投資をする上では，国際的な評価フレームワークが必要な一方，どのような評価・報告フレームワークを構築するかに関しては，投資家の視点もきちんとくみ取る形で作られていくこ

108

とが望ましい。

（2） 投資家視点での社会的インパクトに関する望ましい情報開示について

　多くの投資家の関心事は，企業がインパクトを創出する過程において，収益や企業価値を高めるためのキードライバーや具体的な施策は何で，実現可能性はどの程度か，等である。しかしながら，実務上それらを網羅的に判断していくことに関しては様々な課題がある。

　企業が開示するインパクト開示が有用であるためには，投資家の視点からは企業の戦略と進捗状況を正しく理解し，適切な企業評価へ落とし込めるかが重要になる。定性的には，中長期的目標の実現ストーリー，中でも事業戦略とインパクト創出の関連性が明確かどうかが鍵となる。しかし企業開示の実態としては，ESG を中心とした気候変動や自然資本，人権や DEI（Diversity, Equity & Inclusion），人的資本への取り組みなどを開示する企業が増えた一方，それらが事業戦略とは区別して語られているケースが多い。また，投資家の投資戦略全体の視点においても，有望な投資領域の特定や将来シナリオを意識した投資戦略策定を目的としたインパクト開示情報の活用を意識しているが，企業側は定性的情報をベースに曖昧な説明にとどめるのみで，具体的な事業計画や領域の特定に至らないケースが多いのが現状だ。

　また内容・数値そのものの厳密性については，特に開示情報の妥当性担保が難しい。実際に，企業側の試算方法等の違いによって，開示される情報そのものに大きなばらつきがあるのが実態である。そのため，ESG やその他の非財務情報と同様に，インパクトの開示情報そのものの信頼性に対する懸念も存在している。これは，企業内部のプロセスが財務情報ほど体系化されていないことに加え，そもそもインパクト評価の知見や監査等に関する専門性を有する人材が少ないことも一因であろう。加えて，企業が開示する定量指標に関しては，実績情報を開示するケースは増えてきたものの，社会全体のインパクトに対してどの程度貢献したかを示すものはごく稀である。それゆえ企業が生み出す社会的インパクトと実際の社会的課題解決の進捗状況

第2部
エンゲージメントの実際

を，つなげて理解することが難しくなっている。

　これら投資家が抱える課題を踏まえると，インパクトマネジメントの実務的な手法においては，少なくとも①企業の中長期的な成長性とインパクト創出の関係性をストーリー性をもって示すこと，②それらの進捗状況の可視化や効果的な意思決定につながる定量的な効果を示すこと，③上記①②を示す上で，一定の観点・プロセスを定義することにより，網羅性や透明性を担保すること，などが必要になってくるであろう。

(3) さらなるインパクト投資の発展のための課題と ESG 投資のためのエコシステムの課題

　インパクト投資は最終的には，インパクトレポートを作成する必要があり，そのために必要なのが企業開示である。内容としては，インパクトゴール，モニタリング指標，投資先企業の状況と KPI，エンゲージメント状況等となり，最終投資家が新規にインパクト投資ファンドへの投資を開始し，その後の保有を継続するための判断材料となる。その中で最大のハードルは，モニタリング指標を見つけてくることと，企業に KPI を開示してもらうことの2つである。実はこの2つが，様々なインパクト投資における問題のボトルネックになっている。そして，運用会社の受託者責任の議論も，この2つの情報をいかに充実させていくかということが鍵になっている。

　インパクトゴールをモニタリングするための指標は，現時点でどれだけ適切な指標があるのかという問題がある。グローバル株と日本株を比較してみても，国や市場による価値観などの違いが大きく，目指すべきインパクトゴールを計測するための適切な，いわゆるマクロ KPI というものが定めにくい。その一方，個別企業の KPI を見てみると，特に日本企業で顕著だが，ほとんど開示されていない状況である。マクロ KPI と個別企業の KPI が不足するとともに，その2つが連動しないということが，インパクトの定義，インパクトゴールや企業側の貢献度の不明確さの原因になっている。特に個別企業の開示不足や企業が生み出すインパクト性が不明であると，インパクト投資における投資対象数の問題が発生する。また，インパクト投資のメイ

110

第7章 サステナビリティとESG投資

ンストリーム化が進む中、対象企業が大型になることによっても、事業の多角化に伴ってインパクト性自体が薄くなり、投資できる企業が制限されてしまうという問題が起こる。

投資対象が少ないことは、受託者責任の問題につながる可能性が高い。投資の効率化を図るインフォメーションレシオ（IR：Information Ratio＝超過収益獲得の効率性を示す数字）は、運用者のポートフォリオ構築能力（TC：Transfer Coefficient）と予測能力（IC：Information Coefficient）、ブレス（N：投資の意思決定の数）の3つの掛け算で表される。インパクト投資が、適切なモニタリング指標や企業開示の不足、投資先企業のインパクト性の不足などの要因で、投資対象数を狭めているとしたら、ブレスの低下により、運用パフォーマンスは毀損する懸念があり、それがすなわち受託者責任の問題につながってくると思われる。

図表7-4のように、マクロKPIと個別企業KPIの開示が充実されることで、インパクト投資にまつわる様々な課題が解決されると考えられる。まず

図表7-4 インパクト投資の実践で解決すべき課題

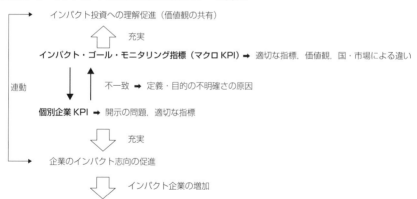

出所：野村アセットマネジメント作成

第 2 部
エンゲージメントの実際

マクロ KPI が充実することで，様々な社会課題解決の進捗状況が把握しやすくなり，インパクト投資への理解の促進，また地域や国の違いを超えた共通価値観の醸成にもつながる。一方の個別企業のインパクト KPI が充実することで，企業側の進捗管理が進むとともに，企業のインパクト志向の促進にもつながる。そしてマクロとミクロの KPI が充実することで，これらを連動して把握することも可能になり，必然的に企業の社会全体への貢献度の把握にもつながることになる。そしてインパクト企業の増加に伴い，基本的に開示状況が良好な大型銘柄におけるインパクト性も向上するとともに，インパクト性がもともと高い中小型銘柄の開示状況も改善される効果が見込まれる。最終的には，インパクト投資対象企業の増加に伴い，インパクト投資のパフォーマンス向上を通じて，受託者責任の問題解消にもつながるのではないかと考えられる。

　これらはすべて仮定の話ではあるが，インパクト投資に関する開示情報の問題は極めてインパクト投資のエコシステムの問題である。これを解消することなしにインパクト投資市場の発展は見込めない。そしてこれは ESG 投資全般のエコシステムの課題とも同じである。マクロおよびミクロの観点での開示情報の充実がない限り，ESG 投資全般の投資効率は毀損され，それはすなわち受託者責任の問題となってくる。ESG 投資がより実践され，投資効率が高まるためにも，エコシステムの充実が必要不可欠となってくる。

[参考文献]

Barnett, M.L. and R.M. Salomon (2012) Does It Pay to Be *Really* Good? Addressing the Shape of the Relationship Between Social and Financial Performance, *Strategic Management Journal*, Vol.33 No.11, pp.1304-1320.

第8章

協働エンゲージメントの役割

　本章では，スチュワードシップの拡がりとともに協働エンゲージメントが求められるようになってきた背景を示すと同時に，海外の事例なども加え，協働エンゲージメントのあり方が立体的に概観できるように努めた。また，日本における協働エンゲージメントの制度面やインセンティブの問題など今なお残る課題を示した。

　本章は，実際に協働エンゲージメントを行っている一般社団法人 機関投資家協働対話フォーラムのメンバーが分担して執筆した。なお，その内容についてはフォーラムの意見ではなく，各節担当者の個人的見解である。

第2部
エンゲージメントの実際

1

協働エンゲージメントへの期待

（1） 日本での協働エンゲージメントの定着

　わが国でスチュワードシップ責任に基づくエンゲージメント（企業との目的を持った対話）という考え方が定着するのは，2014年春のスチュワードシップ・コードの制定以降であるが，「協働エンゲージメント（協働対話）」については，2017年のスチュワードシップ・コードの第1回目の改訂で，新しく指針4-4として以下の規定が取り入れられたのが最初である。

　〔指針4-4〕 機関投資家が投資先企業との間で対話を行うに当たっては，単独でこうした対話を行うほか，必要に応じ，他の機関投資家と協働して対話を行うこと（集団的エンゲージメント）が有益な場合もあり得る。（2020年の再改訂で，指針4-5となり，集団的エンゲージメントという用語は協働エンゲージメントに変更された）

　近年，金融庁はスチュワードシップ活動の実質化・実効性向上という観点から協働エンゲージメントの促進に向けた制度整備を進めている。2024年6月に公表された「コーポレートガバナンス改革の実践に向けたアクション・プログラム2024」では，「建設的な目的を持った対話に資する協働エンゲージメントの促進や，実質株主の透明性確保に向けて，スチュワードシップ・コードを見直すべきである。」とされ（金融庁　2024），「2024事務年度金融行政方針」（2024年8月）でもその方針が確認された。

　この方針に沿って，これまで日本で協働エンゲージメントが進みにくい要因として指摘されてきた，共同保有者の範囲の明確化や大量保有報告制度の見直しが進められている。この内容は後述の第4節で詳説する。

（2） 海外のスチュワードシップ・コードにおける
　　　協働エンゲージメントの規定

　日本が2014年のスチュワードシップ・コード策定にあたって参考とした

英国のスチュワードシップ・コード（2012年改訂版）では，「原則5　機関投
資家は，適切な場合には，他の投資家と協調して行動すべきである。」と規
定されており，原則5の「指針」では，他の投資家との協働が最も効果的な
エンゲージメントの方法となることもありうることや，機関投資家は集団的
エンゲージメントに関する方針を開示すべきであることなどが記載されてい
る。

　英国のスチュワードシップ・コードは2020年に大きな改訂が行われた
が，改訂後のコードにおいても，「原則10　署名機関は，必要に応じて，発
行体企業に影響を与えるために，協働的なエンゲージメントに参加する。」
と規定されている。

　また，国際的な機関投資家等の団体であるICGN（国際コーポレートガバナ
ンスネットワーク）では，「ICGNグローバル・スチュワードシップ原則」を
公表しているが，ここでも「原則4　投資家は受益者・顧客のために，投資
先企業へのエンゲージメントを実践し，価値の維持・向上に努めるべきであ
る。また，懸念のある分野についての意見交換を行えるよう他の投資家と協
働する対応も行うべきである。」との規定が設けられている。

　なお，投資プロセスにESG課題を組み込むことを求め，世界5,000以上
の機関が署名している国連責任投資原則（PRI）でも，原則5.で「私たち
は，本原則の実効性を高めるために，協働します。」と宣言している。

　このように，国際的には「協働エンゲージメント」が機関投資家のエン
ゲージメント活動の有効な手法の1つとして定着しているといえよう。

2

機関投資家協働対話フォーラムの設立と活動

（1）　機関投資家協働対話フォーラムの発足と活動方針

1）　協働対話フォーラムの設立
　一般社団法人 機関投資家協働対話フォーラム（以下，協働対話フォーラム）

第2部
エンゲージメントの実際

は，スチュワードシップ・コード2017年改訂で「協働対話（集団的エンゲージメント）も有益」という規定が採用された機を捉え，機関投資家と企業との協働対話（協働エンゲージメント）を支援する目的で2017年10月に設立された。2024年9月末現在，日本株式に幅広く投資する長期視点の機関投資家7社[1]（以下，参加投資家）が参加している。

　パッシブ投資家を含む長期視点の投資家の団体として，活動方針では短期的な株主利益追求ではなく，企業の長期的企業価値向上と持続的成長に資することを通じて，市場全体のパフォーマンス向上を目指すこととしている。

2）　協働対話の活動テーマ（アジェンダ）

　このため，協働対話で取り上げるアジェンダは，日本市場全体の向上につながる市場共通テーマとしている。具体的な現在のアジェンダは**図表8-1**に記載している。

　これらのアジェンダに関する企業が抱える課題について，投資家と企業と

図表8-1　協働対話フォーラムの現在のアジェンダ

> ①マテリアリティの特定と非財務情報開示（事業の持続性のためのESG課題への取り組み）
> ②不祥事発生時の対応（企業風土の改革と情報開示姿勢の改善）
> ③株主総会の高反対率議案への対応（資本効率改善の取り組み，社外役員のガバナンスを効かせるための取り組み）
> ④買収防衛策の必要性の説明（買収防止策の効果に対する正しい認識と，投資家との信頼関係の重要性の認識）
> ⑤政策保有株式の縮減（持っている側の保有意義の見直しと，持たせている側の意識変革）
> ⑥親子上場のガバナンスの整備（子会社の少数株主の権利保護と支配株主の責務の認識）
> ⑦新型コロナウィルス感染症による経営環境の変化への取り組み（経営環境変化に対する社外役員によるガバナンスの発揮）
> ⑧資本コストや株価を意識した経営の実現に向けた投資家との対話のお願い

出所：機関投資家協働対話フォーラム（https://www.iicef.jp）

1　企業年金連合会，第一生命保険，三井住友DSアセットマネジメント，三井住友トラスト・アセットマネジメント，三菱UFJ信託銀行，明治安田アセットマネジメント，りそなアセットマネジメント（50音順）。

第8章
協働エンゲージメントの役割

の認識の共有を図り，経営の改革・改善を支援することが目的である。したがって，基本的な方針として，重要提案行為（事業再編要求，増配提案など）や共同保有の合意（議決権行使の合意，共同株主提案など）は行わないこととしている。

3) 具体的な協働対話の方法

　具体的な協働対話の方法としては，以下の3ステップをとっている。

　①参加投資家の協議によりアジェンダに関する「共通見解」を取りまとめる

　②共通見解を文書にしたレターを企業に送付する

　③必要に応じてミーティングを依頼する

　参加投資家は，アジェンダごと，個別企業ごとに協働対話への参加・不参加を決めることができる。また，共通見解を除き，参加投資家の意見がすべて一致するという前提ではなく，実際の対話の場では各参加投資家の独自の見解を述べることも可能である。

　当然のことながら，参加投資家は，協働対話と並行して，個別に対話を行っており，個別対話と協働対話は企業へのエンゲージメントの車の両輪，ないしは協働対話は個別対話を補完する手段と位置付けられる。

(2) 協働対話のメリットと市場への浸透に向けて

1) 協働対話のメリット

　まず，投資家のメリットとしては，エンゲージメントの効率化が挙げられる。事務局機能により，共通見解の取りまとめやレターを作成しプライム市場上場の全企業に送付したり，政府機関や証券取引所などへの意見陳述ができる。いうまでもなく，ミーティングの日程調整も効率的に行える。

　加えて，「共通見解」を取りまとめる参加投資家同士の議論の過程で，多くの他社の投資家の意見を知ることにより，参加投資家の認識や見解が深まることも挙げられる。

　そしてなにより最も重要なメリットは，特定のアジェンダについて，投資家の共通見解を詳しく伝えることができ，またミーティングの場では，しっ

117

第2部
エンゲージメントの実際

かり時間をとって深く議論できることである。幅広いテーマで企業が説明し投資家が質問するという一般的なIRミーティングではなく，投資家の考え方，理由や背景を企業に伝え，企業の考え方や事情も詳しく聞くことにより，投資家・企業の双方の認識・課題共有を深めることができる。企業側が，多くの投資家の共通意見・要望と受け止め，経営層による対応が増えるという効果もある。

一方，企業側のメリットとしても，複数の主要な機関投資家との効率的・効果的な対話ができることである。長期視点の主要な投資家に共通する考え方を聞くことができ，その理由や背景を知ることができるため，これが協働対話フォーラムに参加していない他の投資家も含めた一般の投資家の共通の意見であると考えることができる。

また，特定のアジェンダについてたっぷり時間をとり，企業の考え方を実態を含めて詳しく説明できる。深い議論を通じて相互理解を深めることができるのも，一般的なIRミーティングとは異なるところである。

2） 市場全体への浸透のために

さらに，協働対話フォーラムでは，個別企業との対話を重視するだけでなく，アジェンダ内容や年間活動概況をWEBサイト[2]やセミナーで公表し，幅広く協働対話実施対象以外の企業や他の投資家に供することで市場全体への浸透を図っている。また，IR・SR支援会社などにもアジェンダの内容を説明しており，これらの会社を通じて多くの企業が投資家の共通見解への理解が深まるように努めている。

この他，政府機関，証券取引所，公的年金基金，ESG調査機関，NGOなど国内外の関係機関に対しても，情報交換や情報発信を行っている。

3） 最近の活動の変化について

我が国でもコーポレートガバナンスやスチュワードシップの考え方がある

2　https://www.iicef.jp/

第8章
協働エンゲージメントの役割

程度浸透してきた。現在，協働対話フォーラムでは，表面的なガバナンス体制だけではなく，もっと根源的な企業体質や企業風土の改善を求めるようなテーマ（アジェンダ）にも取り組んでいる。

こうした企業風土などの問題は，日本のように新入社員時代からその企業に継続的に勤めてきた役員の感性がマヒしてしまっていることに起因する場合が多い。そのため，最近では社外取締役との対話を求めることも増えている。企業側でも社外取締役が対話に臨む企業が増え始めているように感じている。

また，ここ数年は幅広い日本の上場企業の意識の底上げを狙う活動も行っている。2022年には非財務情報開示に関しプライム市場上場全企業に対しレターの送付を行った。昨年からは，東証が「資本コストや株価を意識した経営の実現に向けた対応」を求めたことを契機に，資本コストや株価を意識した経営への対応が不十分と思われる企業約400社にレターを出し，協働対話を求めている。

3
協働対話フォーラム以外の国内外の協働エンゲージメント活動について

（1）　他の協働エンゲージメントの概観

以下，協働対話フォーラム以外の主体による協働エンゲージメント活動についても簡単に見ておこう。

まず，気候変動対応や女性活躍推進など，特定のテーマ（対話アジェンダ）について複数の投資家が意見集約を図り企業との対話を試みる国際的なイニシアティブは少なくない。気候変動に対する企業の対応行動を求める国連責任投資原則（PRI）が主導するClimate Action 100+ や，企業の女性取締役や女性幹部の登用を推進する30% Clubの投資家グループによる活動などがその例で，このような「ワンテーマ」型のイニシアティブは協働エンゲージ

メントの一形態といってよいだろう。

　一方で，協働対話フォーラム以外にも，同様に，複数の機関投資家が複数のテーマについて議論し継続的・反復的に企業との協働エンゲージメントを図る主体もある。国内では生命保険協会のスチュワードシップ活動ワーキング・グループがあり，また海外では英国の Investor Forum の活動が注目されている（なお，協働対話フォーラム，生命保険協会，Investor Forum の3団体は，金融庁による金融審議会事務局資料などでも協働エンゲージメントの取り組みの具体例として挙げられている）。以下では，多数の機関投資家がメンバーとして参加しており協働対話フォーラムも発足当時から研究し折に触れ意見交換もしている英国の Investor Forum の活動の概要について説明する。

（2）　英国 Investor Forum の活動

1）　Investor Forum の概要

　Investor Forum は，英国の株式市場における短期主義を戒め投資家のスチュワードシップ責任や企業のガバナンス問題などを取り上げた 2012 年の Kay Review の提言を契機に，「有志」による Collective Engagement Working Group での議論を踏まえ，2014 年に設立された非営利法人である。英国企業との協働エンゲージメントの推進を組織の目的の1つとして明示し，法的リスク等を整理し対話の仕組み・手法をまとめた協働エンゲージメントのためのフレームワークを策定，協働対話を実施している。同団体の公開資料によると，2024 年末現在で投資家 51 社がメンバー投資家として参加している。

2）　Investor Forum の協働対話の特徴

　Investor Forum が実施する協働エンゲージメントについては，毎年発行されている年次報告書（Annual Review）で，具体的な対話事例を含めて知ることができる。紙幅の都合上，ここでは個別の対話事例など詳細に立ち入った議論には踏み込まず，Investor Forum の協働エンゲージメントの手法・アプローチについて，協働対話フォーラムの活動との対比を交えながら紹介

第8章
協働エンゲージメントの役割

する。

協働対話フォーラムとの比較において最も顕著な違いが，投資家側の対話の主体である。協働対話フォーラムによる協働対話においては参加投資家が対話の主体として企業側の参加者と対峙するのに対して，Investor Forumの協働対話では同団体の事務局が対話の主体となり，メンバー投資家の意見を代表する形で企業との対話に臨む形態をとっている（彼らはこれをHub-and-Spoke型のアプローチと呼んでいる）。個々の対話（アジェンダ）にどのメンバー投資家が参加したかは非公開であり，対話先の企業にも伝えないことを原則としている。事務局が当事者として前面に出るこの手法は，複数の投資家が共同で株を保有し株主権の行使をするグループと見なされることによる法的リスクを回避するための工夫として捉えることができる（別途述べるように，協働対話フォーラムの場合は別のアプローチで同様のリスクに対処している）。

この手法には，メンバー投資家の作業負荷が少ないなどのメリットがあると思われるが，投資家の「生の声」を直接企業側に伝えにくいといったデメリットもありそうだ。また，事務局がある程度の人数の常勤スタッフを抱え高度の調査分析能力を備える必要があるため事務局のコスト負担は大きいと推測される。

対話の主体に関する上記の点以外では，Investor Forumの手法について以下のような点が注目に値する。

①アジェンダ（どの企業にどのような論点で協働対話を実施するか）は，基本的にメンバー投資家からの提案を受けて事務局が他のメンバー投資家に参加意向を打診するという手順で決められる。

②議決権行使など株主権の行使については，各メンバー投資家が独立して行う。この点で事務局がメンバー投資家の意思決定に介入することはない。

③協働対話の場で企業側に「このようにせよ」，「こうしなければならない」など強い口調で伝えることは避けるように配慮している。

④法的リスク等への配慮から，リーガル・アドバイザーを「常設」してタイムリーに助言を得ることにしている。

121

第2部
エンゲージメントの実際

⑤企業側の対話の相手は Chair of the Board（社外）か Senior Independent Director であることが多い。ただし，IR 部署その他の担当者になることもある。

　これらのうち，②〜④は協働対話フォーラムの活動とも共通している。他方，⑤は彼我のコーポレートガバナンス事情の違いから協働対話フォーラムの現状の活動とは違いがある。また，①については，協働対話フォーラムの場合もこのような形になることはあるが必ずしも「主流」ではなく多様なプロセスがありうる。

====================================== **4** ======================================

協働対話の課題と今後の展望

（1）　日本の協働エンゲージメントの課題

　投資家が意見を記した経営陣宛のレターを送付するという手法は，もともと海外では一般的なアクションであり，日本の協働エンゲージメントでも投資家の共通見解を記したレターの送付という形ですぐに取り入れられた。しかし，複数の投資家が協働して経営陣と直接対話する協働ミーティングは数多くは開催されていなかった。その背景には，日本の協働エンゲージメントにおける，日本の法制度上の問題，投資家のビジネスモデル上の問題，日本企業と投資家との認識ギャップなど，様々な制約や課題がある。

　日本の協働エンゲージメントは，これらの制約や課題を踏まえた独自の手法を模索しており，英国の協働エンゲージメントの手法がお手本ということではない。日本の協働エンゲージメントはまだまだ発展途上である。以下，3つの側面からその課題を整理する。

1）　法制度における課題

　投資家によるエンゲージメントでは，投資家が対象企業の経営上の問題点を指摘する。企業からの説明により，問題点が投資家の理解不足や誤解によ

122

第8章
協働エンゲージメントの役割

るものであったならばこれを解消するし，企業が問題に気付いていないか，過小評価していたならば，経営陣に問題の認識と改善を促す。この対話のプロセスの中で，投資家が経営上の問題点を指摘する行為そのものに，法制度の解釈に曖昧な点があり，これが投資家には制約となっていた。

2014年のスチュワードシップ・コード制定時，金融庁が「日本版スチュワードシップ・コードの策定を踏まえた法的論点に係る考え方の整理（平成26年2月26日）（以下，考え方の整理）」[3] を公表し，法制度上の解釈が曖昧であった2つの点を整理した。

① 重要提案行為

大量保有報告制度[4] では，反復継続的に株券等の売買を行っている金融商品取引業者等に対して「特例報告制度[5]」が設けられている。「特例報告制度」は，大量保有報告書と変更報告書の提出頻度や期限等を緩和するものだが，大量保有報告制度の趣旨を損なうような形での「特例報告制度」の利用を防止する観点から，投資家が企業に対し「重要提案行為[6]」を行う場合には利用できないとしている。

3　https://www.fsa.go.jp/singi/stewardship/legalissue.pdf
4　株券等に係る大量保有の状況を投資者に迅速に開示するための制度。上場株券等の保有割合が5％超となった者は，その日から5営業日以内に大量保有報告書を提出。その後，保有割合が1％以上増減した場合には，5営業日以内に変更報告書を提出。
5　証券会社，銀行，信託銀行，保険会社，投信会社，投資顧問会社など，日常の営業活動として大量の株券等の売買を行っている機関投資家について，事務負担等を考慮し，報告頻度等を軽減する制度。
6　重要提案行為（金融商品取引法施行令第14条の8の2及び大量保有報告府令16条）①重要な財産の処分または譲受け，②多額の借財，③代表取締役の選解任，④役員の構成の重要な変更（役員の数又は任期に係る重要な変更を含む。），⑤支配人その他の重要な使用人の選解任，⑥支店その他重要な組織の設置，変更または廃止，⑦株式交換，株式移転，株式交付，会社の分割または合併，⑧事業の全部または一部の譲渡，譲受け，休止または廃止，⑨配当に関する方針の重要な変更，⑩資本金の増加または減少に関する方針の重要な変更，⑪その発行する有価証券の上場廃止又は店頭売買有価証券市場における登録の取消し，⑫その発行する有価証券の取引所金融商品市場への上場又は店頭売買有価証券登録原簿への登録，⑬資本政策に関する重要な変更（令第14条の8の2第1項第10号に掲げるものを除く。），⑭解散（合併による解散を除く。），⑮破産手続開始，再生手続開始または更正手続開始の申立て。

第2部
エンゲージメントの実際

　日常，反復継続的に株券等を売買している投資家は，特例報告制度を利用できないと，投資家が属する企業グループ各社の売買を毎日把握して集計し，提出事由が生じたならば5営業日以内に報告書を提出しなければならなくなり，事務負担が過大になる。このため投資家が深度ある対話を行う妨げになっているとの指摘がなされてきた。そこで，金融庁が，具体的にどのような行為が「重要提案行為」に該当するのかという投資家の懸念を解消するため，考え方の整理で，重要提案行為として掲げる事項について以下の①～④のような場合は「重要提案行為」に該当しない可能性が高いとした。

　①投資先企業の経営方針等（ガバナンス・資本政策などに関する方針を含む）の説明を求める行為

　②自らの議決権行使の方針，投資先企業に対する具体的な議決権行使の予定，自らの株式保有・処分の方針，当該投資先企業の株式の具体的な保有・処分の予定等を説明する行為

　③前記②の説明に対する投資先企業のスタンスの説明を求める行為

　④株主総会において，質問を行う行為

　一方，以下の⑤～⑦のような場合は，該当する可能性が高いとした。なお，⑥⑦でも個別の態様では該当する可能性が低い場合もあるとしている。

　⑤株主総会において，具体的な事項の決議を求める行為

　⑥前記③，④の投資先企業の説明が，自らの方針と一致しない場合に，投資先企業の経営方針等の変更を求める行為

　⑦前記⑥の他，投資先企業の経営方針等の変更を求める行為

　しかしながら，エンゲージメントの場では，役員構成や事業ポートフォリオの見直し，政策保有株式や株主還元などの資本政策に関わる問題などをアジェンダとすることも多いため，依然として投資家の懸念は残っていた。特に協働エンゲージメントでは，参加する投資家の1社が重要提案に該当する発言を行った場合，他の参加投資家も協働して重要提案行為を行ったと見なされることはないかという懸念が伴う。このため，協働ミーティングの場では，重要提案行為と企業に受け取られないように，投資家は上記の金融庁の考え方の整理を踏まえて，「会社に説明を求める」質問形にするなど工夫し

124

た形で対話に臨まざるをえないという面があった。

　これらの実情を踏まえ，金融審議会で重要提案行為の解釈について検討が行われ，2023年12月25日金融審議会「公開買付制度・大量保有報告制度等ワーキング・グループ報告」[7]（以下，WG報告書）が公表された。

　WG報告書では，配当方針・資本政策に関する変更といった「企業支配権等に直接関係しない行為」を「目的」とする提案行為を，「企業経営陣に採否を委ねる」という「態様」で行う場合は，特例報告の適用を受けられるとする提言がなされた。

②　共同保有の合意

　大量保有報告制度では，株券等の保有者の「保有割合」を算出するに際し，「共同保有者」の保有分を合算する必要がある。投資家が，「他の投資家」と「共同して株主としての議決権その他の権利を行使することを合意」している場合には，「他の投資家」が「共同保有者」に該当することとなり，当該投資家は，「他の投資家」の保有分も勘案しながら，大量保有報告書や変更報告書の提出を行う必要がある。

　このため，投資家が，「他の投資家」と協調して協働エンゲージメントを行う際，具体的にどのような場合に「共同保有者」に該当するかについての疑義があった。そこで，2014年，金融庁が考え方の整理の中でこれまでの解釈[8]を明確化した。

7　https://www.fsa.go.jp/singi/singi_kinyu/tosin/20231225/01.pdf
8　「株券等の大量保有報告に関するQ&A」（平成22年公表）要旨
　　・「共同保有者」に該当するためには，「共同して株主としての議決権その他の権利を行使すること」に合意している必要がある（法第27条の23）ことから，「株主としての議決権その他の権利」とは，「議決権の他，株主提案権，議事録・帳簿閲覧権，役員等に対する責任追及訴訟の提訴請求権など株主としての法令上の権利」を指すものであり，法令上の権利の行使以外の株主としての一般的な行動についての合意にすぎない場合には，「共同保有者」には該当しない。
　　・「合意」は，単なる意見交換とは異なり，相互又は一方の行動を約する（文書によるか口頭によるかを問わず，また，明示的か黙示的かを問わない）性質のものを指す。「他の投資家」との話合い等において，各々の議決権行使の予定を伝え合い，それがたまたま一致したに過ぎないような状態では，基本的に，当該「他の投資家」は「共同保有者」には該当しない。

第2部
エンゲージメントの実際

- 株主権の行使以外の株主としての一般的な行動についての合意に過ぎない場合には、「共同保有者」には該当しない。
- 「他の投資家」との話合いで、各々の議決権行使の予定を伝え合い、それがたまたま一致したに過ぎないような状態では、基本的に、当該「他の投資家」は「共同保有者」には該当しない。

　しかしながら、協働エンゲージメントの場合は、これらの解釈通りとなるのか不明であったため、投資家に協働エンゲージメントへの参加を萎縮させていた。このような実態を踏まえ、WG報告書では、協働エンゲージメントに関して、共同して重要提案行為等を行うことを合意の目的とせず、かつ継続的でない議決権行使に関する合意をしているような場合については、上記の共同保有者概念から除外することが適当であるとされた。

　今後、WG報告書を受けた形で政省令かスチュワードシップ・コードが改訂され、「重要提案行為」と「共同保有者」の解釈が整理されれば、深度ある対話に向けてさらに前進するものと期待する（2024年9月、本章執筆時点ではまだ定まっていない）。

　因みに、前述の通り、協働対話フォーラムでは、各投資家と、協働対話フォーラムの活動の中で、重要提案行為を行わないこと、共同保有の合意等をしないことを参加契約の中で定めており、協働対話の際に対象企業にその旨を案内している。

2）　投資家のビジネスモデル上の課題

　企業が認識していない課題に対し、投資家1社が意見を伝えるより複数の投資家が同じ意見を伝えた方が経営陣に認識されやすい。多様な投資家が共通して同じ意見であるということが企業を動かす。これが協働エンゲージメントの効果として最も期待されることである。

　しかし、何も仕組みがない状態で協働エンゲージメントを行おうとすると、言い出した投資家が幹事となって複数の投資家の参加を募り、投資家間で協議し、意見集約を行った上で幹事となった投資家が対象企業にミーティ

ングを申し込まなければならない。このように，通常の IR ミーティングなどの個別対話とは異なり，協働対話を行おうとする強い "動機" と，協働作業を行う手間（"対話コスト"）がかかる。この "動機" "対話コスト" が必要となる協働エンゲージメントは投資家のビジネスモデルの影響を受ける。

まず，企業の個別の課題をアジェンダとし，その 1 社と協働エンゲージメントを実施する場合は，"対話コスト" を負担しても運用収益が上回ると考える投資家が複数参加することになる。費用と人員を投入して調査して，これはという企業に投資するアクティブ投資家は，"対話コスト" を負担できる。しかしながら，複数のアクティブ投資家が当該企業の株式を保有し，かつ共通して課題として捉えていなければ協働エンゲージメントは成立しない。そもそもアクティブ投資家は，投資スタイルが各社それぞれであり，多くの場合数十社から百数十社程度に絞り込んで株式保有している。課題の捉え方もタイムホライズンも異なる。企業との個別対話が投資判断の鍵を握り，突っ込んだ議論をするため，他社との情報の共有は避ける傾向がある。対話して埒が明かなければ売却する選択肢もある。

したがって，協働エンゲージメントを他の投資家に呼びかけ音頭をとろうとする投資家に強い "動機" がないと成立しない。個別対話したが企業の対応に納得がいかないなどの不満や変革を促してきた投資家としての責任感から旗振り役を務める場合はあっても，恒常的に，他社よりも高い "対話コスト" を負担しても幹事投資家になることでより収益が上がるという仕組み[9]や土壌がないという見方もある[10]。単独で有効なエンゲージメント活動ができる能力がありそれをアピールしているのに，保有銘柄を明かしてまで他の投資家と協働する意義があるのか，という考え方を持つ投資家も多いだろう。

9　企業と対話することで改善を促しパフォーマンスを上げるエンゲージメント・ファンドは，その投資スタイルから協働せず単独で対話することが多い。株主提案権を行使し企業に働きかけるアクティビストは，提出した株主提案への賛同を他の投資家に求めるが，水面下の折衝と株主提案は単独で行う場合が多い。

10　英国シティでは，投資家が 1 つのコミュニティを形成し，協働・連携して，企業と対話する土壌や文化があるといわれることがある。

127

第2部
エンゲージメントの実際

　一方，日本企業に共通する課題（ガバナンスや資本効率，サステナビリティなど）をアジェンダとし，数多くの企業との協働エンゲージメントを実施していく場合は，数多くの企業の株式を保有する投資家が複数いないと成立しないこととなるが，実はこのような投資家の幅は広い。パッシブ投資家や生命保険会社などの長期資金を安定運用する投資家など日本株全体を保有する投資家が該当する。タイムホライズンは超長期，日々の変動はあっても基本的に保有株式は売らない。課題認識も共通であり，対話で得た情報も他社と共有しやすい。

　他方で，パッシブ投資は，調査費用をかけずにインデックス通りに投資することで運用手数料を低く抑えており，企業と対話することを前提としてこなかった。しかし，市場に占めるパッシブ投資の比率が5割を超えるなど市場での存在が大きくなったことで，株主としての責任が求められるようになり，また，スチュワードシップ・コードにより，パッシブ投資家にも企業との対話が求められるようになった。こうした日本株全体を長期保有する投資家にとって，日本企業に共通する課題の改善を通じた株式市場全体の向上は，協働エンゲージメントを行う"動機"となる。しかしながら，"対話コスト"を運用手数料に上乗せすることは容易ではない。共同で費用分担するとはいえ，保有する日本企業すべてと協働ミーティングを実施するほどの巨額の"対話コスト"は負担できず，負担できるコストの範囲で成果を上げる方法をとらざるをえないというジレンマを抱える[11]。パッシブ投資家の"対話コスト"は誰が負担するのかという課題がある。

3）　企業側の理解と認識の課題

　協働エンゲージメントは，通常の IR ミーティングとは異なるため，経験がない企業は対応に戸惑う。特に，英国の Collective Engagement を当初「集団的エンゲージメント」と訳されたことから，「強面の投資家が集団で

11　1社で日本企業各社の株式を大量保有するほどの超大型のパッシブ投資家は，企業への働きかけの影響力が大きいため，あえて協働対話を行うメリットがなく，逆に協働対話に加わると影響力が大きくなり過ぎるため参加しにくいという現象も生まれている。

やってきて，足し合わせた議決権数を背景に企業に物申す」というイメージで捉えられたのではないか。日本企業の多く（特に総務や法務担当など）は，企業乗っ取りや総会屋の暗躍など過去の歴史で培われた企業防衛の認識で投資家との対話を捉えがちであり，対立的な態度で協働ミーティングに臨んだり，表面的で形式的な回答文書が送られてきたりした事例も少なくない。

　また，中期計画の状況や足元の業績，ガバナンス，株主還元などのすべての内容を盛り込む IR ミーティングに慣れていた企業（特に財務経理・IR 広報担当）は，1 つのアジェンダで深い議論を行う協働ミーティングに対し，何をどう考え，どこまで開示し，どう説明すればよいかわからず戸惑った。IR 対応とエンゲージメントの違いへの理解不足，投資家と企業との認識ギャップから議論が平行線で終わった事例も少なくない。

　いずれの事例も，投資家側も効果的な協働対話の方法を模索している中のことであり，直接的には企業側に協働対話の経験がなかったことに起因しているが，その背景として，企業側に SR（Shareholder Relationship）として投資家と建設的に対話する土壌が十分にできていないことが課題となっている。この企業と投資家の認識ギャップについては，次の第 9 章で詳しく説明する。

(2)　協働対話フォーラムの課題

　2017 年に発足して以来，協働対話フォーラムは，日本独自の協働エンゲージメントの方法を模索してきた。法制度の制約を凌ぎ，投資家のビジネスモデル上の課題を抱えながら，企業側の理解と認識を徐々に変えてきた。発足以来の 7 年間，協働対話フォーラムがやってきたことを一言でいえば，「日本企業へのガバナンスコードとサステナビリティ・ESG の"浸透"」であった。日本企業のガバナンス進化は，十分とはいえないものの，かなり改善され，アジェンダのいくつかはそろそろ手仕舞いを迎える。サステナビリティも，マテリアリティの特定化はほとんどの企業に広がり，非財務情報開示もいよいよ法制化される。"浸透"という段階は終わろうとしている。

　これからの次の段階は，以下を課題とする。

第2部
エンゲージメントの実際

①変化を拒む企業に働きかけること

②日本企業のガバナンスの質を進化させること

そのために，これまでの協働レター送付，協働ミーティング，企業向けアナウンス活動（セミナー講演や出稿）などの手法に加え，以下の手法を加えて，日本の協働エンゲージメントを推し進めていきたい。

①有識者や市場関係者，行政などに投資家の意見を伝える「パブリック・エンゲージメント」

②ガバナンスの質の進化の鍵を握る社外取締役との「個社別アジェンダでの協働エンゲージメント」

③企業・投資家向けの「ケーススタディ（事例紹介）」提示

協働対話フォーラムは，海外の協働エンゲージメントの手法・アプローチをマネているわけではない。日本の企業風土・文化を踏まえて，徐々に企業内部に変化を促し，対立軸ではなく並走して改革を進めていく。今後は，このスタイルをさらに進化させ，日本企業の価値向上と資本市場の発展に資する協働エンゲージメントとしていきたい。

[参考文献]

金融庁（2024）「コーポレートガバナンス改革の実践に向けたアクション・プログラム2024（『スチュワードシップ・コード及びコーポレートガバナンス・コードのフォローアップ会議』意見書（7））」令和6年6月7日，p.3。

第3部

エンゲージメントの成果と考え方

第9章

企業と投資家との意識ギャップ

投資家の関心事項と企業の説明事項のミスマッチを指摘する調査結果は多い。例えば，一般社団法人生命保険協会「企業価値向上に向けた取り組みに関するアンケート集計結果（2023年度版）」https://www.seiho.or.jp/info/news/2024/pdf/20240419_3_5.pdf では，毎年，ギャップを指摘している。

本章では，企業と投資家のギャップが生じている原因となる企業のIRとSRの"土壌"について5つの仮説を示す。筆者の経験に基づくものなので，異論があると思うが，同時に共感もあると思う。一緒に"土壌改良"について考えていただけたら，企業と投資家の関係性の向上につながると思う。

第3部
エンゲージメントの成果と考え方

1
企業と投資家のギャップ

（1） 東証が示した投資家目線とのギャップ実例

　2023年3月に東京証券取引所（以下，東証）から「資本コストや株価を意識した経営の実現に向けた対応」が上場企業に向けて通知され，これによって多くの企業がPBRやROE，資本コストという言葉を使って投資家向けに情報開示を行い，説明するようになった。東証は通知のフォローアップとして，企業の取り組みを「コーポレート・ガバナンスに関する報告書」に開示している企業名や実例をまとめ，投資家からのヒアリングを踏まえて，現在の状況を公表している。企業と投資家との対話が広がる中，2024年2月1日に発出された東証のお知らせ「投資者の視点を踏まえた『資本コストや株価を意識した経営』のポイントと事例[1]」には「投資家目線とギャップの実例」として，以下のような企業との認識のズレが整理されている。

- ・自社の資本コスト算出結果について，株主・投資家からの「ズレている」という指摘を恐れ，対外的な開示を控える。
- ・投資家は怖いもの・煩わしいものというイメージが先行し，特段の理由なく，経営陣が投資者との対話に消極的。
- ・そもそもPBRが1倍を超えているので，特に対応は必要ないと考え，それ以上の検討は行わない。
- ・市場評価はマーケットが決めるものと考え，ROEが目標値を超えていればよしとする。
- ・株主資本コストは所与のもの（投資家側が決めるもの）と考え，企業側では全くコントロールできないと誤解している。
- ・資本コストには唯一の正解があると考え，画一的な算出式に拘る。

1　https://www.jpx.co.jp/news/1020/skc8fn0000001bv1-att/20240201_1.pdf

第9章
企業と投資家との意識ギャップ

- 中計や決算説明において，従来型の売上や利益水準など損益計算書上の指標の説明に終始し，バランスシートやベースとする資本収益性の観点での分析・目標設定が行われていない。
- 現状の資本収益性や市場評価が低いものの，自社株買いのみの一過性の対応（リキャップCBなど）や，既存事業の漸次的な改善のみの対応に終始する。
- 役員報酬の設計上，中長期的な企業価値向上が経営陣のインセンティブとはなっておらず，株主・投資者と目線がズレている。
- 取組みを羅列するだけで，それらがどのように企業価値向上，目標達成に繋がるか，明確な記載が無くわかりづらい

　投資家から見たら，驚くような認識違いがどうして起きているのか。背景にある要因を考えてみたい。筆者は長年企業でIR・SRを担当し，株主実務やガバナンス，ESGを推進してきた。今は投資家サイドで仕事をしている。両方の世界を知る者として，思い当たる要因をピックアップし，背景にある日本企業のIRとSRの土壌を考えたい。経験に基づく仮説なので，異論を覚える者は多いであろう。一方で同意する者も少なくないと思う。そもそも企業ごとに状況は異なるので一律の土壌はない。しかし，この仮説に同意するという方がいる企業は，この土壌があることとなるので，どのように土壌改良していくかを一緒に考えていただきたい。

2

ギャップの背景，日本企業のIRとSRの土壌

（1）　IRはマーケティングをしていない

　「IRとはマーケティングだ」という説明がある。企業の状況を積極的に開示し適切に説明し，投資家の興味を引き，理解を得る活動であるという側面から見れば，企業（株式）を商品に見立てたマーケティングという言い方も

135

第3部
エンゲージメントの成果と考え方

できる。IR担当者は，企業の状況を正しく適切に開示するとともに，投資家に企業（株式）を魅力的に見せるために，ユニークな強みや将来性を強調してアピールする。そのために法定書類以外にも様々な任意開示資料を工夫して制作し，決算説明会やIRロードショーに勤しむ。企業の何をセールスポイントとして差別化するか，どう魅せるかの感性が要求されるという点も，マーケティングにおけるプロダクトの適切なポジショニング設定と巧みなプロモーション展開と一致する。

　このようなマーケティングの"販売促進"とIRの類似性に囚われてしまっているIR担当者は多い。しかし，見逃してはいけない点として，多くの企業のIR担当者には決定的に欠けているマーケティングの要素がある。それは"消費者調査"や"消費者研究"。つまり，客は何を求めているのかを知ろうとする行動である。顧客のニーズを知ろうとすること，すなわち市場の動向を調べる市場調査，消費者の意識を調べる消費者調査はマーケティングの基本である。消費財メーカーであれば，消費者の心理や消費行動を探る消費者研究も盛んである。ところが，IR担当者向けの解説には，"投資家調査，投資家研究"という言葉はない。実質株主判明調査があるが，この調査でわかる投資家の特長は，グロースやバリューなどの投資手法である。その投資家が何を考え，どのような期待でミーティングに臨み，何を調べようとしているのかを把握しようという発想はない。つまり，企業のIR担当者は投資家の心理と行動を知らない。ゆえに，冒頭で紹介した東証のお知らせにあるような「投資家目線とのギャップ」が生じる。マーケティングの世界では当たり前の"消費者調査・研究"がIRの世界にはないことが，ギャップの土壌にあるのではないだろうか。（一部の企業は，個人株主アンケート調査を行い，個人株主の意識・行動を調査している。また，投資家にレビューを依頼したり，ヒアリングを行う企業もある。しかし，これらは統合報告書やIR活動への評価であり，投資家の心理と行動の調査研究とは微妙に異なる。）

　企業のIR担当者は，株主である投資家が何を考え，何を評価して自社の株を保有しているのか，調べるべきである。投資手法や保有株式の増減などだけではなく，自社の何に関心を持ち，何をどのように評価し，何を課題と

考えているのか。対話の際に，投資家に逆に質問すべきである。建設的な対話を望む投資家であれば，投資家を知ろうとする企業の気持ちに応えてくれるだろう。

(2)　IR は投資家向け広報ではない

IR は投資家向け広報活動と説明される。企業の状況を積極的に開示し，様々な場やツールを通じて，幅広い投資家や株主に説明していく活動なので広報活動ではある。しかし，広報活動は，企業の活動や商品の情報を発信し多くの人に伝える PR 活動ではあるが，ベースには，企業や商品の長所をアピールすることを目的としている。短所も説明し，等身大の企業の姿を示すという発想はない。

IR を企業の広報活動だと認識すると，長所をアピールしようとし，短所は隠そうとする。投資家は長所ばかりの企業を見つけたいのではなく，今はよい状態ではなくとも，短所を解消しよい状態になろうとしている企業，その実現可能性が高い企業を見つけ出したいのであり，等身大の企業の姿を知りたいのである。したがって，課題は隠すものではなく，課題として認識し，改善に向けて取り組んでいることを示すことこそ，IR 活動となる。解決策はまだ見つかっていないけど，課題としては認識していることを説明するだけでも投資家は安心する。経営陣が課題認識していることを口にしたからには，いずれ解決策は見つかるだろうと信じられるからである。かっこう悪いところを投資家に見せない。かっこうよいところだけを見せたい。この広報心理がギャップの土壌にあるのではないか。

(3)　日本企業の最高財務責任者は CFO ではない

金融商品取引法で提出が義務付けられている「内部統制報告書」には「最高財務責任者」を記載しなければならない。

「1 会社が，会社内部における役職のいかんにかかわらず，財務報告に関し代表者に準ずる責任を有する者を定めている場合における当該者をい

第3部
エンゲージメントの成果と考え方

い，単に財務を担当している者は，含まない。[2]」

　この府令に従い，多くの企業では財務経理担当役員を最高財務責任者としている。英訳すればCFO（Chief Financial Officer）となる。しかし，英米でのCFOは，財務経理や財務戦略を推進するだけでなく，経営戦略をもマネジメントする立場にあるが[3]，日本企業の多くのCFOは，財務経理会計部門の統括であるが，経営戦略を立案する経営企画部門は統括していない。財務会計の責任者として「財務報告に関し代表者に準ずる責任を有する者」なので「最高財務責任者」となっているのであり，真の意味でのCFOではない。

　したがって，日本のCFOは，財務戦略・資本政策のうち，財務の健全性や資金調達，利益還元など，自分の統括範囲のものは自らの責任で推進できるが，事業ポートフォリオの見直し，成長投資とキャピタルアロケーションなど事業戦略に基づくものは経営企画担当役員の統括範囲となり，CFOの一存で実施できない。

　資本収益性が低いと投資家に指摘されたとき，企業としての方針や状況を説明していても，心のどこかに「利益率が低い事業を抱えていて，事業ポートフォリオが歪んでいる。成長領域に十分な投資が行えていない。しかし，私の統括範囲ではないから，思うようにならない。」と嘆いていることと思う。これが，損益計算書上の指標の説明に終始し，資本収益性の観点での分析・目標設定が行われていないことや，自社株買いのみの一過性の対応や既存事業の漸次的な改善のみの対応に終始してしまうことの遠因になっているのではないだろうか。

2　内部統制府令第1号様式記載上の注意（4）又は第2号様式記載上の注意（4）。
3　https://www.cfo.jp/org/about/what_cfo.html
　　日本CFO協会：「企業価値の向上を図ると共に，世界の基準に合わせた透明性を確保する財務管理力を強化し，さらには財務戦略を経営戦略に取りこみ企業活動をマネジメントしていくのがCFO（最高財務責任者）」。

（4） SRは株主総会・株式実務担当が行っている

　SR担当は，株主総会対応で議案の説明などで投資家をSR訪問する。しかし，SR担当は，企業法務，ガバナンスに精通し，株主総会運営・株式実務が主たる業務であり，投資家と対話する業務は主ではない。議案説明のSR訪問は，あくまでも株主総会で議案に賛成してもらうための活動であり，必ずしも企業法務に精通していないIR担当者は，議案やガバナンスの説明が十分にできないからである。

　したがって，議案やガバナンスに関する投資家からの質問，指摘に対する回答は，企業価値向上（企業の経済的価値）のためにどのようなガバナンスをするかという観点ではなく，法制度に従った適法なものかという観点となる。

　例えば，買収防衛策がその最たる例である。投資家は，事前警告型買収防衛策の導入は，株主の権利の一部に制約を加えることで株式の価値を減少させる上，経営へ甘えが生じガバナンスに緩みが出ることを懸念する。一方，SR担当の思考は，現在の法制度に欠陥がある以上，企業価値を毀損する同意なき買収は存在し，買収防衛策は，株主が判断するために必要な時間と情報を確保するために必要なものであるということになる。政策保有株式も，企業からは，株式相互保有により互いに経営方針を支持し，企業間の良好な関係性の醸成につながるものとの回答になるが，投資家は，資本収益性に悪影響を及ぼす上，そもそも株式を保有しないと取引関係が維持できないのでは健全な取引とはいえないのではないかと考える。いずれも経営改革を求める投資家を排除したいという思考である。

　この思考の延長線に，投資家の議決権行使基準をクリアしていればOK，議案が賛成多数で可決されれば，それは株主の意思であるという認識がある。ROE5%以下ならばトップ選任議案に反対という賛否基準があれば，ROEが5%を超えていれば経営として問題なく，女性の社外取締役を起用すればダイバーシティに取り組んでいることとなり，PBR1倍を超えていれば東証の要請にも応えられているという発想となる。つまり，法制度に沿

第3部
エンゲージメントの成果と考え方

い，基準をクリアしてさえいればどこからも何もいわれないという守りの思考である。むしろ余計な開示を行い，株主に突っ込まれるリスクを負うより，最低限の開示だけをしていればよい。企業価値の向上（企業の経済的価値の向上）は，我々SR担当の仕事ではなく，経営や事業部門の仕事であるというセクショナリズム，サイロ化の発想の土壌があるのではないか。

（5）　SRは個人株主対応がベース

　SR担当は個人株主対応が主である。実は，毎日，多くの個人株主の問い合わせに対応している。個人株主の中には"モンスター株主"もいる。株価が大きく下がった日は，「何か悪い材料が出たのか。新聞には何も出ていない。機関投資家だけに伝えたのではないか。」と必ず電話がかかってくる。招集通知や配当金計算書・支払通知書，株主優待などの発送直後に問い合わせは多く，対応が悪いと電話で1～2時間，延々と文句をいわれ続けたりする。また，株主総会の会場では，株主休憩室に用意した茶菓子をごっそり持ち帰る株主や，総会土産を受け取っておきながら，トイレでカバンの中にしまい込んで何度ももらおうとする株主もいる。もちろん，すべての株主がそのような個人株主ばかりではないが，中には，「株主は会社のオーナーだ」という意識でやりたい放題の株主もいる。このような個人株主に毎日接していると，「株主＝強欲」というイメージを抱く。

　また，歴史が古い大企業にはおよそ20～30年前まで総会屋対策をしていた時代があり，現在も，多くの会社が総会屋対策を指導してきた「特暴連（公益社団法人警視庁管内特殊暴力対策連合会）[4]」に所属し，プロ株主の動向に関する最新情報を把握している。「株主権を行使して企業に要求する株主＝プロ株主」という概念になる。

　さらに，株主は企業の応援団というが，煎じ詰めれば，株主が満足するときとは，株価が上がって売却益を出したとき。つまり「株主満足＝さようなら，ありがとう」なのである。SR担当は，その株を買った新たな株主から

4　http://www.tokubouren.or.jp/about.html

株価を上げろと要求され続ける。結局は「株主＝その場限りの人」ということになる。

この「株主＝強欲」「プロ株主＝株主権を行使して企業に要求する株主」と「株主＝その場限りの人」のイメージが合わさったものが，いわゆる"悪ティビスト[5]"となる。「強欲で，豊富な資金力と法律の知識を持ち，株主権を武器に，企業から大事な資産（先人が血と汗で稼いで残してくれたもの）を奪い，短期で去っていく者」であり，「"悪ティビスト"からは何としてもわが社を守らなくてはならない。これは企業防衛だ。」という思考となる。買収防衛策や政策保有株式などの手立てをとり，企業の株主総会担当者の団体で情報交換を行う。"悪ティビスト"対応を強みとするIR支援会社の助言を受け，実質株主判明調査を"悪ティビスト"の「株付け」の兆候を調べるために実施する。

このような思考のSR担当者と，アクティブ投資家はどのように対話すれば，建設的なエンゲージメントができようか。超長期保有のパッシブ投資家はどのように議決権行使を行えば，経営陣に投資家のメッセージを伝えることができようか。資本効率性の課題で内部留保の多さを指摘すれば，増配要求する資産の"簒奪者"となり，収益性の課題から事業ポートフォリオの見直しを指摘すれば，事業譲渡を迫る"解体屋"という目で見られる。最低限の基準として設定した議決権行使基準に基づき総会議案に反対を投じれば，形式的で機械的な議決権行使だと批判する。

もちろん，ここまで露骨に接してくる企業はほとんどない（ゼロではない）が，数年前まではこのような意識の担当者は大勢いた。中長期の企業価値を毀損する"悪ティビスト"ではなく，むしろ向上させるためにエンゲージメントを行うアクティブ投資家に対して，耳が痛いことをいってくるので怖い，煩わしいと感じるのは，今もどこか潜在的な意識の中には残っているか

5　本章では，中長期的な企業価値（＝中長期保有の株主の共同の利益）を毀損し，他のステークホルダーの利益を破壊してまで，短期的な株主利益を追求し，その手段として株主権を行使するとともに，マスコミ報道で話題を作り他の株主や世間を煽るアクティビズムを指す。建設的な対話を行う一般のアクティブ投資家やエンゲージメントファンドの投資家とは異なる。

らではないか。東証が指摘する投資家目線とのギャップの土壌はここにもあるのではないか。

3

おわりに

　決算説明での損益計算書を中心とした短期業績の説明と自社のアピールを考えるIRでは，投資家が必要とする収益性や成長性，資本コストを分析する企業価値評価には応えきれない。CFOの業務範囲やIRとSRのセクショナリズム，昔ながらの業務環境から生まれた土壌により，投資家視点とのギャップが生まれ，対話がかみ合わず，企業価値向上に資するエンゲージメントにならない。

　建設的な対話を実現するためには，企業の各担当はこれまでの業務環境から生まれた意識を変え，投資家の心理と行動を知り，部門のためにではなく，企業全体の価値向上のためのIR活動，SR活動に勤しまなければならない。5つの仮説が土壌を知るきっかけとなり，意識を変えることにつながればうれしい限りである。

第10章

PBR1超え企業と1割れ企業の特性分析とその示唆

　本章では，スチュワードシップ活動推進前期における日本企業を，PBRが恒常的に1を超えていた企業と恒常的に1を割れていた企業に分けて価値創造状況の違いを分析した。両企業群とも成長率は高かったが，利益率は微減しPBRも微減していた。しかし企業群によって成長率と利益率の変化の度合いは異なり，PBRの変化との関係は株主価値評価理論と整合的だった。株主価値向上のためには，成長率と利益率を別々のものとして捉えるのではなく，資本コストも加えた複合的な関係のもとで経営戦略を考える必要がある。2023年から東証が要請している「資本コストや株価を意識した経営」を実践していく上で重要な示唆となろう。

第3部
エンゲージメントの成果と考え方

1

はじめに

　2014年制定の日本版スチュワードシップ・コードと2015年制定のコーポレートガバナンス・コードが目指したのは「会社の持続的な成長と中長期的な企業価値の向上」であった。このキャッチフレーズは，その後，両コードに限らず企業統治改革の諸施策の中で繰り返し唱えられてきた。企業価値評価理論に則れば企業価値とは株式時価総額（株主価値）と負債価値の合計で，企業が将来生み出すと期待されるキャッシュフローの現在価値合計である。その決定要因は利益率と成長率および資本コストの3つだ。しかしながら，企業の経営者および取締役がこの簡明かつ本質的な要点を理解していたようには思えない。2023年3月末に東京証券取引所（以下，東証）がプライム・スタンダード企業向けに「資本コストや株価を意識した経営」の実現を要請した。株価純資産倍率（PBR）というわかりやすい指標も加わったことで，今まで資本コストという言葉を聞いても脳裏に残ることがなかった経営者・取締役がその意味を理解しようとし，株価にも関心を示すようになったといわれている。つまり，東証要請以前では，企業価値という言葉は経済的価値と社会的価値を合わせた抽象的な概念としか理解せず，成長しさえすれば企業価値は向上すると考えていた経営者・取締役が多かったのではないだろうか。

　本章では，両コードの制定と実施へ向けた議論が活発化した2015年3月期から東証要請直前の2023年3月期までの間で，日本企業の価値創造状況を分析する。PBRが恒常的に1を超えていた企業と1を割っていた企業に分けて，バランスシートの特性と利益率および成長率を確認し，それがPBRに与える影響を検証した。その結果，この期間では持続的な成長は実現したものの利益率の改善がなかったためにPBRが微減したこと，およびこれら指標の関係が株主価値評価理論と整合的であったことがわかった。この分析結果を受けて理論的な考察の上で，今後の「資本コストや株価を意識した経営」の実現へ向けていくつかの示唆を提示する。

144

第 10 章
PBR1 超え企業と 1 割れ企業の特性分析とその示唆

2

推進前期における企業価値創造

　東証要請により注目度が一気に高まった指標が株価純資産倍率（PBR）である。従来は株価収益率（PER）とともに株価の割安度を測る指標として認知されていた。しかし，PBR の分母の自己資本を投資家が企業に託したリスク資金と見なし，分子の株式時価総額をそのリスク資金を元手にして経営者が実施している事業の価値（株式市場による評価）と見なせば，価値創造の程度を表す指標ということになる。PBR が 1 より大きければ価値の付加，1 より小さければ価値の毀損である。例えば PBR が 0.7 の企業とは，投資家から見れば「100 円の事業資金を提供したのに実施事業の価値が 70 円にしかなっていない。30 円分の価値が失われた」ということだ。PBR が 1 割れの企業への投資家の否定的な見方は当然である。1 割れ企業が多数存在しているとしたら，リスク資金の無駄遣いが甚だしい経済構造といわざるをえない。

　株主価値評価で最も基本的なのは，株主価値は将来の受取配当を現在価値に割り引いて合計したものになるという配当割引モデルである。このモデル式を変形することで次の PBR 理論式が導出できる。

$$PBR = 1 + \frac{ROE - r}{r - g} \qquad (10\text{-}1)$$

　ここで ROE は自己資本利益率，r は株主資本コスト，g は成長率である。PBR が 1 より高い企業（PBR1 超え企業）とは ROE が r を上回っている企業であり，PBR が 1 より低い企業（PBR1 割れ企業）とは ROE が r を下回っている企業である。本章では，スチュワードシップ活動推進が始まってから東証要請前までの期間（スチュワードシップ活動推進前期）を対象にして，PBR1 超え企業群と PBR1 割れ企業群を比較することで日本企業の価値創造・毀損状況を分析する。

　筆者はすでに明田（2023c）においてこの分析を実施しているが，企業群の

第３部
エンゲージメントの成果と考え方

特性を自己資本加重平均ベースで捉えていた。つまり該当企業群の財務データや時価総額などを集計してあたかも１つの企業であるかのように見なしてその特性を分析した。本章では同一の個社データを使ってそれらの中央値を企業群の特性を代表するものとして分析を行っている。分析対象企業の詳細は明田（2023c）で次の２段の通りに説明している。

　分析対象は 2023 年６月末のプライム上場企業の中から３月決算企業に限定した。これは財務データのタイミングを揃えるためである。なお，企業の特性が大きく異なる金融４業種と電気・ガス業の企業およびソフトバンクグループと日本郵政は対象外とした。PBR は決算期データの開示時期を考慮して毎年６月末の値を用いている。分析期間は 2015 年３月期から 2023 年３月期までとした。資本調達と資産の構成，PBR のような時点データは９時点，利益や利益率のような期間データは８期とした[1]。この期間に一貫して３月決算であり分析項目の全データが揃っていたのは 1,023 社だった。

　2015 年から 2023 年までの毎年の６月末の PBR を確認したところ，毎年１超えだった企業は 294 社，毎年１割れだった企業は 246 社だった。本章では前者を「恒常的１超え企業」（あるいは「１超え企業」）と呼び，後者を「恒常的１割れ企業」（あるいは「１割れ企業」）と呼ぶことにする。この２類型に属さない 483 社を「中間的企業」とした。

　図表 10-1 は恒常的１超え企業と恒常的１割れ企業の業種分布を確認したものである。両企業群ともに多くの業種で存在しているが，１超え企業は情報・通信業とサービス業で突出して多く，電気機器と小売業が次ぎ，化学と食料品および陸運業でも多い。１割れ企業は卸売業と化学で非常に多く，機械や建設業などでも多い。鉄鋼は全 20 社のうち 15 社が１割れ企業で１超え企業はない。輸送用機器も１割れ企業に偏っている。規模別で確認してみると，１超え企業は TOPIX で規模が 500 位以内の企業が 501 位以下の企業よ

1　例えば，自己資本比率は３月末時点のデータを使う。一方，自己資本利益率は「当該３月末に終わる決算期の年間の純利益」を「前年度３月末と当該年度３月末の自己資本の平均値」で除したものを使っている。このように自己資本比率は「時点データ」で，自己資本利益率は「期間データ」である。

146

第10章
PBR1超え企業と1割れ企業の特性分析とその示唆

図表10-1　業種別に見た恒常的1超え企業と恒常的1割れ企業

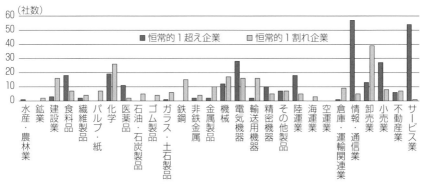

出所：FACTSETデータベースを使って筆者作成

り多く，1割れ企業では1001位以下の企業が非常に多かった。この後に紹介する分析結果には，このような業種や規模の特性が少なからず影響している可能性がある点にご注意いただきたい。

図表10-2は2つの企業群について期間中のPBRの推移を箱ひげ図で表示したものである。各年の中央にある点と数値がPBRの中央値，箱の上辺が75%値で下辺が25%値の位置である。ひげの端は上位10%と下位10%の位置である。1超え企業のPBR中央値は2.0から2.4程度の範囲でほぼ横ばいに近い状態で推移していた。なお，PBRの平均値は中央値より1程度大きくなっていたが，これはPBRが極端に大きい少数銘柄により引き上げられているためである。このため平均値より中央値の方が実態をよく表していると考えられる。1割れ企業のPBR中央値は0.5から0.7程度の範囲で推移していて，ボックス圏での動きのように見える。敢えていえば低下気味であったといえよう。1超え企業も1割れ企業も「PBRが向上した，あるいは向上傾向であった」とはいえない。

図表10-3は2つの企業群について資金調達と資産の構成を比較したものである。企業の貸借対照表を企業価値評価のために再構成し，資金調達側は自己資本と有利子負債にしている。貸方の流動資産は負の値として借方側に計上した上で，資産を事業資産と金融資産（現金等と投資有価証券）に再構成

147

第3部
エンゲージメントの成果と考え方

図表10-2 PBRの時系列推移

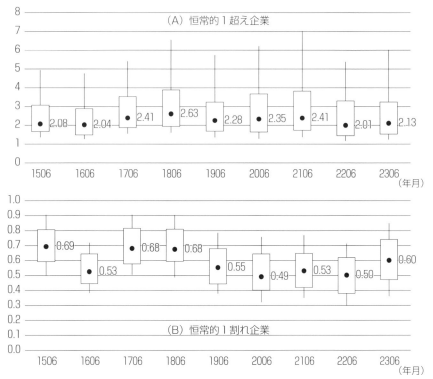

出所：FACTSETデータベースを使って筆者作成

した。これらの項目および今後登場する損益計算書項目の詳しい定義は明田（2023c）の巻末補足をご覧ください。

　資金調達側を見てみよう。自己資本比率は1超え企業では80％台後半で，1割れ企業の80％前後より高い。1超え企業の方が，有利子負債依存が小さく財務レバレッジが小さいようだ。この傾向は加重平均ベースでも同じだったが，値そのものは低く，1超え企業で70％前後，1割れ企業で60％前後だった。資産側を見ると，事業資産は1超え企業が60％前後，1割れ企業が70％前後であった。金融資産の内訳は現金等が多く，投資有価証券の比率は限定的だった。加重平均ベースと最も違っていたのは1超え企業の投資

第10章
PBR1超え企業と1割れ企業の特性分析とその示唆

図表 10-3　資本調達および資産の構成の時系列推移

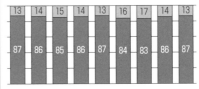
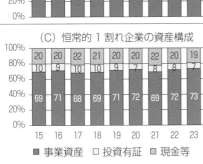
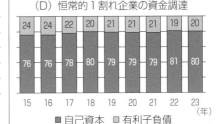

出所：FACTSETデータベースを使って筆者作成

有価証券の比率である。中央値ベースでは5%未満だったが、加重平均ベースでは20%程度あった。中央値ベースでは多数の小規模企業の特徴が現れるが、加重平均ベースでは少数だが超大型企業の特徴が現れるために、このような違いが生じるのだろう。

資金調達側でも資産側でも期間中に大きな変化はなく安定した構造で推移していたことがわかる。1超え企業は、負債調達が少なく現金等の金融資産の比率が高いというのが顕著な特徴であった。

次に企業価値の決定要因の状況を確認しよう。(10-1) 式にある3要因のうち株主資本コストを扱うのは難しいので、ここでは利益率と成長率を見ることにする。**図表10-4**は資本収益率の時系列推移である。上段の (A) は自己資本利益率 (ROE) の推移だ。多少の変動があるが、1超え企業では10～12%、1割れ企業では4～6%の水準である。図にはないが中間的企業は7～9%程度であった。伊藤レポートで提言された価値創造の境目は概ね8%という主張は的を射たものだったようだ。下段の (B) は事業資産利益率 (ROIC) の推移で、1超え企業は概ね15%程度であり、低い年でも12%を下

149

第３部
エンゲージメントの成果と考え方

図表 10-4 資本収益率の時系列推移

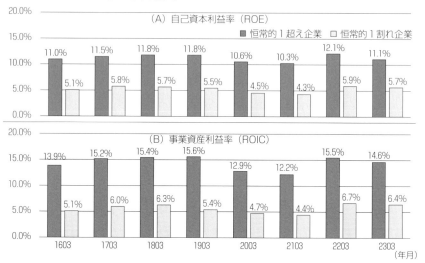

出所：FACTSET データベースを使って筆者作成

回らなかった。1超え企業は低利益率の現金等を多く保有していたためROEはROICより顕著に低下している。1割れ企業のROICは4.5〜6.5%程度で推移した。加重平均ベースではROEもROICも2020年3月期からの2年度に大きく低下し、次の2年度で大きく改善していたが、これは日本製鉄、商船三井、住友商事など大企業6社の影響が大きい。中央値ベースではこれらの大企業の影響力は6/246となって大きな変動は緩和されている。この8年度ではROEとROICには顕著な上昇傾向や下降傾向は見られず、比較的安定的であったように見える。

図表 10-5 は2015年3月期を100として、その後の8年間の資本の成長を確認したものである。自己資本も投下資本（自己資本＋有利子負債）も2020年3月期（コロナ禍）に若干の停滞が見られるが、順調に拡大していったことがわかる。自己資本は2023年3月期には1超え企業が179になり、1割れ企業でも131になった。投下資本も1超え企業が171に、1割れ企業が125に拡大した。図表中にはないが、中間的企業では自己資本は154に、投下資本は146に拡大している。

第 10 章
PBR1 超え企業と 1 割れ企業の特性分析とその示唆

図表 10-5　資本の成長

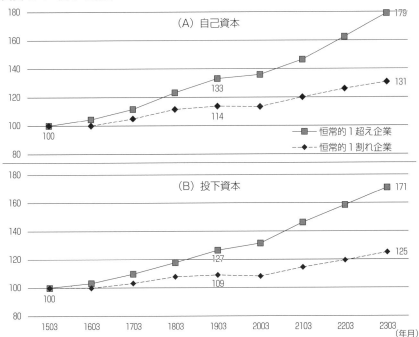

出所：FACTSET データベースを使って筆者作成

　分析対象の期間において TOPIX の値上り指数を計算してみると 140 だった[2]。この期間では利益率も PBR もほぼ横這いだったが，資本の拡大だけが TOPIX の上昇を支えたということのようである。日本企業は稼いだ利益の多くを内部留保し，事業資産と金融資産を拡大したがその利益率は従来の水準にとどまり，価値付加比率ともいえる PBR は向上しなかった。つまり，資本コストや株価を意識しない経営のもとで企業の持続的な成長は実現したが企業価値の向上は実現しなかったということだろう。

2　TOPIX 指数値は 2015 年 6 月末に 1630.40，2023 年 6 月末に 2288.60 で，この期間に 1.404 倍になっていた。

第3部
エンゲージメントの成果と考え方

3

推進前期における株式市場の合理性

　前節の分析結果を使って，日本の株式市場で株主価値評価理論が機能しているかを確認する。機能しているとしたら，今後の企業価値創造の議論を株主価値評価理論に基づいて議論することが正当化されることになる。PBRと利益率の変動は小さかったとはいえ水準は微妙に変化しており，これらの変化と成長率の変化が理論と矛盾しないかを確認する。

　株主価値評価の理論式（10-1）の第2項の分子の符号によって，成長率が高まると，1超え企業のPBRは高まるが1割れ企業のPBRは低下する。（10-1）式が株式市場で機能しているか確認するためには静的な（10-1）式から動的な変化率の関係式を導き出す必要がある。まず，ROEの微小変化$dROE$で生じるPBRの微小変化$dPBR$は次のようになる[3]。

$$dPBR = \left\{ \frac{\partial}{\partial ROE} \left(1 + \frac{ROE-r}{r-g} \right) \right\} dROE = \frac{1}{r-g} \, dROE \qquad (10\text{-}2)$$

同様に，成長率gの微小変化dgで生じる$dPBR$は次の通りである[4]。

$$dPBR = \left\{ \frac{\partial}{\partial g} \left(1 + \frac{ROE-r}{r-g} \right) \right\} dg = \frac{1}{r-g} \, (PBR\text{-}1) \, dg \qquad (10\text{-}3)$$

この2式の最終項にある「$r\text{-}g$の逆数」は共通項だから，これを除いて，$dPBR$は$dROE$に比例し$(PBR\text{-}1)dg$に比例するといえる。したがって，$dROE$とdgによってもたらされるPBRの微小変化はこの2つを合計したものに比例すると考えられる。

$$dPBR \quad \propto \quad dROE + (PBR\text{-}1) \, dg \qquad (10\text{-}4)$$

3　後述するように配当性向をkとすると$g=ROE\times(1-k)$だから，ROEが増えてもkを調整することでgは不変と仮定している。

4　ROEが不変でもkを微調整することでgを微少変化させると仮定している。

152

第 10 章
PBR1 超え企業と 1 割れ企業の特性分析とその示唆

　（10-1）から（10-3）式に登場する ROE は直近足元の実績値ではなく，将来にわたって成長率を伴って企業が生み出すだろう純利益の出発点となる ROE（地力 ROE）である。成長率 g も遠い将来まで含めた長期の成長率である。これらの推計値を得るのは容易ではない。本章では地力 ROE も長期成長率も足元 4 年の実績値から大きな影響を受けて形成されると考え，改革期間 8 年間の後半 4 年間と前半 4 年間での実績値平均の差が，$dROE$ と dg に相当すると仮定した。この考えに従って検証してみた結果が**図表 10-6** である。**図表 10-6** には中間的企業の計算結果も掲載している。

　PBR は**図表 10-2** の中央値データで 2019 年 6 月の値を前後半の両方に入れて前半 5 時点と後半 5 時点の平均値を計算した。1 割れ企業の PBR は前半の 0.63 から 0.54 へ 0.09 低下した（$dPBR = ▲0.09$）。1 超え企業は PBR が 2 以上ある中で▲ 0.05 と微減である。中間的企業は▲ 0.17 と最も低下幅が大きかった。自己資本利益率（ROE）は当期純利益と前期末および当期末の自己資本から計算する。このため前半の平均 ROE は 2016 年 3 月期からの 4 期の純利益と 2015 年 3 月期からの 5 期の自己資本から計算した。同様に後半 4 期の平均 ROE は 2019 年 3 月期から 2023 年 3 月期のデータを使っている。1 割れ企業の ROE は前半の 5.5% から後半の 5.1% へ 0.4% 低下した（$dROE = ▲0.4\%$）。1 超え企業は 0.5% の低下で，低下幅が最も大きかったのは中間的企業の 1.2% だった。成長率は前後半とも，1 割れ企業は 3% 台，中間的企業は 5% 台，1 超え企業は 7% 台で，前後半の変化幅はすべてプラスで 0.2% から 0.3% だった（$dg = 0.2 \sim 0.3\%$）。前後半で成長率はわずかであるが加速していたのである。

　図表 10-6 で ROE 変化の PBR 変化への寄与を①の行に記したが，これは平均 ROE の変化そのものとしている。成長率変化の寄与を②の行に記したが，これは前半の平均 PBR から 1 を引いたものに平均成長率の変化を乗じたものである。成長率の加速は 1 割れ企業では PBR 低下要因に，1 超え企業では PBR 上昇要因になっている。中間的企業は PBR − 1 = 0.05 なので成長率の変化は PBR の変化にはほとんど影響しない。ROE 変化と成長率変化の寄与を合算した結果を①＋②の行に記したが，平均 PBR の変化幅と比べ

153

第3部
エンゲージメントの成果と考え方

図表 10-6　PBR の変化を ROE と成長率の変化で説明

	1 超え企業	中間的企業	1 割れ企業
	294 社	483 社	246 社
株価純資産倍率（PBR）			
前半（1506-1906）平均	2.29	1.05	0.63
後半（1906-2306）平均	2.23	0.88	0.54
平均 PBR の変化	-0.05	-0.17	-0.09
自己資本利益率（ROE）			
前半（1503-1903）平均	11.5%	8.6%	5.5%
後半（1903-2303）平均	11.0%	7.3%	5.1%
平均 ROE の変化	-0.5%	-1.2%	-0.4%
PBR 変化への寄与①	-0.5%	-1.2%	-0.4%
自己資本成長率			
前半（1503-1903）平均	7.4%	5.5%	3.3%
後半（1903-2303）平均	7.7%	5.7%	3.5%
平均成長率の変化	0.3%	0.2%	0.3%
PBR 変化への寄与②	0.3%	0.0%	-0.1%
PBR 変化への寄与計（①＋②）	-0.2%	-1.2%	-0.5%

出所：FACTSET データベースを使って筆者作成

るとほぼ比例関係にあり，（10-4）式の通りとなっている。明田（2023c）の
加重平均ベースの分析も PBR の変化は（10-4）式の比例関係を示していた。
分析期間における PBR の変化は株主価値評価理論（10-1）式から導き出され
た（10-4）式とよく整合しており，その意味でこの期間の日本株式市場は合
理的な反応をしていたと見てもよいのではないだろうか。

第10章
PBR1超え企業と1割れ企業の特性分析とその示唆

4

今後の展開に向けて

（1） 株主価値評価理論からの示唆

　資本コストや株価を意識した経営に目覚めた経営者・取締役にとって重要なのは，まず静的な（10-1）式を理解することであるが，実際に価値向上に向けた施策を考える場合は，さらに一歩を進めて（10-4）式のような動的な理論も理解しておく必要がある。

　（10-1）式によれば，ROEの増加は比例的にPBRを増加させるが，成長率はそうではない。ROEの増加（$dROE$）がもたらすPBRの増加と同じ効果をもたらす成長率の増加（dg）を知るためには，（10-2）式と（10-3）式の右辺を等しいものとして導き出される式 $dROE = (PBR\text{-}1)\,dg$ を使えばよい。例えば，PBR = 1.2の企業ではROEを0.1%高めることで得られるPBRの増加と同じ効果を得るためには成長率を0.5%増やす必要がある。PBR = 1.2の企業にとっては成長率の増加よりROEの増加の方がPBR上昇への効果が高いのである。明田（2022）では，株主資本コストの変化 dr によってもたらされる効果も合わせて，次の式を「価値向上等価式」と呼び，価値向上施策に活用することを推奨している。

$$dROE = (PBR\text{-}1)\,dg = -PBRdr \qquad (10\text{-}5)$$

　（10-1）式および（10-5）式が意味することは次の通りである（以下の①〜⑥は明田（2022）からほぼ転記したものである）。

　① PBRが1より小さいとき，PBRを高めるためには成長率を下げなければならない（成長率を高めるとPBRは低下する）。

　② PBRが1のとき成長は無意味である（PBRが1に近接する企業にとって成長戦略はPBRの向上にはほとんど役に立たない）。

　③ PBRが1と2の間のときROE向上と同量の効果を上げるためにはROE向上分よりも大きな成長率増加分が必要になる。

155

第３部
エンゲージメントの成果と考え方

④ PBR が 2 のとき，ROE と成長率の同量の向上が PBR 向上に対して同量の寄与をする。

⑤ PBR が 2 を超えると ROE の向上より成長率の増加の方が効果が大きく，PBR が高い企業ほど成長率予想のわずかな変化で株主価値が激変する。

つまり，経営者が取るべき戦略は，PBR が 1 割れの企業は ROE 向上だけであり，PBR が 1 と 2 の間の企業は成長より ROE を優先すべきで，PBR が 2 を超えた企業は成長を優先すべきである，ということだ[5]。

ROE 変化と株主資本コスト変化が株主価値変化に及ぼす効果は次のとおりである。

⑥ 株主資本コストの低下は常に ROE の向上と同じ方向の効果をもたらす。

⑦ PBR が 1 より小さいときは ROE 向上の効果の方が株主資本コスト低下の効果より大きいが，PBR が 1 を超えると株主資本コスト低下の効果の方が大きくなる。

経営者および取締役は（10-5）式がどのように導出されるかを知る必要はないが，上記の①〜⑦は知っておく必要がある。運用会社および証券会社のアナリストにも同じことがいえる。この内容の理解なくして株主価値向上の議論を効果的に主導することはできないだろう。もちろん，本節の内容は極めて単純化されたモデルによる示唆で，企業ごとに環境・条件が様々に異なるのでストレートに適用できないかもしれない。しかし，単純化されているがゆえに逆に核心を突いたものになっているはずである。

（2）　成長のネガティブ効果を避けるために

東証による資本コストや株価を意識した経営の要請以来，PBR 向上施策を議論する際に企業，金融機関，コンサルタント，業界識者などが少なから

5　グロース株とバリュー株の定義に PBR を使うのは経験的な知見に基づくものだったが，本節の議論がその理論的裏付けになるのではないかと思う。ただし，グロース株（高 PBR 株）とバリュー株（低 PBR 株）を同数になるように分割するのではなく，*PBR* = 2 を区切りにするべきであろう。その場合，日本ではプライム・スタンダード企業の約 80％ がバリュー株ということになる。

第10章
PBR1超え企業と1割れ企業の特性分析とその示唆

ず活用しているのが次の方式である。

$$PBR = PER \times ROE \qquad (10\text{-}6)$$

$$PER = \frac{1}{r\text{-}g} \qquad (10\text{-}7)$$

（10-6）式は恒等式なので当然成立するが問題は（10-7）式である。周知の通り日本企業のPERは欧米企業と比べて低水準でPERを高める必要があり，そのためには分母のgを高める必要があると説く。筆者は明田（2023a）で（10-7）式およびその後の論理展開は不適切であることを指摘している。PERの正しい式は次の（10-8）式である。

$$PER = \frac{k}{r\text{-}g} \qquad (10\text{-}8)$$

ここでkは配当性向である。成長率gおよびROEとは$g = ROE \times (1\text{-}k)$という関係にある。（10-7）式は，株主価値は将来利益の現在価値合計であると仮定して導き出されるものであり，（10-8）式は，株主価値は将来キャッシュフローの現在価値合計であると仮定して導き出されるものである。株主価値評価理論が認めているのは前者ではなく後者である。

（10-8）式は，さらに次のように変形することができる。

$$PER = \frac{k}{r\text{-}g} = \frac{k}{r\text{-}ROE(1\text{-}k)} = \frac{1}{ROE - \dfrac{(ROE\text{-}r)}{k}} \qquad (10\text{-}9)$$

（10-7）式では成長率の高まりは必ずPERを高めPBRをも高めることになるが，（10-9）式では成長率gの高まり（配当性向kの低下）でPERが高まるのはPBR1超えの企業（$ROE > r$の企業）である。PBR1割れの企業（$ROE < r$の企業）ではPERが低下しPBRも低下する。実際，第2節の実証データでもPBR1割れ企業は利益率低下の効果もあるが成長率を高めたことも影響して，PBRが低下していた。

東証は企業向けの啓蒙活動で，PBR水準との関係には触れずに株主価値

第3部
エンゲージメントの成果と考え方

向上のためには成長率を高める必要があると強調することが多い（明田
2023b）。経済産業省の「持続的な企業価値向上に関する懇談会」[6]でも将来の
成長期待が高まれば無条件にPERが高まるというトーンで低PER問題を論
じていた（明田 2024b）。これらの要請や議論に真剣に反応しているのは主と
してPBR1割れ企業であることから筆者は逆効果が繰り返されることを懸念
する。PBR1割れ企業では成長率加速によりPBRが低下することを警告し
ているのは筆者だけではない。例えば田村（2024）や峯嶋（2024）および手
島（2024）も筆者と同じ主張をしている。

最後に（10-8）式について注意事項を述べておく。この式は配当性向kと
成長率gを独立にコントロールできるかの印象を与える。しかし，前述のよ
うに，$g = ROE \times (1-k)$という関係があり，ROEが所与のときに，成長率
gの水準をコントロールするのが配当性向kである。つまり，kを決めれば
gが決まるという関係であり，別々に値を定めることができるものではない
（数値例は明田（2024a）を参照）。（10-8）式は誤解を避けるためにも（10-9）式
に置き換えておいた方がよい。本書の第17章の3.（2）2）ではこの（10-9）
式の中央にある式に則った議論が展開されている。ご参照いただきたい。

[参考文献]
明田雅昭（2022）「日本企業の価値向上はなぜ進まないのか～成長じゃない，利益率だよ」日
　　本証券経済研究所『証券レビュー』2022年12月号。
明田雅昭（2023a）「【注意喚起】PBR向上のため分解「PER × ROE」の大いなる誤解」日本
　　証券経済研究所トピックス，2023年7月18日。
明田雅昭（2023b）「PBR1倍未満企業の改善に向けた取組みへの懸念～成長じゃない，利益
　　率だよ」日本証券経済研究所トピックス，2023年9月14日。
明田雅昭（2023c）「日本企業の低い市場付加価値と統治改革の進展～合理的に反応している
　　株式市場」日本証券経済研究所『証券レビュー』2023年12月号。
明田雅昭（2024a）「【注意喚起】PBR向上のため分解「PER × ROE」の大いなる誤解—数値
　　例」日本証券経済研究所トピックス，2024年2月22日。
明田雅昭（2024b）「経産省懇談会・課題①の論点－成長期待向上でPERが上昇するとは限ら
　　ない」日本証券経済研究所トピックス，2024年5月15日。
田村俊夫（2024）「東証要請に対するPBR分析の開示に関する考察～第3のアプローチ～」

6　https://www.meti.go.jp/shingikai/economy/improving_corporate_value/index.html

『金融・資本市場リサーチ』2024 年春号。

手島直樹（2024）「第 12 章 11. 財務戦略における処方箋③」『アクティビズムを飲み込む企業価値創造　高 ROE，PBR 経営実現への処方箋』日本経済新聞出版。

峯嶋仁隆（2024）「銀行セクターにおける PBR 改善取組ついて」ニッセイアセットマネジメント『アナリストの眼』2024 年 2 月 22 日。

第11章

PBR 改善に向けた日本企業の処方箋

　コーポレートガバナンスの視点から大局的に日本株の市場環境を見通すと，現在は（1）アベノミクス以降に形成された PBR 格差の修正局面の到来，（2）株主アクティビズムの台頭，という 2 つの重要な局面を迎えていると考える。本章では，コーポレートガバナンスの視点から見た日本株の市場環境に関する 2 つの重要な局面について概観するとともに，さらなる PBR 改善に向けた日本企業の処方箋について考察する。

第 3 部
エンゲージメントの成果と考え方

―― 1 ――
PBR 格差は修正局面を迎える

（1） 過去には PBR1 倍割れ比率が 1 割台にとどまる時期もあった

　2023 年 3 月に東京証券取引所が「資本コストや株価を意識した経営の実現に向けた対応」を上場企業に要請してから，2024 年 8 月に乱高下する局面があったが，月次ベースで見ると日本株は概ね上昇基調を維持している（**図表 11-1**）。東証の要請を巡る議論の過程では，PBR1 倍割れの企業が過半数を超えていることに注目が集まったが，TOPIX 構成企業のうち PBR が 1 倍を割れている社数の比率も，51.9%（2023 年 3 月）から本章執筆時点では

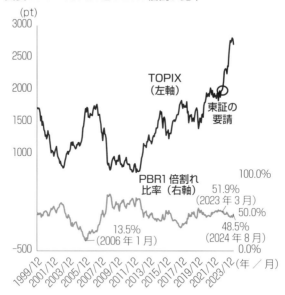

図表 11-1　TOPIX と PBR1 倍割れ比率

注：TOPIX は月次推移。PBR1 倍割れ比率は，ユニバース企業のうち PBR で 1 倍を割れている社数の割合を毎月末計算している。ユニバース企業は，1999 年末と 2024 年 3 月末の TOPIX 構成企業について重複している企業を除いた 2,636 社。各種データはすべて月末時点。
出所：QUICK Workstation をもとに筆者作成

第 11 章
PBR 改善に向けた日本企業の処方箋

48.5%（2024 年 8 月）まで下落している。

　ただし，過去と比較すると TOPIX の上昇基調が続いている局面であるにもかかわらず，PBR1 倍割れの比率は高い。特に 2005 年から 2007 年前半までPBR1 倍割れの比率は概ね 30% を下回っており，2006 年 1 月は 13.5% と 2000 年以降で過去最低の水準を記録していた。最も大きな理由は，アベノミクスに端を発した 2012 年終盤からの TOPIX の上昇が，高 PBR 株主導のもとで実現しており，過去と比べて PBR の格差が拡大しているためであると考える（**図表 11-2**）。実際，2011 年末時点の第 1 分位の PBR の中央値は

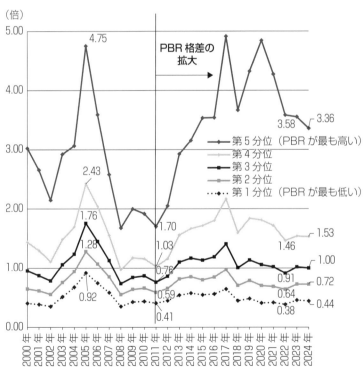

図表 11-2　TOPIX 構成企業の PBR 格差の推移

注：1999 年末と 2024 年 8 月末時点の TOPIX 構成企業のユニバースを合わせた上で，各年でデータが取得できた企業について 5 分位に分け，その PBR の中央値をプロットしている。
出所：QUICK Workstation をもとに筆者作成

第３部
エンゲージメントの成果と考え方

0.41倍と，2024年時点の中央値（0.44倍）と大きな違いは見られない一方，第5分位は2011年末の1.70倍から2024年時点の3.36倍と，約2倍上昇しており，他の分位よりもPBRの上昇率が圧倒的に大きい。

なお，2005年末の時点では，最もPBRが低い第1分位の中央値が0.92倍，第2分位が1.28倍になっており，直近の第1分位，第2分位の中央値（0.44倍，0.72倍）と比べて，第1分位は現在の約2倍，第2分位は約1.7倍の水準に達していた。当時の背景を紐解くと，足元でPBR1倍割れの企業の比率が高い銀行セクターに属する企業も，企業向け貸出金利の指標であるTIBORの上昇や2003年の政府によるりそな銀行の救済が株式市場から高い評価を受けたことなどから，1倍以上の水準を記録するケースが多く見られた。また，電力セクターも原子力発電所の稼働が安定して進んでいたこと，脱炭素に向けた市場の関心が現在よりも高くなかったことなどから，当時のPBRは1倍を超えて推移していた。日本株市場全体では，郵政解散に伴い自民党が圧勝し，小泉政権への期待が高まっていたことも背景にあろう。言い換えれば，投資家が割安株も含めて，日本全体のさらなる成長に高い期待をかけていたと考えられる。

（2） 東証の要請後，PBRの水準も改善傾向にある

東証の要請が出された後，株価の上昇と併せてPBRも改善傾向にある。2022年末と比較すると，PBRが最も高い第5分位を除いて，直近のPBRの水準は改善している（**図表11-2**）。株主還元，政策保有株縮減を含めたキャピタルアロケーションの再考，取締役会の機能発揮をはじめとする日本のコーポレートガバナンス改革が，これまで低PBRで放置されていた企業の持続的な企業業績の改善・株価の上昇に寄与するという期待を表しており，PBR格差は修正局面を迎えつつある。ただし，過去の第5分位，第1分位のバリュエーション格差との比較において，直近の7.6倍という倍率は過去の平均値（6.5倍），中央値（6.1倍）の両方を上回っており，格差修正の余地がまだ残っていることを示唆している（**図表11-3**）。2020年以降のPBR格差縮小は，主に高PBR株のバリュエーション低下が牽引してきたこと，PBR1

164

第 11 章
PBR 改善に向けた日本企業の処方箋

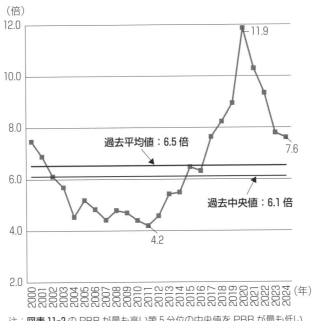

図表 11-3　第 1 分位と第 5 分位の PBR 格差

注：図表 11-2 の PBR が最も高い第 5 分位の中央値を PBR が最も低い第 1 分位の PBR の中央値で除する形で計算している。
出所：QUICK Workstation をもとに筆者作成

倍割れの企業が多数残っており、それらの企業への改善期待が高まっていることを踏まえると、今後は低 PBR 株上昇が主導する形での PBR 格差修正が起きる余地が残っていると考える。

　直近の東証プライム（過去は東証 1 部）市場の PBR は 1.33 倍、PBR を予想 PER で除して算出した予想 ROE は 8.5% である（**図表 11-4**）。一方、PBR が 1 倍を割れている社数の比率が過去最低であった 2006 年 1 月時点では、予想 ROE が 9.9%、PBR が 2.41 倍を記録していた。今後、2000 年代前半から半ばに見られた高 PBR の水準を実現するには、2006 年 1 月時点の予想 ROE を上回る ROE10% の達成に加え、企業のコーポレートガバナンス改革が実際に進展すること、そしてその改革が企業業績の改善、株主への還元増

第3部
エンゲージメントの成果と考え方

図表11-4 PBR, 予想ROEの推移

注:数字はいずれも月末時点。予想ROEはプライム市場(過去は東証1部)の上場企業のPBRを予想PERで除して計算している。
出所:QUICK Workstationをもとに筆者作成

加もしくはさらなる成長投資拡大につながるという正のスパイラルへの期待の醸成につながることが必要であると考える。

また,2024年6月,JPX総研は「TOPIX等の見直しについて」を公表し,2026年10月以降,移行措置銘柄の段階的ウエイト逓減を実施し,最終的にTOPIXの銘柄数を絞り込む方向性を示している。JPX総研の試算によると,新たなTOPIXの銘柄数は1,200程度になると予測されている。特にTOPIXに選定されるかどうかの当落線上に位置する企業群は,投資家から株主還元などキャピタルアロケーションの見直しをはじめ,コーポレートガバナンス改革の進展を期待する声が高まると考える。

第 11 章
PBR改善に向けた日本企業の処方箋

2

株主アクティビズムの台頭

(1) 対話に積極的に取り組む投資家が日本企業を保有する件数は大きく上昇

　日本企業のコーポレートガバナンス改革が進展した大きなきっかけの1つに，株主の声が大きくなっていることが挙げられるだろう。例えば，株主総会の開催が集中する6月総会における株主提案の社数は，直近で91社と過去最高の水準に達している（**図表11-5**）。また，エンゲージメントに積極的に取り組む投資家が日本企業を保有する件数も大きく上昇しており，現在のペースが続くと前年の1.8倍程度の水準に達する見込みである（**図表11-6**）。
　具体的に，どのような株主提案が出ているだろうか。2024年6月総会における株主提案の内容を見ると，取締役選任について3件の議案が可決して

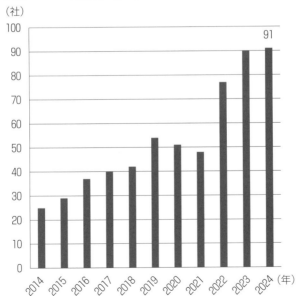

図表11-5　6月総会の株主提案社数

出所：日本経済新聞社，各種報道をもとに筆者作成

第3部
エンゲージメントの成果と考え方

図表11-6　エンゲージメントに積極的な投資家のキャンペーン数

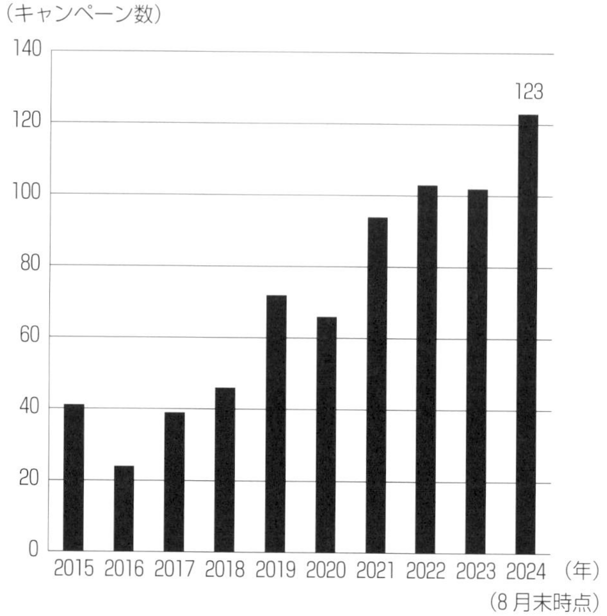

（キャンペーン数）

出所：Bloomberg をもとに筆者作成

いる他，剰余金の配当等に関する決定を取締役会のみでなく，株主総会で行うことができるよう提案する議案が，定款変更に必要な3分の2以上の水準には満たないものの，過半数を超える賛成比率を記録したケースが見られた。全体的な傾向として，剰余金の配当等の決定機関に関する変更，役員報酬の個別開示，株主還元の水準が不十分な企業に対する剰余金の処分に関する株主提案は，例年通り高い賛成比率を記録している。

　一方，例年との違いとして，東京証券取引所が要請する「資本コストや株価を意識した経営の実現に向けた対応」を求める議案や，低PBR対策および企業価値向上を求める文脈で，経営計画の開示や取締役の選任を求める議案も高い賛成比率を記録するケースが見られた。2024年の1〜3月の株主提案でも，コーポレートガバナンス・コードや経済産業省が公表する「企業買収における行動指針」など，公的機関の指針やガイドラインを参照してい

168

る株主提案が高い賛成比率を記録していた。

(2) 株主提案が出されている企業の属性と株価パフォーマンス

　株主提案が出されている企業には，どのような傾向があるだろうか。PBRに着目すると，2024年6月に株主提案が出された企業のPBRの中央値は0.80倍（2024年6月末時点）と1倍を切っており，0.5～0.8倍の間に位置する企業が37.4%を占める（図表11-7）。2023年6月に株主提案が出された企業（東証上場企業，92社）のPBRの中央値も，0.69倍（2023年6月末時点）と1倍を切っている。2023年と比較すると，PBR0.5倍未満の企業が減り，1倍から2倍の間の企業が増えている。

　2022年6月，2023年6月に株主提案が出された企業群のTOPIX相対リターンを見ると，2022年，2023年ともに約1年後には5.8%，8.7%のリター

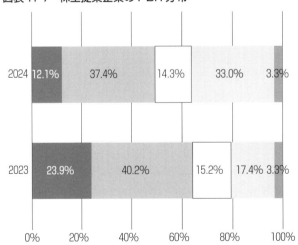

図表11-7　株主提案企業のPBR分布

注：対象は2023年6月，2024年6月に株主提案が出されている企業。各年6月末のPBRに基づき，分類している。PBRの分母は直近四半期の自己資本の数値に基づく。
出所：QUICK Workstationをもとに筆者作成

第３部
エンゲージメントの成果と考え方

ンが出ている（**図表 11-8**）。2024 年 6 月に株主提案が出された企業についても，本章執筆時点で 4.5％のプラスのリターンが出ている。株主提案をきっかけとして，企業が実際にその提案内容に沿った施策を後ほど実行するケースも見られる。株主提案が，企業の変革を促すトリガーとして投資家から期待されている状況が見て取れる。また，先ほども見た通り株主提案が出ている企業は PBR1 倍割れの企業が 6 割から 7 割程度を占めている。株主提案が出ている企業数は限られるが，仮に株主提案をきっかけとして企業が変化し

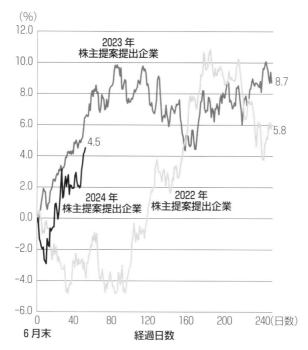

図表 11-8　株主提案が出た企業群の累和リターン（TOPIX 相対）

注：2022 年 6 月，2023 年 6 月，2024 年 6 月に株主提案が出た企業群（東証上場企業）の日次平均リターンから TOPIX の日次リターンを差し引き，それらを累和したリターンを示している。計測開始日は 2022 年 6 月末，2023 年 6 月末，2024 年 6 月末で横軸に経過日数を示している。2024 年は 9 月 10 日までを反映。過去の株主提案提出企業は，一橋大学大学院経営管理研究科教授の円谷昭一氏のウェブサイトに公表されている「機関投資家の議決権行使結果」のデータを用いている。
出所：円谷昭一研究室「機関投資家の議決権行使結果」，QUICK Workstation をもとに筆者作成

た場合，株式市場全体で PBR1 倍割れ企業をはじめ，割安株のバリュエーション向上への期待が高まる可能性もあろう。

3

日本企業のさらなる PBR 改善に向けた処方箋（1）
キャピタルアロケーションの再考

（1） キャピタルアロケーション，取締役会の実効性に注目

　これまで記した通り，2023 年 3 月の東証の要請以降，日本企業の PBR は改善傾向にあるが，まだ PBR1 倍割れの企業も多く残っている状況にある。それでは，さらなる PBR 改善に向けて日本企業が取り組むべき課題はどこにあるだろうか？　筆者は大きく分けて 2 つの重要なテーマがあると考える。1 つ目はキャピタルアロケーションの再考，2 つ目は取締役会の実効性の向上である。

1） ポイント 1：政策保有株の縮減

　日本企業が，自社の保有する政策保有株の縮減を進めることは，資産の有効活用の側面から評価できるケースが多いと考える。政策保有株を抱える理由として，取引先との関係維持などが主な理由に挙げられるが，取引先として関係を継続することと，政策保有株を抱えることの因果関係は必ずしも明瞭でないと考える。政策保有株を売却し，その資金を新規投資や株主還元などに振り向ける企業の姿勢は，企業価値向上の観点から前向きに評価できるケースが大半であろう。

　政策保有株に関する運用機関各社の議決権行使基準の改訂動向を見ると，政策保有株を過剰に保有する企業（純資産の 20% 以上）の代表取締役再任に原則反対する旨を新たに定めたり，すでに定めていた政策保有株に関する基準を厳格化したりする動きが見られる。運用機関各社の政策保有株に関する基準を横断的に見ると，現時点でしきい値として明瞭に意識されている数値

第3部
エンゲージメントの成果と考え方

は，非金融セクターにおいて「（主に対純資産の）20%」が中心になっている。20%というしきい値は，最大手の議決権行使助言会社であるISSがガイドラインの中で政策保有株に対して定めている数値とも一致する。今後，日本企業の政策保有株の状況をモニタリングする上で，20%という数字が1つのメルクマールになるだろう。

もっとも，20%というしきい値が今後さらに厳しくなる兆候も見られる。同じく大手の議決権行使助言会社であるグラスルイスは政策保有株について対純資産の10%というしきい値を定めている。一部の運用機関では，すでに対純資産の10%という基準に基づいて議決権行使を行っているケースも見られる他，今後議決権行使におけるしきい値を厳格化していく方向性を明示している運用機関も存在する。

なお，TOPIX500（3月期決算企業）のうち，2024年6月総会において，2023年3月期時点で政策保有株を対純資産で25%以上保有している企業の経営トップの賛成比率は前期より平均で5.0%低下した（**図表11-9**）。議決権行使基準の厳格化，言い換えれば政策保有株に対する株主の目線がより厳しくなったことが賛成比率の低下に影響したと考えられる。

また，中長期的なコーポレートガバナンスの視点から，保有している政策保有株の縮減だけでなく，保有されている政策保有株の縮減も評価したい。保有されている政策保有株の縮減については，需給の観点からの短期的な懸念は生じるが，株主総会において少数株主の意志が反映されやすくなるなど，株主による経営へのモニタリング機能が高まることは日本企業のさらなるPBR向上の観点から見てもポジティブに解釈できるだろう。

2） ポイント2：日本企業の横並びの株主還元の姿勢に対する変化

欧米企業と比較して，日本企業の株主還元は横並びの意識が強い。例えば，日米欧企業の配当性向の分布を見ても，欧米企業の配当性向はばらつきが大きいのに対し，日本企業の配当性向は，2014年度と比較して分布のヤマは右に動いているが，30～32.5%前後で横並びの意識が見られる（**図表11-10**）。

第 11 章
PBR 改善に向けた日本企業の処方箋

図表 11-9　政策保有株を多く保有する企業の経営トップ賛成比率の推移

33 業種	対純資産比率 （2023 年 3 月期）	経営トップ 賛成比率 2023 年	経営トップ 賛成比率 2024 年	差分	備考
保険業	92.8%	85.3	65.1	-20.2%	直近年度不祥事の報道あり
保険業	77.9%	83.4	61.5	-21.9%	直近年度不祥事の報道あり
保険業	67.1%	82.5	66.9	-15.6%	直近年度不祥事の報道あり
情報・通信業	64.3%	75.6	73.4	-2.2%	
銀行業	51.5%	83.7	70.0	-13.6%	直近年度不祥事の報道あり
銀行業	50.7%	84.9	80.1	-4.7%	
建設業	49.3%	76.3	71.2	-5.1%	
建設業	43.2%	66.0	73.7	+7.8%	前年度不祥事の報道あり
サービス業	40.0%	95.2	91.8	-3.4%	
銀行業	39.7%	89.5	82.7	-6.8%	
銀行業	35.1%	97.0	94.0	-3.0%	
倉庫・運輸 関連業	33.4%	80.0	78.8	-1.2%	
建設業	30.6%	83.5	82.6	-0.8%	
銀行業	30.4%	64.9	78.4	+13.5%	前年度不祥事の報道あり
銀行業	29.7%	88.2	75.8	-12.4%	
銀行業	28.0%	82.7	78.5	-4.3%	
建設業	27.7%	76.0	73.0	-3.0%	
繊維製品	26.8%	94.0	89.8	-4.2%	
情報・通信業	26.8%	56.6	72.2	+15.6%	
その他製品	26.5%	82.7	74.6	-8.1%	
銀行業	25.5%	75.9	64.6	-11.4%	直近年度不祥事の報道あり
鉄鋼	25.0%	89.9	85.7	-4.2%	
全体平均		81.5	76.6	-5.0%	

注：TOPIX500（3 月期決算企業）のうち，政策保有株を対純資産で 25% 以上保有する企業かつ経営
　　トップの選任議案が 2023 年，2024 年の両方とも出されていた企業を対象に集計している。
出所：各社招集通知，臨時報告書をもとに筆者作成

第3部
エンゲージメントの成果と考え方

図表 11-10　日米欧企業の配当性向の分布

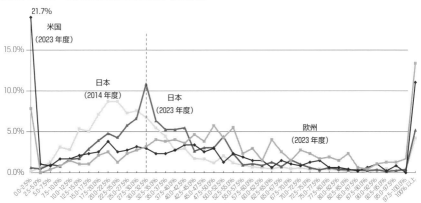

注：日本は TOPIX 構成企業，米国は S&P500 構成企業，欧州は STOXX600 構成企業を対象としている。指数構成企業のうち，配当性向のレンジに含まれる企業数の割合をプロットしている。
出所：QUICK Workstation，Bloomberg をもとに筆者作成

　一方，欧米企業は配当性向の分布の幅が広い。自社の成長ステージに合わせて，柔軟な資本政策を採用している企業が多いと推測する。なお，自己株式取得を含めた総還元性向についても，日本企業に横並びの意識が見られる点は同様である。

　日本企業の場合，欧米企業と比較して総還元性向が低い水準にあることを踏まえると，まずは横並びの水準を超えて，株主還元に積極的に臨む企業に注目したい。中長期的には，自社の成長ステージに合わせて，柔軟な資本政策を採用できる企業が増えてくることが，日本企業のさらなる PBR 改善につながると考える。

3）　ポイント３：会社想定の資本コスト・事業別の資本収益性の開示

　会社想定の資本コスト，事業別の ROIC，ROE などの資本収益性を開示している企業も，投資家との建設的な対話を進める準備がある企業として評価したい。

　会社想定の資本コストが，ROE などの目標と併せて開示されることによっ

て，企業が想定するバリュエーションの水準が見えてくる。例えば，ROEが変化しないなど一定の仮定を置いた上での目安であるが，会社が目標とするROEの水準を会社想定の株主資本コストで割ることによって，会社が想定するPBRの水準を大まかに把握することができる。会社想定の資本コストを開示する企業は，自社の市場評価についてより踏み込んだ議論を投資家とする準備ができている企業であるとの見方も可能であろう。

また，ROICをはじめとする事業別の資本収益性の開示を行う企業についても，同じく対話に積極的な企業として評価することができるだろう。もともと，ROICなどの事業別の資本収益性については，経済産業省が2020年7月に公表した事業再編ガイドラインの中で，開示が望ましい旨が示されていた。また，2023年3月の東京証券取引所の要請においても，「全社での分析・評価に加えて，事業セグメントごとにROIC等を算出して，資本収益性の分析・評価を実施することも考えられます」という記載があり，選択肢として明示されている。グローバルな機関投資家を中心とするイニシアティブであるICGNも，事業別の資本収益性の開示に関する言及はないが，取締役会において事業別の資本収益性，資本コストを含む事業ポートフォリオを毎年見直すことを提言している。

事業別の資本収益性を開示する企業は，今後の事業の見通しや計画を語る上で，その事業が将来において資本コストを上回る資本収益性が確保できるかどうかを，より説得力を持って外部に発信できると考える。また，資本収益性が資本コストの水準を下回る事業を抱えている場合，その事業について機関投資家をはじめステークホルダーから客観的な意見を聞く機会が増えると推測する。最終的に企業側も納得する形で，事業の売却・撤退などを決断する可能性も考えられるだろう。事業ポートフォリオの見直しの機運が高まることになれば，日本企業のさらなるPBR改善にもつながると考える。

第3部
エンゲージメントの成果と考え方

3

日本企業のさらなる PBR 改善に向けた処方箋（2）
取締役会の実効性向上

　経営の中枢を担う取締役会の実効性を向上させることも，さらなる日本企業の PBR 改善に向けて重要であると考える。2023 年 3 月の東証の要請でも，資本コストや株価を意識した経営を実践するにあたり，取締役会のコミットメントを明瞭に求めている。取締役会の実効性を見極める上では，(1) どのような特性を持つ人材を登用するか（多様性），(2) 取締役に対してどのようにインセンティブ付けを行うか（役員報酬），(3) 取締役会の役割をどのように定義するか（機関設計），が特に重要なポイントであると考える。以下，それぞれのポイントについて説明する。

(1)　ポイント 1 ：取締役会の多様性確保

　経営の中枢を担う取締役会において多様性を確保することは，企業価値向上の観点から最適な意思決定を行う上で重要な要素の 1 つであろう。技術革新のスピードが速く，将来の予測が困難な VUCA（ブーカ）な時代を迎えていることを踏まえると，多様性を取り入れて，多面的な視点から経営判断を行う重要性は高まっていると考えられる。また，ジェンダーや年齢など見た目に表れる表層的な多様性と，職歴などの深層的な多様性の両方を確保することに意識を向ける必要があろう。

　例えば，外国籍の取締役を登用する企業は PBR や ROE が高く，特に海外売上高比率が高い企業においては，PBR が際立って高くなっている（**図表11-11**）。外国籍の取締役を登用している企業のパフォーマンスも，総じて良好である。日経 225 社（3 月期決算企業，180 社）の直近の招集通知・有報のデータから，外国籍と推定される取締役の就任年を調べ，外国籍の取締役が就任した年の 6 月末の時点から企業を保有したときの平均リターンと，それ以外の企業群の平均リターンの格差を月次で取得し，2020 年 6 月末から累和すると，9.3％のリターンが出ている（**図表11-12**）。また，外国籍の取締役

176

第 11 章
PBR 改善に向けた日本企業の処方箋

図表 11-11　外国籍取締役の登用と業績・バリュエーション

	ROE (%)	PBR (倍)	時価総額 (10 億円)	社数
海外売上高比率 50% 以上，外国籍取締役あり	10.9	1.72	3,132.1	29 社
海外売上高比率 50% 以上，外国籍取締役なし	7.9	0.93	1,098.1	57 社
海外売上高比率 50% 未満，外国籍取締役あり	9.8	1.31	3,495.8	12 社
海外売上高比率 50% 未満，外国籍取締役なし	8.8	0.96	1,168.4	74 社

注：日経 225 社（3 月期決算企業，180 社）のうち，海外売上高比率が取得できない大手金融機関を除いた 172 社をユニバースとして各グループの中央値を取得。ROE は直近本決算，PBR，時価総額は 8 月末時点。
出所：各社招集通知・有報，QUICK Workstation をもとに筆者作成

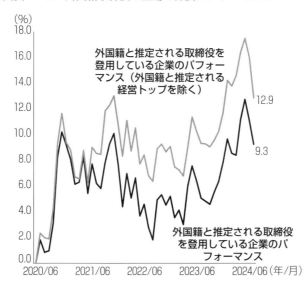

図表 11-12　外国籍取締役の登用と株価パフォーマンス

注：ユニバースは日経 225 社（3 月期決算企業，180 社）。外国籍と推定される取締役が登用されている企業群（灰色線は外国籍が経営トップを務める 4 社を除く）の平均リターンと登用されていない企業群の平均リターンのスプレッドを月次で取得し，2020 年 6 月末から 2024 年 8 月末まで累和している。配当込み収益率（月次）を使用。企業群は直近の招集通知・有報から外国籍の取締役の就任年を調べ，年次でリバランスしている（直近時点で外国籍と推定される取締役が在任していない場合，過去に在任していても外国籍の取締役を登用している企業としてカウントしていない）。
出所：各社招集通知，有報，QUICK Workstation をもとに筆者作成

第3部
エンゲージメントの成果と考え方

が経営トップを務めている4社を除くと，パフォーマンスが12.9%まで改善する。他にも，女性取締役比率が高い企業（30%以上），上場企業などの経営トップの経験や，金融専門職の経験を持つ人材の登用を行う企業も，総じて業績・株価パフォーマンスの面からポジティブに解釈できる結果が出ている。取締役会の多様性確保に取り組む企業が増えることで，日本企業のPBR改善にもつながると考える。

（2） ポイント2：役員報酬改革を進める企業に注目

長年にわたり，日本企業の役員報酬設計は，企業価値向上を経営者にコミットさせる上で十分なインセンティブを与えられていない点が問題視されていた。ただし，最近は日本企業の役員報酬の設計に前向きな変化の兆しが見られる。固定報酬の割合が減り，インセンティブ報酬が増え始めたことや，役員報酬の決定に際して業績・株式価値と連動するKPIを入れる動きが活発化している。

役員報酬の設計と企業価値の関係性を見ると，特にインセンティブ報酬の比率，TSR指標の採用と株価パフォーマンスには強い結び付きがあると考えている。前者については，TOPIX500構成企業の中でデータを取得できる150〜250社について，インセンティブ報酬の割合が70%以上，50%以上，50%未満の3つの企業群に分けて毎年リバランスする形で2015年末以降の株価パフォーマンスを見ると，インセンティブ報酬の割合が70%以上の企業群は他の企業群のパフォーマンスを50〜80%程度上回っている（**図表11-13**）。また，日経500構成企業のうち2020年に公表されている有報において，TSR指標を採用している24社の2020年7月末以降の株価パフォーマンスを見ると，採用していない企業のパフォーマンスを85%以上上回っている（**図表11-14**）。

一般的に，増配や自己株式の取得については，将来の業績向上，株価上昇に対する経営者の自信を示すシグナリング効果があるといわれる。メリハリがつく形で業績・株式価値と連動する役員報酬を設計する企業も，増配や自己株式の取得と同様，将来の業績向上，株価上昇への経営者の自信を示すシ

第 11 章
PBR 改善に向けた日本企業の処方箋

図表 11-13　インセンティブ報酬の比率と株価パフォーマンス

注：TOPIX500 構成企業のうち，Bloomberg で情報が取得できた 150 ～ 250 社をユニバースとしている。2015 年末の水準を 100 として，各企業群につき等ウエイトポートフォリオを仮定して 2024 年 8 月末までパフォーマンスを計算。毎年末に直近のインセンティブ報酬の比率に基づきリバランスを実施している。
出所：Bloomberg をもとに筆者作成

グナリング効果を有する可能性があろう。企業価値向上を意識して役員報酬改革に前向きに取り組む企業は，日本企業の PBR 改善の観点からもポジティブに解釈できるだろう。

(3)　ポイント 3：モニタリング型の取締役会と企業価値

　取締役会には，監督機能に重きを置く「モニタリング型」，意思決定機能に重きを置く「マネジメント型」という大きく分けて 2 つの類型がある。一般的に企業価値向上の観点から考えた際，事業の多角化が進んでいたり，成

第3部
エンゲージメントの成果と考え方

図表11-14 TSRと株価パフォーマンス

注：2020年9月末の日経500構成企業のうち, TSRを使用していた24社とそれ以外の476社につき, 2020年7月末の水準を100とした上で, 2020年7月末〜2024年8月末の株価パフォーマンスについて, 等ウエイトポートフォリオを仮定して比較している。

出所：内ヶ崎茂・鈴木啓介・伊尾喜美希・奥村真樹・善本聡（2020）「日経500社における経営者報酬制度の設計・開示状況」『資料版／商事法務』440号（2020年11月号）, pp. 6-77, QUICK Workstationをもとに筆者作成

長の踊り場を迎えている社歴が長い企業（長寿企業）は，事業ポートフォリオをモニタリングし，着実に改革を進める上で，監督機能に重きを置くモニタリング型の取締役会へのシフトが望ましいと考える。

　例えば，収益性が低く，回復の見通しが立てづらい事業を執行役員として管掌している人物が取締役を兼任している場合，取締役会においてその取締役を交えながら事業の売却・撤退を含めた判断を客観的に行うことは難しいケースも多いと考える。資本収益性，資本コスト，株式市場からの評価等について，個別の業務執行を担うメンバーの参画は必要最低限にとどめ，取締

第 11 章
PBR 改善に向けた日本企業の処方箋

役会で客観的に議論することが重要であろう。コーポレートガバナンスの機関設計として、日本には3つの類型（指名委員会等設置会社、監査等委員会設置会社、監査役会設置会社）があるが、モニタリング型の取締役会の実現に理想的な機関設計は指名委員会等設置会社であると考えられる。

　TOPIX（除く金融）をユニバースとして、長寿企業（社歴60年以上）について、機関設計ごとに2015年末から2024年3月までの株価パフォーマンスを見ると、指名委員会等設置会社のパフォーマンスが他の機関設計のパフォーマンスを40～50%程度上回る（**図表11-15**）。また、他の機関設計を比べてROEに大きな違いはないが、PBRが高い傾向も見られる（**図表11-16**）。2024年9月に始動した経済産業省の「稼ぐ力」の強化に向けたコーポ

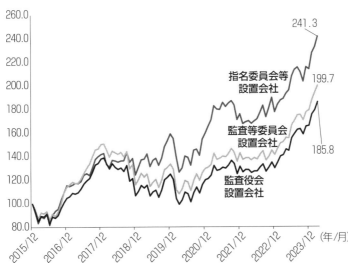

図表11-15　機関設計ごとの株価パフォーマンス（長寿企業、平均値）

注：ユニバースはTOPIX構成企業（2015年末、除く金融）のうち社歴が2024年時点で60年以上の企業。社歴はQUICK Workstationの実質設立年月日より計算。2015年末の時点のパフォーマンスを100として機関設計ごとに毎月リターンの平均値をとり、等ウエイトポートフォリオを仮定して2024年3月末まで指数化している。毎年末時点の機関設計のデータに基づいてリバランスしている。
出所：QUICK Workstation、Bloombergをもとに筆者作成

第3部
エンゲージメントの成果と考え方

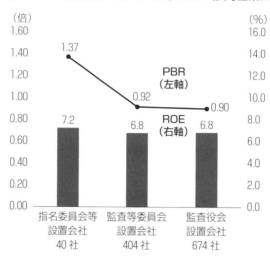

図表 11-16　機関設計ごとの PBR，ROE（長寿企業に限定）

注：機関設計ごとに PBR（2024年3月末時点）および ROE（直近本決算，実績値）の中央値を計算している。PBR 算出に用いている自己資本は直近四半期実績の数値。ユニバースは，2024年2月末時点の TOPIX 構成企業（除く金融）かつ社歴が60年を超えている 1,118 社。社歴は QUICK Workstation の実質設立年月日のデータから計算。
出所：QUICK Workstation，Bloomberg をもとに筆者作成

レートガバナンス研究会において，指名委員会等設置会社における指名（・報酬）権限を取締役会に帰属させるかどうかの見直しが進んでいる。企業が指名委員会等設置会社への移行を躊躇する理由として，従来から指名委員会・報酬委員会の権限が海外と比べても強いことが挙げられていた。もちろん機関設計を整えただけでモニタリング型の取締役会を志向していることにはならないが，モニタリング型の取締役会を実現しやすい指名委員会等設置会社への移行のハードルが下がることは，日本企業のさらなる PBR 改善に向けてもポジティブであると考える。

第12章

ROIC-WACC を用いた
価値可視化フレームワーク

　東京証券取引所が 2023 年 3 月に上場企業に対して「資本コストや株価を意識した経営」や PBR 向上について取り組みの要請を行って以来，株価純資産倍率（PBR：Price Book value Ratio）への関心が高まっている。PBR を分析する方法としては，① PBR・ROE・PER の関係を利用した方法，②資本コストを利用した方法がある。②の例としては，時価総額 - 株主資本の差（MVA：Market Value Added）と ROE － 株主資本コスト（ROE スプレッド）または，ROIC-WACC（ROIC スプレッド）との関係を利用する方法がある。特に，ROIC スプレッドを用いた可視化方法は，複数事業の株主価値経営や DCF 法と理論的に整合性がとれるなど，経営の価値可視化において，理論的にも，実務的にも使いやすい特徴を持つ。本章は，②の中で，ROIC-WACC を軸にした可視化フレームワークに焦点を当て，企業が低収益・低 PBR を卒業するための処方箋について検討する。また，最後のパートで，非財務情報と財務情報の統合についてもこのフレームワークで説明を試みる。なお，本章は，紙面に限りがあるため，これらの概念の詳細な説明は省いている。概念を深く理解したい方は章末の参考文献や，以下の WEB サイト（https://www.j-phoenix.com）の ROIC と企業価値のページ等を参照していただきたい。

第3部
エンゲージメントの成果と考え方

1

理論的な関係

(1) PBRとMVA:ともに将来に対する価値創造力を示す指標

PBRは①時価総額÷②株主資本簿価,MVAは①時価総額-②株主資本簿価で計算される。PBRは比率,MVAは絶対額である。

PBR＞1,または,MVA＞0,の場合,上場企業は利用している資本の価値以上の価値を将来にわたって創出すると見なされる。逆にPBR＜1,MVA＜0の場合は資本の価値を,将来にわたって毀損させると評価されて

図表12-1　PBRとMVAの定義

時価総額とPBRとMVAの関係

$$PBR = \frac{①時価総額}{②株主資本の簿価} = 比率$$

MVA＝①時価総額-②株主資本の簿価＝絶対額

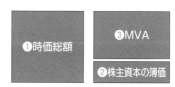

出所:ジェイ・フェニックス・リサーチ株式会社(以下,JPR)

図表12-2　PBR,MVAと将来の価値創造の解釈方法の例

株主価値指標		市場評価の解釈	
		高収益と評価	低収益と評価
		利用している資本の価値以上の価値を将来にわたって創出	利用している資本の価値を将来にわたって毀損すると評価
PBR	比率	1以上	1未満
MVA	絶対額	0以上	0未満

出所:JPR

いると解釈できる。PBRもMVAも未来に対する上場企業の価値創造の信頼度を示すと考えられる。PBRは縮小均衡に陥るリスクがあるが，MVAは絶対額なのでそのリスクを回避できるというメリットがある。

(2) ROEスプレッド，ROICスプレッドとPBR，時価総額，MVAの関係

ROEスプレッド：ROE－株主資本コスト（COE），ROIC-WACC：ROICスプレッドと時価総額，MVA，PBRの関係は，以下で説明する「二つの前提」が満たされると**図表12-3**のようになる。

図表12-3 ROE-COE，ROIC-WACCと時価総額，MVA，PBRの関係

出所：JPR

第 3 部
エンゲージメントの成果と考え方

「二つの前提」のうち，第 1 の前提は，ROE ＞ COE，または ROIC ＞ WACC であること，第 2 の前提は，ROE，ROIC，COE，WACC，利用している資本，有利負債額が永久に一定であること，である。以上の関係の理論的な証明は紙面数が少ないため省略するが，証明に関心のある方は，参考文献の Koller et al. (2020) 等をご覧いただきたい。

ここで ROIC-WACC の時価総額との関係について理解するために必要な専門的な用語「トービンの q（トービンのキュー）」について説明したい。これは経済学者ジェームズ・トービンによって提唱された概念で，企業の投資行動を説明するために使用される。具体的には，企業の市場価値とその再生産コストの比率を示す。実務的には再生産コストは上場企業の場合は，投下資本の簿価が用いられる。トービンの q が 1 より大きい場合，市場価値が再生産コストを上回っているため，新たな投資が行われやすい状況であるとされる。逆に，この比率が 1 未満の場合は，市場価値が再生産コストを下回るため，投資が抑制されるとされている。トービンの q は主にマクロ経済学や金融経済学の分野で幅広く用いられ，特に投資の決定理論や金融市場の分析に影響を与えている。投下資本の時価と簿価は企業全体の資本ともいえるため，企業価値の創造活動についてより深い洞察を与えてくれる概念である。

なお，ROE スプレッドからの MVA の計算方法について成長率の概念を入れると**図表 12-4** のようになる。

図表 12-4　ROE スプレッドを用いた MVA の推計

$$
\begin{aligned}
MVA &= \frac{（ROE スプレッド）\times 株主資本簿価}{株主資本コスト（COE）- 当期利益の期待成長率} \\
&= \frac{（ROE-COE）}{COE - 当期利益の期待成長率} \times 株主資本の簿価
\end{aligned}
$$

期待成長率ゼロの場合 $\left(\frac{ROE}{COE}-1\right) \times$ 株主資本の簿価

出所：JPR

第 12 章
ROIC-WACC を用いた価値可視化フレームワーク

　ROIC スプレッドを用いた MVA の理論値の推計方法は**図表 12-5** の通りである。

図表 12-5　ROIC スプレッドを用いた MVA の推計

投下資本 ＝株主資本簿価＋有利子負債簿価

NOPAT ＝税引き前営業利益＝営業利益（1－実効税率）
　　　　≒当期利益＋支払利息（1－実効税率）

$$ROIC = \frac{NOPAT}{投下資本}$$

$$WACC\ WACC = \frac{MV}{MV+D} \times COE + \frac{D}{MV+D} \times 支払利息率（1－実効税率）$$

　　　　MV＝時価総額
　　　　D＝有利子負債の時価（ただし実務的には簿価を利用）

$$MVA = \frac{（ROIC スプレッド）\times 投下資本の簿価}{WACC－NOPAT の期待成長率} = \frac{（ROIC－WACC）\times 投下資本の簿価}{WACC－NOPAT の期待成長率}$$

　　　　期待成長率ゼロの場合 $\left(\frac{ROIC}{WACC}-1\right) \times$ 投下資本の簿価

出所：JPR

2
可視化＆ IR への応用

（1）　ROE スプレッド，ROIC スプレッドと PBR の関係を グラフで可視化

　以上示した点から，**図表 12-6** のような関係が想定される。資本収益性／資本コスト，すなわち ROE/COE や ROIC/WACC が増大すれば，資本の時価／簿価，すなわち PBR やトービンの q は増大すると考えられる。一方で資本収益性／資本コストが 1 以下の場合は，資本の簿価が下限になるため PBR やトービンの q は 1 となると推測される。また，理論的には，資本収益性／資本コストが 1 以上のときは，資本収益性／資本コストを X と PBR やトービンの q を Y とすると，傾きは 45 度，X の係数は 1 になると推測さ

187

第3部
エンゲージメントの成果と考え方

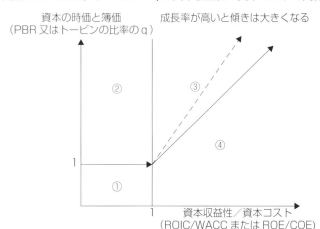

図表12-6 PBR,トービンのqと資本収益性・資本コストの関係

出所:JPR

れる。成長性があれば,実際には傾きは1以上になるといえる。

(2) ROEスプレッド,ROICスプレッドを用いた市場評価の整理方法

ROIC-WACC,ROE-COEは毎期計算できる指標である。また,それぞれに投下資本,株主資本の簿価をかければ,株主価値の期間損益が計算できることになる。丁寧に説明すれば,個人投資家にも直観的にわかりやすい概念ともいえる。また,機関投資家はこのような概念には精通している。よって,PBRを増大するために特に,ROIC-WACC,ROE-COEを可視化して投資家と対話することは極めて有効な手段といえよう。図表12-6の①,②,③,④においての市場評価と収益性は図表12-7のように評価できる。なお,COEやWACCの前提は投資家と企業で差異がない前提としている。

ROIC-WACC(ROE-COE)を用いる最大のメリットは,多数の事業ポートフォリオを分析する際に,負債の配分を考えないメリットがある。日本企業にとって新陳代謝を加速し,新しい事業を構築し,既存の事業からの投資配分を考えるときには,有利子負債の配分という極めて煩雑なプロセスを行

第 12 章
ROIC-WACC を用いた価値可視化フレームワーク

わないで済むため，ROE スプレッドを用いるよりもより実務的な管理が可能となる。ROE スプレッドは会社全体を評価するときはむしろシンプルであるが，事業変化が激しくなる中でより現場に近い部分で，きめ細かく事業区分に対して分析が可能な，ROIC-WACC を用いるメリットが今後増大していくと思われる。ちなみに，JPR では，一定の前提を置けば，部単位で株主価値の計算が可能なフレームワークを提供している。工夫すれば非常にきめ細かい単位の価値創造まで可視化が可能なフレームワークとして運用できる。以上の理論的な背景をまとめて PBR を上げる施策と IR での開示の論点をまとめると**図表 12-8** のようになる。

図表 12-7　グラフにおける自社のポジショニングと解釈

軸		X 軸＝収益性：資本収益性／資本コスト＝ ROE/COE または，ROIC/WACC			
		低（1 未満）		**高**（1 超）	
Y 軸＝ 市場評価： PBR または トービンの q	**高** 1 超	②	現状の収益性は資本コストよりも低いが，将来改善すると思われている。	③	現状の収益性は資本コストよりも高く，将来，規模が成長または，収益性が改善すると思われている。
	低 1 未満	①	現在の収益性は低く，将来も改善しないと見られている。	④	現状の収益性は資本コストよりも高いか，将来，規模が縮小，または，収益性が悪化すると思われている。

出所：JPR

図表 12-8　スプレッドを用いて，PBR を上げる施策

PBR を上げる施策・IR の開示の論点	
スプレッドを上げる	ROE，ROIC を上げる。（高付加価値化，効率化，コスト削減，資本効率性の増大） 株主資本コストを引き下げる。支払利息を引き下げる。 D の割合を上げる。（レバレッジを増大する）
事業ポートフォリオ戦略	スプレッドがプラスになる事業に資本の配分を増やす。 スプレッドがマイナスになる事業への資本の配分を減らす。

出所：JPR

第3部
エンゲージメントの成果と考え方

———————————— 3 ————————————

ROIC の応用編—より厳密な ROIC-WACC の利用法—

（1）　一般的な投下資本の問題点

　これまで投下資本をシンプルに株主資本と有利負債の簿価を足した金額で定義していたが実は課題がある。日本の企業に特に当てはまるが余剰現預金や持ち合いなどで事業に使われていない資産が多いと実際の企業価値創造力よりも ROIC が低くなってしまう可能性がある。もちろん市場から調達した投下資本に対して利用されていない分 ROIC が低くなるという視点はガバナンスの視点で非常に重要である。ただし，純粋な経済的な価値創造力という視点から見ると余剰現預金などは取り除いた方がよい。また，事業部で考えるのであればそうした余剰現預金は事業部に配分されない。

　もう1つの課題は，為替換算勘定，ヘッジ損益，土地評価などで株主資本が意図せず増大することがある。過去投資した簿価に対するリターンという視点ではそうした影響を取り除いた方がよい。

（2）　応用可視化テクニック～事業（リーン）投下資本と
　　　 調達（シンプル）投下資本の区別

　そこで JRP では，そうした影響を取り除いた「リーン」な投下資本を「リーン投下資本」または「事業投下資本」と定義し，「リーン ROIC」または「事業 ROIC」を分析している。区別するために一般的な投下資本を「シンプル投下資本」，または「調達投下資本」，一般的な ROIC を「シンプル ROIC」または「調達 ROIC」と定義する。

　JPR で利用している事業投下資本の算出方法および調達投下資本との関係は**図表 12-9** の通りである。一般的に事業 ROIC の方が調達 ROIC よりも収益性が高くなるので，投資家へのアピールの視点としては有用な概念である。また，そもそもこのような定義を行うと DCF との整合性が高くなるという特性もある。DCF で余剰現預金などは計算モデルから取り除いて，価

第12章
ROIC-WACC を用いた価値可視化フレームワーク

図表 12-9　事業投下資本（リーン投下資本）の定義とメリット・デメリット

事業投下資本	＝総資産 - 非事業資産 - 有利子負債以外の流動負債 - 再評価額 ＝調達投下資本＋有利負債以外の固定負債＋少数株主持ち分 - 再評価額※2
非事業資産	＝余剰現預金＋短期有価証券＋関係会社以外の投資有価証券総資産
余剰現預金	＝売上高÷ 12 × 1.5（月商の 1.5 か月分，支払いが月末占め，翌月払いという前提）
再評価額	＝為替換算勘定＋繰り延べヘッジ損益＋土地再評価額金※1

※1 有価証券の再評価はすでに非事業資産に含まれているのでここには含めない。
※2 有利子負債以外の流動負債のコストは売上原価または販売管理費に含まれているので取り除くが，有利負債以外の固定負債＋少数株主持ち分のコストは，売上原価または販売管理費に含まれないため，WACC の対象としてコスト把握。

事業投下資本を利用することのメリット・デメリット	
メリット	・余剰現預金等がある場合，見かけの収益性が高くなる。 ・DCF との整合性が高い。理論的にはこちらを使うべき。 ・事業部としては使いやすい。
デメリット	・計算は実は簡単だが上場企業レベルだと若干複雑

出所：JPR

値を計算し，あとで余剰現預金や非事業資産を足し戻す。事業投下資本で企業価値を計算する場合も，余剰現預金などを取り除いて分析し，あとで足し戻して価値推計を行うので DCF との整合性がとりやすい。なお参考文献で紹介した本でも，企業価値分析においては事業投下資本に類似した概念を使うことを推奨している。JPR でも実務的な視点で考えたメリットを考慮して，基本的に事業投下資本を主体に分析やコンサルティングを展開している。

4

統計学的な分析

（1）　分析の前提と分析結果

JPR では，これまでに説明した手法で計算した資本収益性，資本コスト，

第3部
エンゲージメントの成果と考え方

PBR，トービンのqに基づき統計学的な分析（一次回帰）を行った。対象は2024年9月20日終値ベースで，計算に必要なデータがFactSetを通じて入手可能な全上場のうち，ROICの分析には独自ロジックが必要な金融セクターを除いた企業，最新会社計画の営業利益が黒字の会社を対象に，資本収益性／資本コストの割合が0以上，2.5倍未満を計算した。0～2.5倍を0.1ポイントずつ26のグループに分けて，PBR，トービンのq，ROIC/WACC，ROE/COEの単純平均値をそれぞれ計算してその平均値の実績をデータポイントとして回帰分析を行った。5つのパターンを推計し，その結果を**図表12-10**で示している（参考資料 https://j-phoenix.com/wp-content/uploads/2024/05/roic_wacc_report_4800_oricon_20240514_rev.pdf）。

　統計の信頼度を示す決定係数は0.8以上と極めて高いので，利用するに値する関係といえる。以上のような実際の統計学的な情報をベースに，自社の

図表12-10　資本収益性／資本コストと PBR，トービンの q の分析パターン

分析パターン	資本の時価／簿価	PBR			トービンの q	
					事業投下資本	調達投下資本
	資本収益性／資本コスト	ROE/COE	事業ROIC/WACC	調達ROIC/WACC	事業ROIC/WACC	調達ROIC/WACC
回帰式のパラメーター	傾き	1.19	1.15	1.20	0.92	1.20
	切片	1.43	1.07	1.38	0.89	1.18
	決定係数	0.87	0.89	0.94	0.84	0.94

出所：JPR

図表12-11　資本収益性／資本コストの 1 以上，1 未満の分類

資本収益性／資本コスト	1 倍以下（価値破壊）		1 超（価値創造）	
	社数	%	社数	%
ROE/COE	2,036	53.8%	1,745	46.2%
事業ROIC/WACC	1,786	47.8%	1,952	52.2%
調達ROIC/WACC	2,143	57.4%	1,593	42.6%

出所：JPR

第 12 章
ROIC-WACC を用いた価値可視化フレームワーク

資本収益性や市場からの評価の位置付けを，**図表 12-12** のようなグラフでプロットして，理論的かつ客観的に把握した上で資本コストと株価を意識した経営を実践していくことは，極めて有用といえよう。

図表 12-12　資本収益性／資本コストと PBR，トービンの q の分析パターンのグラフ

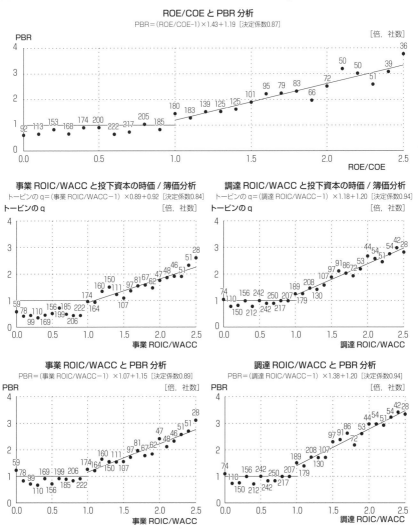

出所：JPR

第3部
エンゲージメントの成果と考え方

5

さらなる可視化の応用テクニック
―MVA の長期的な価値創造とのリンク―

（1） サステナビリティ開示への応用〜 MVA の将来の株主価値との統合

　利益成長がゼロのとき，MVA はスプレッド×資本の簿価÷資本コストで計算できる。これは成長率ゼロの永久価値ともいえる。理論的には，現時点（X 年）での NOPAT，投下資本の売上高比，WACC，将来の NOPAT の増分，投下資本の売上高比の変化を予測すれば，WACC 一定の前提で，将来の X ＋1 年における永久価値の現在価値（EVx）を計算することができる。また，そうしたテクニックを応用すると ROIC と財務モデルの融合が容易になる。サステナビリティ開示において売上高などの長期シナリオ分析を行っている企業であれば，こうしたテクニックを使って，長期シナリオの株主価値へのインパクトを可視化することが可能である。そうした理論値と実際の時価総額の差によって投資家に長期的な視点でアピールすべき対話の論点が明確になる。**図表 12-13**，**図表 12-14** がその視点をまとめたものである。

6

非財務情報の統合

　この MVA と ROIC-WACC を利用したフレームワークを非財務情報に統合した応用例として JPR の開発したフレームワークをご参考のためにご紹介する（**図表 12-5**）。金融市場の視点である，売上高，ROIC，WACC に関連する非財務情報を，社員・会社の視点，実物市場の取引の視点と合わせて，視覚的に同じ頁でセットで可視化することで非財務情報と財務情報の統合を図っている。

194

第12章
ROIC-WACCを用いた価値可視化フレームワーク

図表 12-13　MVA の分解を用いた投資家との長期的な視点の例

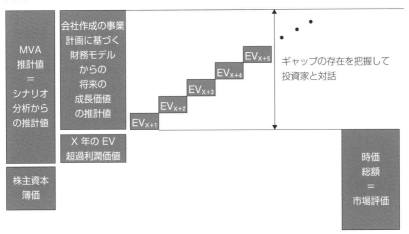

現状分析	時価総額＝株主資本簿価＋超過利潤価値＋1年後の成長価値 （1年後の超過利潤価値の増分の現在価値）
問題	2年後以降の成長価値が株価に反映されていない。
投資家との建設的な対話	2年後以降の成長価値をより詳しくIRをおこない，将来の価値を株価に反映してもらうように建設的な対話を行う

出所：JPR

図表 12-14　超過利潤価値プラス，成長価値プラスのときに用いた投資家との対話のパターン例

時価総額	問題	投資家との建設的な対話
PBR1未満	資本収益性がそもそも資本コストを上回っていると思われていない または，持続可能と思われていない	資本収益性が資本コストを超過しており，さらにそれが持続可能なことをアピールする
株主資本簿価＋X年の超過利潤価値未満	資本収益性の高さが時価総額に完全に反映されていない	資本収益性が資本コストを超過していることを強調
株主資本簿価＋X年の超過利潤価値＋成長価値未満	成長性がわずかしか評価されていない	資本収益性が資本コストを超過しさらに将来的に成長することをアピール

出所：JPR

195

第 3 部
エンゲージメントの成果と考え方

図表 12-15　非財務情報と ROIC-WACC のフレームワークの例 「GCC システム ™」

第 12 章
ROIC-WACC を用いた価値可視化フレームワーク

図表 12-15　続き

出所：JPR「GCC 経営™ 分析レポート『株式会社明豊エンタープライズ，2024 年 9 月 27 日』」

第３部
エンゲージメントの成果と考え方

7

おわりに

　ROE だけでなく ROIC を使うことでより深い分析ができ，また，統計学的に信頼性の高いモデルも構築が可能となる。また事業 ROIC を使った分析は DCF と親和性が高いので，より正確な企業価値のモデル化を行うことができる。また非財務情報との統合も体系化することが可能である。そうしたノウハウを企業が身に着けて投資家と対話することで PBR の解消が早期に進むと期待される。

［参考文献］

ROIC と企業価値についてはジェイ・フェニックス・リサーチ株式会社の WEB サイトに情報
　　を多数掲載

https://j-phoenix-research.notion.site/ROIC-2ee078955fca45bfb5791f6aed365a8a

MVA について

Stewart, G.B.（1991）*The Quest for Value: A Guide for Senior Managers.*
　　MVA の概念を詳細に説明し，実践的な企業価値評価のフレームワークを提供する。この書籍は，企業価値管理の理論として広く認識されている。

Koller, T., M. Goedhart and D. Wessels（2020）*Valuation: Measuring and Managing the Value of Companies.*
　　企業価値評価の標準的なテキストであり，MVA を含む様々な企業価値評価手法について広範囲にわたって説明している。

トービンの q について

Tobin, J.（1980）*Asset Accumulation and Economic Activity: Reflections on Contemporary Macroeconomic Theory.*
　　トービン自身による解説が含まれており，トービンの q についての理論的背景が詳しく説明されている。

Blundell, R., S. Bond, M. Devereux and F. Schiantarelli（1992）Investment and Tobin's Q: Evidence from Company Panel Data, *Journal of Econometrics*, Vol. 51 No. 1-2, January-February 1992, pp.233-257.
　　企業データを用いた実証分析を通じて，トービンの q の投資に対する効果を分析している研究論文である。

Lorenzoni, G. and K. Walentin（2007）Financial Frictions, Investment and Tobin's Q, NBER Working Paper Series, Working Paper 13092.
　　トービンの Q と投資の関係から株価が高いのは将来性があるからと投資家に説明できるというロジックについて分析。

対　談

スチュワードシップ活動は
役に立つのか

　本章では，対談形式で，スチュワードシップ活動の中でもアクティブ投資家の対話は役に立つのかについて考える。アクティブ運用のマネージャーは，例えばノーマルな利益ベースの ROE スプレッドの想定や配当割引モデルのような現在価値アプローチなどから企業価値を想定して投資するが，多くの投資家が様々な判断をすることで集合知となり，市場の価格発見機能を発揮させる。投資家が質問することで経営陣に価値向上の気付きをもたらすことが対話の追加的な役割といえる。ただし，投資家の資金が増大し，短期と長期の判断の違いが問題になると，サステナビリティを考慮する対話が求められ始めた。対話が役に立ったか，気付きがあったかは明確ではないが継続的な対話に至れば役に立っていると感じる。対話の課題として IR と取締役会が疎遠で伝言ゲームになりやすいことがあり，マネジメントと社外取締役が投資家との対話に参加する必要がある。機関投資家は明確な標準化された問題や，問題ごとに納得した投資家のみの参加で結託することは可能だが，アセットオーナーの参加が重要となろう。

本対談について

　本章は，小澤大二と神山直樹による機関投資家のスチュワードシップ活動に対する対談である（2024年9月30日）。小澤は，銘柄を選択しベンチマークとなる指数を上回るパフォーマンスを獲得すべく株式ポートフォリオを運用するアクティブ運用に携わってきた。このため，投資先あるいは投資先候補との対話は，基本的に企業価値分析とパフォーマンスの最大化を目指す目的であった。神山は，ストラテジストとして長らく日本株市場を担当し国内外投資家に日本株をアピールする立場にあった。1985（昭和60）年に社会人となった2人の対談で，株主ガバナンスの実務の歴史を交えて，投資家と企業の対話の有用性を考えることにした。

対談
スチュワードシップ活動は役に立つのか

――――――――― 1 ―――――――――
自己紹介がてら振り返り

神山直樹（以下，神山）：私が1995年に投資顧問に移った頃はあまりガバナンスのことは話題ではありませんでした。2002年に外資系証券でストラテジストになってみると，会社のボスたちは日本株に不満で自分たちの仕事すら危ういと考えていました。海外投資家は，持ち合いなどで信用できない日本株を買いたくありません。それで株主ガバナンスについて考え出したんです。リーマン・ショック前までに，スティールパートナーズなど海外アクティビストの活動が活発になり，日本の経営者のうち一部の方々がコーポレート・ガバナンス強化の対応を進めようとしました。日本の機関投資家はこのときには傍観していました。当時スティールの日本代表の方やチルドレンズ・インベストメントの日本担当の方，その後スチュワードシップ研究会代表になられた木村さんなどと居酒屋で話をさせてもらったのが記憶に鮮明です。リーマン・ショック後しばらくして，スチュワードシップ・コード，コーポレートガバナンス・コードといわば政府を通じた社会的な後押しを得て，日本の投資家が株主ガバナンスについて意識を高め始めました。私は，機関投資家がエンゲージメントを行うと，日本企業が儲かる事業にもっとリソースを割いて儲かる体質になると期待しました。しかし，この10年強を振り返っても，利益率の大幅改善という成果は出ているとはいえません。そういう役立ち方じゃなかったんでしょうか。小澤さんにご経験を伺いたいです。

小澤大二（以下，小澤）：私は1987年に運用業界に入って，37年間機関投資家として運用してきました。最初の3年間はバブル期だったので，ガバナンスの「ガ」の字もなく，ただひたすらパフォーマンスを追っかけました。企業と直接会う機会も少なくマーケットを見ながら勝負する3年間を過ごしました。バブル崩壊の中で，年金運用の投資顧問業界への開放を経て，ベンチマークや企業のファンダメンタルズとバリュエーションを意識した運用にシフトしていきました。それまでの短期的な実現益目標から世界が

201

大きく変わったわけです。私自身のライフワークでもある政策保有株に問題意識を持ち出したのも1990年代のバブル崩壊後の市場で実際に自分の目で見てきたことが背景にあります。1980年代後半のバブル期に一層加速した持ち合い（政策保有株）が，バブル崩壊後の株価の値下がりとともに日本経済を苦しめることになりました。特に銀行が保有株の株価の下落によって自己資本が毀損し不動産価格下落による不良債権増大とともに貸し剥がしに走り，経済の血液である金融が逆流することになったのを目の当たりにしました。もう1つは，1980年代に日本の企業が大量のファイナンスをした資金で事業ポートフォリオの多角化をしたことです。これが資本規律のない無駄な投資となり，過剰生産能力へとつながるわけです。1990年代後半に米系の運用会社に入って長期的な業績予想と4段階の配当割引モデルを教えられ，長期的な企業価値はエクセスキャッシュ（通常の事業活動に必要な資金を除いたキャッシュ）の使い方によって変わることが実感できました。エクセスキャッシュの源泉であるフリーキャッシュを増大させ，それを再投資してまたフリーキャッシュを生み出すことがマネジメントの仕事であり，企業価値もその結果で決まります。そこにはバランスシートマネジメントも含まれ，突き詰めるとROEスプレッド（＝ROE－資本コスト）を最大化することによって企業価値が最大化されます。バランスシートマネジメントとエクセスキャッシュの使い方，そして事業ポートフォリオ・マネジメントを通じてリターンをどう生むかによって企業価値が変わるということがわかり始めました。これがまさにガバナンス・メカニズムだと考えると，企業と会うとROEやバランスシートについての質問になり，そこから今でいうエンゲージメントに近い対話が始まりました。日本の株価が戻ってきた理由かは別として，スチュワードシップ・コードとコーポレートガバナンス・コードによって，日本全体でガバナンスが重要なのだと気が付いてきたことはよいことだと思っています。

対談
スチュワードシップ活動は役に立つのか

2
投資家の役割とは何か・責任ある投資家とは

神山：では，投資家は企業の回復や変化の役に立ったのでしょうか。機関投資家は，多くの議決権を持っており取締役の選任に対しての圧力も持っていますが，企業価値を上げるという期待された役割を果たせたのでしょうか。さらに，ESGが注目される中で，機関投資家が，企業価値に対する責任というよりも社会から与えられた責任で行動しているという部分もあると思うんですが，小澤さんは，役割について考えて行動したんでしょうか。

小澤：投資家の役割というものは多分今の時代と20年前30年前とでは社会的に変わっているのかなと。その背景には運用されている資金量が実体経済に対して相当大きくなってきていることがあります。実体経済に必要以上のお金が生まれ，金融資産への投資に向かい，大きくなったがゆえに投資家というものの役割が変遷しているというのが私の仮定です。一方，他人の資金を運用するという意味での投資家は，お客さまの投資の目的に合わせてベストのパフォーマンスを上げることが絶対的な仕事だと思います。多種多様な投資家がリターンを追い求めて全身全霊で戦う結果，マーケットに神様が降りてきます。つまり集合知としての価格発見機能が適正な株価をつけるわけです。そして市場は，最適な企業に最適な資本を最適なタイミングで用意するという資本主義の根幹の機能を果たすことを通じて経済の発展に貢献していると思います。しかし，資金量の増大とともに経済や社会への影響度が大きくなってくるにつれ，機関投資家の投資判断において長期の企業価値を考える場合にはサステナビリティ（持続性）が重要になってきました。企業価値拡大のためには競争力の源泉であるビジネスモデルが重要ですが，その持続性を担保するものはガバナンスであり，それが環境への配慮や人的資本をマネジメントしていくことにつながります。また，個別企業が自己の利益を最大化することを目指すため部分最適になってしまうときに，社会全体の持続性を高めるという全体最適に

203

結び付ける役割も，大きな資金を動かす投資家には求められ始めているかもしれません。

神山：機関投資家といっても，スポンサーとマネージャーの役割の違いはあるんですか。アセットマネージャーはスポンサーのためにベストを尽くし，スポンサーがより長期的に何か考えるのでしょうか，それともみんな同じなのでしょうか。

小澤：いわゆるインベストメント・チェーンの話ですね。ダブルコードから始まった改革の現在地として，チェーン全体でサステナビリティを考えるなら，次はいよいよアセットオーナー側ということだと思います。

神山：役割があるならオーナーが対話の費用を出してくれないとですね。

小澤：何らかの形ではそうなると思います。もともとアセットオーナーは長期といいながら短期のパフォーマンスを重視していたように思います。しかし，例えばユニバーサルオーナーみたいに大きくなればなるほど，もうマーケットから逃げることができません。つまり，それぐらい実体経済より投資されている資金の方が圧倒的に大きくなり，その影響度も責任も増加していると思います。マネージャーはアセットオーナーの意向を無視しては何もできないので，社会全体の要請としてアセットオーナー・プリンシプルに到達してきたと捉える方がいいと思います。その中で，アドレスされていないのがコストは誰が持つかです。スチュワードシップ・コードに要請されていることをしっかりと行うには，アクティブもパッシブ投資家もコストがかかります。産業全体としてどうするかは課題だと思います。

対談
スチュワードシップ活動は役に立つのか

3
エンゲージメントとは何か

神山：これまでエンゲージメントという行為を実行してこられたわけですね。私は，エンゲージメントとは議決権を背景にしたコミュニケーションで企業価値を上げるように努力することだと思っていますが，だからといって機関投資家がエンゲージメントで経営戦略はこうした方がよりよいですよとか，パートナーであるかのようにいうことはないですよね。事業会社に事業ポートフォリオのような経営戦略を語るケースは少ないのではないでしょうか。エンゲージメントというのは一体何でしょうか。規模が大きくて逃げ場のないスポンサーの投資先の企業価値を最大にするために，売ったり買ったりするのも難しくなったので文句でもつけるかということなのでしょうか。それとも，何かそれ以上のこと，例えば経営陣が気付いてくれてアンダーバリューだった企業が正しいバリューになったことに実際に参画できたとか大きい成果を感じたことはありますか。

小澤：まずエンゲージメントの基本は何かというと，「質問すること」だと思っています。「エデュケーション」と勘違いしている人も多いのではと感じることがあります。エンゲージメントの基本が good question であるという意味では，社外取締役が内側から，投資家は外側から同じような役割を果たしていると思います。経営戦略，事業ポートフォリオのマネジメント，バランスシートの考え方，そして長期的な資本収益率をどのように達成していくのか。中期経営計画や例えば 2030 年のありたい姿に向かってのストーリーをどのように組み立てているのかを質問していくこと，これが私はエンゲージメントだと思います。私たち投資家は開示をベースに分析し，質問し，その回答をもとに自分たちで BS，PL，FCF 等を予想して企業価値を算定します。そして，その質問を通じて今度は企業側が何らかの気付きを得られるかどうかがポイントだと思っています。その観点からいうと，投資家が気付きを与えられるようなよい質問をできなかったのか，企業が理解できなかったのか，どちらもあるのかもしれませんが，日

205

本企業の利益率は全体として見ると依然低く，日本企業で働いている人たちの幸福度は高くなっていない印象です。利益率についてのエンゲージメント例として，事業ポートフォリオ内の資本配分政策で，事業をやめる判断ができないために，競争力のある事業から競争力がなく利益率の低い事業にキャッシュが流れることで，ダイリューションが起き，成長もできない上に利益率も上がらないのではということを質問してきました。企業が変わらなかったケースもあれば変わったケースもありますが，結果が出たかどうかというのは一概にはいえないものです。一方，私の過去の反省点としては，投資家としてはこうすべきだと思っていても，実は正しくないというケースもあるわけです。ですからやはり立ち返って考えれば，質問し，回答を聞き，そのロジック構成がおかしいと感じたときに，また質問していくこと。その先を考えるのは企業が考えることではないかなというように思っているところですね。

神山：例えば最近のネタとして人的資本とかサイバーリスクだとかが出てきたときに対話が何か役に立ちますか。

小澤：開示の重要性をお話ししたいのですが，投資家がいなかったら，企業の開示に質問してくれる相手がいないじゃないですか。開示される側の投資家はそれをきちんと分析した上で，様々な観点から質問や意見を述べる。それを何年も継続すると，さすがに企業も質問されベストプラクティスと比較されたりすることを通じて，変革を促されていく。そういう意味では話のネタではありますが，ネタを開示することが重要で，開示することによって自己変革を起こしていくきっかけとなるように思いますね。

神山：そうすると，機関投資家は企業にとって役に立つのかとか，あるいはエンゲージメントは役に立つのかというと，まず企業の自己改革のきっかけとか気付きを与えるような会話をすることがあります。裏では自分たち機関投資家が企業価値発見の努力をしているプロセスの中で必要だからやっていますが，結果として双方の価値を求めているといっていいでしょう。小澤さんの実体験としては，そういうふうに役に立つんだということなんですかね。

対談
スチュワードシップ活動は役に立つのか

小澤：私はそうだと思います。特に経験が長く様々な知見がある投資家は，過去に多くの会社のマネジメントと対話したり，多くの企業の栄枯盛衰も経験したりしており，対話の中で企業にとっても気付きを得る機会があると思うのですね。その気付きをどう利用するかというのは企業サイドにあるのだと思います。その気付きから企業がより付加価値を生む方向に動いてくれれば，エンゲージメントは役に立ったといえるのでしょう。

4

お互い「わかってくれない」というのはなぜか

神山：機関投資家と企業の対話の結果，経営者が何かに気付いてくれて新しい価値を生み出すこともあるでしょう。しかし面白いことに，しばしば企業は投資家がわかってくれないといい，投資家は企業がわかってくれないといいます。何か問題があると私は思っているんですが，経験的にうまくいっていると思いますか。37年を振り返って，お互いわかってくれないと嘆くのは何かがうまくいっていないからなんですか。

小澤：まず，投資家として自分のエンゲージメントが本当に役に立ったかは，正直わからないです。様々な投資家がエンゲージメントをすることで，その中の何かが刺さって，ひょっとしたら何かの行動をもたらしてよくなった企業もあれば，刺さらないで変わらない企業もあるなというのが実態です。ただ，最近気が付いたことに，IRとマネジメント，取締役会のつながりの問題があります。IRが取締役会に出席しているケースが少ないようです。IRは投資家と話すと議事録をとっていますが，どこまで取締役会に伝わっているのでしょうか。また取締役会や経営会議に出席していないIRが本当に経営のことがわかるのでしょうか。一種の伝言ゲームみたいにも思えます。だから私が思うのは，伝言ゲームの中で失われた情報は多い上に投資家の悪い・怖いイメージが重なると，企業と投資家の間にギャップが生じると考えています。その解決策は，マネジメントや社外取締役が市場との対話にもっと参加すること，IRが取締役会や経営会

207

議等の戦略を決定する場にいることだと思います。例えば IR が取締役会で，会社の経営戦略の市場の見方，結果としての株価の動き，背景としての投資家の考え方，対話の中での指摘事項等をプレゼンし，取締役会の中で議論していかなければ，投資家や市場のメッセージを理解できないと思います。上場しているということは，株価を見ることで市場に映った自分の姿を見ることです。市場の価格発見機能を自分たちの戦略のフィードバックと見ることで，自分は正しい方向に向かっているのか，それとも再考する余地があるのかを考えていく。投資家との対話を通じてこのフィードバックループを回していくことが必要だと思うのです。

神山：小澤さんがこれまでエンゲージメントしたうち何パーセントぐらいで，経営者あるいは取締役会でやり取りするレベルの人だと思えましたか。5 パーセントぐらいなのか，半分とかあるんですか。

小澤：これは投資家によって随分変わると思います。長期保有しておりかつかなりの金額を投資していれば，マネジメントとの対話は年に数回はあるので，意外にパーセンテージは高いかもしれません。また，我々投資家との対話に価値があると思ったマネジメントの方は自ら来てくれるケースもあります。投資家自身が本当に価値を与えられていますかということ，企業は投資家との対話で気付きを見出し考えるような体制，そのような受け入れ方を持っていますかということ，が問われていると思います。

5
機関投資家は結託すべきか

神山：アクティブ運用の投資家の企業とのコミュニケーションは，各自の企業価値評価と売買につなげるためのプロセスであり，自分たちのライバルに対する相対パフォーマンス改善のための分析ですから，投資家ごとにやらないといけません。しかし，例えば「サイバーリスクがありますよね」という質問をバラバラにすると，同じ質問を 100 回受ける経営者も IR 担当者も時間もかかるし腹立たしいので協働でやってほしいでしょう。コ

対談
スチュワードシップ活動は役に立つのか

ミュニケーションは個別がよいか協働でよいかの切り分けが難しいなと思います。協働でエンゲージすることは投資家と企業の対話の中でどうなっていくでしょう。投資家の集まりと経営者の集まりで大きな話は終わらせておいて，企業の価値分析をするための部分だけは個別の投資家が対話するということが可能でしょうか。逆に，投資家は協働・結託が可能でしょうか。

小澤： 結託とは協働エンゲージメントも含めてと理解すると，今後とても重要な活動となると思っています。ご指摘のようにマクロベースのパブリックエンゲージメントと個別企業への協働エンゲージメントがあります。アクティブ投資家は，個別の標準化されたアジェンダ，例えば環境，不祥事対応，経営者報酬，政策保有等であれば個別に参加できる可能性がありますが，投資家フォーラムのようなパブリックエンゲージメントで意見を表明する方が多いかなと思います。一方，パッシブ投資家主体であれば，アジェンダを設定して集まることは可能だと思います。結託という意味では，今後はアセットオーナーをどのように取り込んでいくかで知恵が要ると思います。アセットオーナー主体であれば，アクティブもパッシブも含めたパワーを持つことができるからです。いずれのケースでもパブリックエンゲージメントを個別企業の協働エンゲージメントに落とし込んでいくには，第三者的なエンゲージメント専門組織の活用と議決権行使を結び付けるような工夫がいるかもしれません。これは余談ですが，日銀が今や日本株の最大の保有者であるので，日銀保有株をまず日銀の外に切り離し，そこに専門のエンゲージメントをする組織を作って企業価値拡大を促すエンゲージメントファンド化するというのも考えられますね。

神山： その場合アクティブマネージャーは，協働対話の結果を使いながらさらに追加的に意味のあるときだけエンゲージメントするんですかね。

小澤： アクティブマネージャーはそうでしょうね。フリーライダーとなることもあるかもしれません。だからアクティブマネージャーというよりはもっと上のレベルで，アセットオーナー主体の方が標準化したエンゲージメントのパワーは持てるように思います。今回東証が要請した「資本コス

209

トを意識した経営」というテーマを例にすると，低収益で低 PBR の企業に対しては標準的な形でのエンゲージメントを投資家もしくはアセットオーナーが協働して行い，それが受け入れられないという判断がなされたときにマネジメントに反対票を入れるかどうかは個々の判断となりますが，協働して大きな声を上げることは一定の価値はあると思いますね。

神山：現状のままの株式会社中心の日本の経済が人口減社会の子供たちに伝えられていくとしたら，今以上に企業は「規模と安定」より「効率と成長」に向かってほしいものです。機関投資家のエンゲージメントで企業に気付きが増えるとよいということですね。さらに運用業界としてパワーを強めるのがよいと感じます。議論は尽きないのですが，紙幅の都合上時間切れということで，ひとまずありがとうございました。

第4部

運用会社の課題

第13章

日本の運用会社の課題

本章では，日本の運用会社の課題について考察する。

まず，資産運用立国実現プランについて触れ，同プランによる日本の資産運用会社の課題認識と施策が的確であり，今後の課題解決に期待が持てることを示す。

次に，世界における日本の運用会社のプレゼンスについて概観し，日本の運用会社のプレゼンスが低い理由について考察する。

さらに，世界ランキング上位の運用会社との比較において，日本の運用会社の特徴と課題を明らかにする。

最後に，日本の運用会社の高度化のため，課題解決に向けた施策の展望と提言を試みる。

なお，本章は筆者の個人的見解を述べたものであり，所属先の見解とは一切関係がないことを予めお断りしておく。

第4部
運用会社の課題

1
はじめに

　岸田政権のレガシーの1つになると目される資産運用立国実現プランでは，「官民の連携により，社会課題を成長のエンジンに転換する『新しい資本主義』を進めている。その重要なピースとして，我が国の家計金融資産2,115兆円（2023年6月末時点）の半分以上を占める現預金が投資に向かい，企業価値向上の恩恵が家計に還元されることで，更なる投資や消費につなげ，家計の勤労所得に加え金融資産所得も増やしていく資金の流れを創出し，『成長と分配の好循環』を実現していくことが重要である。」（内閣官房2023，1頁）としている。

　政府は，「これまで，『資産所得倍増プラン』（2022年11月策定）やコーポレートガバナンス改革等を通じ，インベストメントチェーンを構成する各主体に対する働きかけを行ってきた。（筆者中略）引き続き，こうした取組を推進していく。これらの取組に続き，インベストメントチェーンの残されたピースとして，家計金融資産等の運用を担う資産運用業とアセットオーナーシップの改革等を図っていく必要がある。」（内閣官房 2023，1頁）としている。その柱となるのが，①資産運用業の改革，②アセットオーナーシップの改革，③成長資金の供給と運用対象の多様化，④スチュワードシップ活動の実質化，⑤対外情報発信・コミュニケーションの強化（内閣官房 2023，2頁）であるが，本章と特に関係が深いのが，①資産運用業の改革である。

　結論からいえば，①資産運用業の改革は，日本の運用会社の課題認識と施策が的確であるため，今後に期待が持てるものとなっている。例えば，ガバナンス改善・体制強化については，大手金融グループによる，資産運用ビジネスの経営戦略上の位置付けを明確にし，運用力向上やガバナンス改善・体制強化を図るためのプランの策定・公表が2024年上期までに求められ，それ以降も各社の取り組みをフォローするとともに，継続的な取り組みの深化を求めていく（内閣官房 2024，1頁），とされており，実効性が担保されている。

214

第13章
日本の運用会社の課題

2
世界においてプレゼンスの低い日本の運用会社

　2023年の世界運用資産額ランキングにおいて，トップ10を米国の運用会社7社が占め，残りをドイツ，フランス，スイスの運用会社が占めている。日本の運用会社では，三井住友トラストホールディングスが31位，三菱UFJフィナンシャルグループが37位，日本生命が44位，第一生命ホールディングスが50位と続く。

　米国の家計の金融資産は14,517兆円と日本の2,115兆円の6.86倍であり，家計の金融資産に占める現預金比率は13%に過ぎないが，日本のそれは54%を占めており，資産運用に向かう資金額が米国は日本の約13倍に上る（金融庁長官 栗田照久 2023，1-2頁）。また，日本の運用会社の顧客が国内中心であることも原因として考えられる。

図表 13-1 「2023年世界資産運用規模上位500社ランキング」の上位10社

(in USD million)

	会社名	所属国	運用資産
1	ブラックロック	米国	$8,594,488
2	バンガードグループ	米国	$7,252,612
3	フィデリティ・インベストメンツ	米国	$3,655,574
4	ステート・ストリート・グローバル	米国	$3,481,473
5	J.P. モルガン・チェース	米国	$2,766,000
6	ゴールドマン・サックスグループ	米国	$2,547,000
7	アリアンツグループ	ドイツ	$2,285,496
8	キャピタルグループ	米国	$2,175,965
9	アムンディ	フランス	$2,031,753
10	UBS	スイス	$1,845,000

出所：Thinking Ahead Institute

215

第4部
運用会社の課題

―――――――― 3 ――――――――
日本の運用会社の特徴と課題

　以下では，世界ランキング上位の運用会社との比較において，日本の運用会社の特徴と課題を取り上げ，掘り下げてみたい。

(1) 独立性（利益相反問題）

　日系の大手運用会社は，大手金融グループに属する非独立系であるが，世界大手30社は，86％が独立系である。金融庁は，「同じグループ内の販売会社は販売手数料獲得型の営業を主流としており，状況によっては，販売会社の短期的利益が資産運用会社の長期的利益に優先されるおそれがある。資産運用会社はこうした懸念を払拭できるよう，利益相反を適切に管理し，顧客の最善の利益を図ることを，具体策を持って国民に示していく必要がある。」（金融庁 2023, 5頁）と指摘しており，日本の運用会社の利益相反は長年問題となっている。

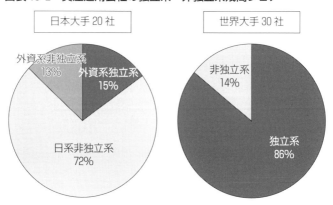

図表13-2　資産運用会社の独立系・非独立系残高シェア

出所：日本大手20社は，2022年3月末時点の各社提供データをもとに金融庁作成。国内の公募投資信託，私募投資信託，投資一任契約の合計受託資産額で上位20社を対象。世界大手30社は，2022年9月末時点のオープンエンドファンド型ミューチュアル・ファンドとETFの運用資産額合計で上位30社を対象。独立系・非独立系の区分は金融庁の判断によるもの。

216

(2) 経営トップ

まず、経営トップの属性は、世界大手30社においては、勤続年数10年以上の内部昇進者が47%、勤続年数3年以上10年未満の内部昇進者が6%、合わせて内部昇進者が53%を占めており、グループ内他社出身者は19%に過ぎず、グループ内他社出身者が73%を占める日系大手とは対照的である。

次に、経営トップの在任期間については、世界大手において、在任期間5年以上10年未満が43%と最も多く、在任期間3年以上の経営トップは76%を占めるが、在任期間3年未満が73%を占める日系大手とは対照的である。

経営トップの属性と在任期間を併せて考えると、世界大手では、経営トップは資産運用ビジネスの経営のプロとして、予め在任期間の定めなく選任されていると見られるのに対し、日系大手では、経営トップは資産運用ビジネスの知見の有無に関わらず、3年程度の在任期間が予め定められた上で選任されている傾向が見て取れる。なお、金融庁は、「中には、資産運用会社で

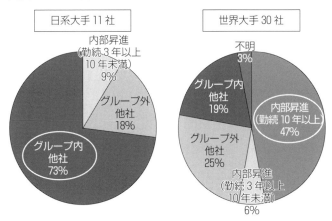

図表13-3 大手資産運用会社の経営トップの属性

注：勤続3年以上で経営トップに昇格した人物を「内部昇進」、3年未満で経営トップに昇格した場合は「他社」と定義。
出所：日系大手11社については、2022年12月末時点の各社提供データをもとに金融庁作成。世界大手30社については、各社HP等を参考に金融庁作成。日系の運用会社1社を含む。

第4部 運用会社の課題

の経験が全くないまま経営トップに就任する場合もある。こうした状況下,資産運用会社の経営トップの選任理由についての説明がないままでは,わが国の大手金融機関グループは,顧客の最善の利益や資産運用会社としての成長よりも,グループ内の人事上の処遇を重視しているのではないかと一般に受け止められるおそれがある。」(金融庁 2023,5頁)と指摘している。

日系大手運用会社は,日系大手金融グループの子会社であるが,資産運用ビジネスは,金融グループの祖業(証券,銀行,信託,生損保等)とは異なる面があり,グループ内他社出身者が運用会社の経営トップに就任する場合に,3年未満の在任期間では,経営トップとして大きな役割を果たし,大きな成果を残すことは困難ではなかろうか。大きな成果を残すには,資産運用ビジネスに関する深い知見と,ある程度の在任期間が必要であると思われる。

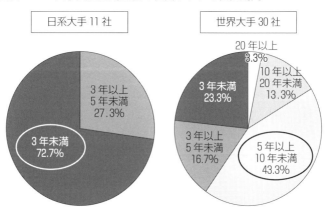

図表 13-4　大手資産運用会社の経営トップの在任期間

出所：日系大手 11 社については,2022 年 12 月末時点の各社提供データをもとに金融庁作成。世界大手 30 社については,各社 HP 等を参考に金融庁作成。日系の運用会社 1 社を含む。

（3）　運用プロフェッショナルの人材マネジメント

1）　採用・育成・配置

　海外では，ジョブ型雇用形態が一般的である。ジョブ型雇用では，ジョブ・ディスクリプション（職務記述書）に基づき，必要とする能力や経験がある人材をジョブに空きが出た際に採用（補充）する。これは，世界大手運用会社も例外ではなかろう。即戦力採用が基本となるため，一般に，育成には重点が置かれない。また，ジョブ型雇用では，ジョブ・ディスクリプションに記載のない業務に労使双方の合意なく配置されることはない。これに対して，日系大手運用会社では，近時，ジョブ型とメンバーシップ型のハイブリッドの雇用形態へと移行しつつあるようだ。すなわち，新卒採用において，職種を限定した採用を行い，「運用プロフェッショナル」を長い時間を掛けて育成する。同時に，若手を中心に，中途採用（多くがポテンシャル採用）も行っている。即戦力を採用するわけではないため，日系運用会社においては，育成が重要となる。また，入社時に職種を限定している場合は，労使双方の合意なく別の職種に配置転換される可能性は低いと考えられるが，本人の意思に反して異なる職種に配置転換される例もあるようだ。また，シニアのファンドマネージャーが，若手のファンドマネージャーにポジションを譲るため，強制的に配置転換される例もあると聞く。これは，パフォーマンスが何よりも重視される海外の運用会社や日本にある外資系運用会社では考えにくいことである。

2）　評価・報酬

　海外の運用会社においては，pay for performance（業績給）が一般的であり，報酬が青天井となる場合もある「運用プロフェッショナル」は特にその傾向が顕著である。パフォーマンスがよければ，高いボーナスを手にできる一方，悪ければ失職することもある。このため，海外の運用プロフェッショナルは，ボーナスのインセンティブとともに，生き残りを懸けて，ハードワークすることになる。海外の運用会社や日本にある外資系運用会社で働く

第4部
運用会社の課題

ことは，ハイリスク・ハイリターンであるが，リスクを厭わず，自分の能力に自信のある人材にとっては，チャレンジし甲斐のある労働環境である。

これに対して，日系大手の場合は，pay for performance（業績給）を標榜している会社もあるが，報酬の上限は概ね決まっている模様で，パフォーマンスと報酬の関係はより緩慢となる。このため，リスクをとって高いパフォーマンスを実現しても，ボーナスが年収の何倍にも増えるわけではなく，リスクをとってパフォーマンスが悪ければ，失職はしないとしても，人気のあるファンド・マネージャーのポジションを奪われるリスクがある。この場合，無理に高いパフォーマンスを狙わずに，ベンチマーク＋アルファのリターンを安定的に狙いに行こうというインセンティブが働く。日系大手運用会社で働くことは，ミドルリスク・ミドルリターンであるが，ファンドマネージャーにとっては，好きな仕事を続けられることも大きな報酬であろう。このような，評価・報酬体系により，日系大手運用会社のファンドマネージャーの運用は保守的となる傾向があった。もっとも，これまでは，日本のアセットオーナーも，保守的な運用を望む傾向があり，両者の利害が一致していた面があることも付言しておく。

3）代謝

ジョブ型雇用では，ジョブに空きが出た際に採用（補充）を行うため，新卒一括採用や定年とは相容れない。定年がないため，海外の運用会社では，「運用プロフェッショナル」は，パフォーマンスがよければ，引退時期を自分で決めることが可能である。成功した「運用プロフェッショナル」は50代で引退し，セカンド・キャリアを悠々自適に送ることもある。また，パフォーマンスが悪ければ解雇されることもある。これに対して，日本の運用会社は，多くの場合，定年は60歳である。どんなに運用能力の高い人材であっても，定年時には能力とは関係なく，年齢で運用ポジションから外されてしまうケースが多い。

運用会社にとって，運用プロフェッショナル，とりわけ，ファンドマネージャーは，付加価値の源泉である。クルマでいえば，エンジンであり，クル

220

マの基本性能を決めることになる。こうした重要な人材を，定年時に能力と関係なく，運用ポジションから外してしまうとしたら，そのような運用会社の人的資本の価値は，無形資産価値として，株主価値を構成するであろうか。日系大手運用会社11社はすべて非上場であり，直接検証することはできない。しかし，大手金融グループのPBRは1社を除き，8社が1倍を割れている。一方，独立系運用会社2社のPBRは1倍を超えている。柔軟な人事・報酬制度により，人的資本の価値が無形資産価値として株主価値を構成しているとすれば大変興味深い。

図表13-5 は，日本の大手金融グループ9社および独立系運用会社2社の今期予想ベースのROEとPBRの散布図である。大手金融グループは，1社を除き，軒並みPBRが1倍を割れている。これに対して，PBRが1倍を超えているのは，大手金融グループの1社と独立系運用会社2社のみである。これら3社の共通点は，ROEが2桁（16.7%～20.5%）と高水準であることだ。

図表13-5 日系大手金融グループと独立系運用会社のPBRとROE比較

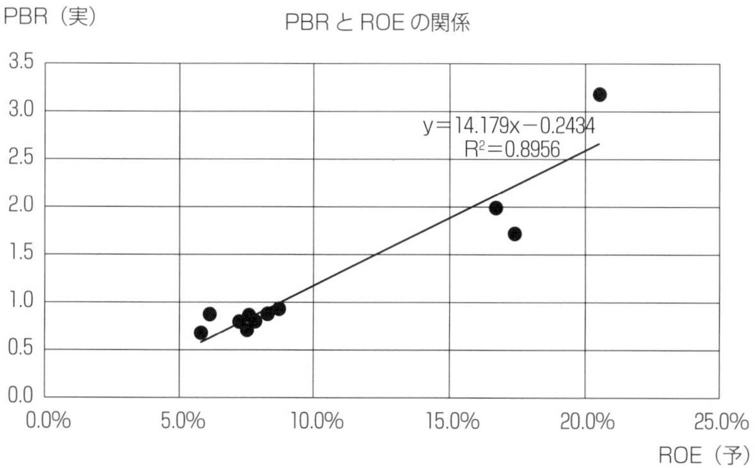

PBR（実）　　　　　　　　　　PBRとROEの関係

$y = 14.179x - 0.2434$
$R^2 = 0.8956$

ROE（予）

出所：四季報オンラインをもとに筆者作成（2024年9月20日時点）

第4部
運用会社の課題

───────── 4 ─────────
日本の運用会社の高度化のために

　最後に，日本の運用会社の高度化のため，課題解決に向けた施策の展望と提言を試みたい。なお，1. から4. は大手運用会社に向けたものである。

（1）　ガバナンス強化

　資産運用ビジネスは，他の金融とは異なるビジネスであり，資産運用ビジネスの経営は資産運用ビジネスに最適な経営が行われるべきである。これを担保するのが，ガバナンスの強化である。ガバナンスが強化されていれば，たとえ大手金融グループの傘下であろうとも，運用会社として最適な経営を行うことができる。また，究極のガバナンス強化は，運用子会社の上場である。このような提案を行うと，親子上場解消・廃止の流れに逆行しているとの批判が聞こえてきそうだ。一般には，親子上場は親会社と少数株主の利益相反が問題とされ，投資家からは厳しい目を向けられることになる。しかし，この上場は，運用子会社が資産運用ビジネスに最適な経営が行われていることを外部（顧客）に示すことを目的としたものである。それゆえ，少数株主は，親会社との利益相反問題を過度に懸念する必要はないのではないか。また，上場することで，役職員に株式報酬をインセンティブとして付与することも可能となる。

　これに対して，キャピタルグループやフィデリティなど，世界大手の中でも非上場を貫く独立系運用会社もある。資産運用会社が上場すると，顧客（金融商品の受益者）と少数株主の間で利益が相反するとの懸念がある。つまり，金融商品においては，運用可能額のキャパシティ（上限）があるが，成長のため（株主のため），キャパシティを超えて，資金を受託するようなことがあると，運用パフォーマンスが低下し，顧客の最善の利益とならないおそれがある。しかし，日系の金融グループの運用子会社は，親会社の財務目標と同等以上の目標をすでに課されている。非上場で，創業家がオーナーであれば，こうした短・中期の財務目標を課されていない運用会社が上場する場

222

合，新たな少数株主と顧客の間に利益相反が生じる可能性はある。しかし，親会社からすでに相応の財務目標を課されている運用子会社が上場しても，既存の顧客の利益を害する懸念は少ない。適切なプロダクトガバナンスのもと，新商品を投入し，キャパシティを増やすことで，顧客と少数株主の利益を同時に満たすことは可能であると考える。

(2) 経営トップ

日系大手運用会社の経営トップの選任については課題があることがすでに金融庁から指摘されており，大手金融グループによる，資産運用ビジネスの経営戦略上の位置付けの明確化，運用力向上やガバナンス改善・体制強化を図るためのプランの策定・公表が求められており，今後も各社の取り組みをフォローするとともに，継続的な取り組みの深化を求めていく（内閣官房 2024，1頁），とされている。したがって，今後は，内部昇進者の増加，経営のプロ化や在任期間の長期化が図られ，課題は改善に向かおう。

(3) 運用プロフェッショナルの人材マネジメント

日系大手運用会社の「運用プロフェッショナル」に対する人材マネジメントの問題は，定年時には能力とは関係なく，年齢で運用ポジションから外してしまう点にある。競争に勝ち残ったベテランのファンドマネージャーはワインと同様，年代物に価値がある。こうしたファンドマネージャーの能力を活かすため，ジョブ型に移行し，定年制を廃止するか，再雇用でも運用が続けられるようにすべきである。どうしても自社で定年を過ぎたファンドマネージャーを抱えられない場合は，彼ら彼女らの独立支援を行ってはどうか。これは，下記の5. につながる。

(4) アセットクラスの拡大

世界の運用会社ランキングで，米国企業が多いのは，ホームマーケットである米国市場の規模が大きいためだと思われる。そうであれば，世界規模の運用会社の一角を目指すならば，米国でのビジネスを拡大する必要がある。

第4部
運用会社の課題

日本の運用会社が米国の個人投資家や機関投資家向けに米国の金融商品運用のビジネスを1から立ち上げるのは容易ではなく，適切なタイミングで買収を通じて参入することが成功の確率を高める。今は円安でそのタイミングではないが，例えば，2008年に三菱UFJフィナンシャルグループが米モルガンスタンレーに，三井住友フィナンシャルグループが米ゴールドマン・サックスに出資したように，円高となり，世界的な金融危機等が発生した場合は，米国事業を取り込む好機となる。もちろん，海外の運用会社を上手く経営するためには，相応のスキルを具備する必要がある。

また，日本では，外国株式の公募投信が人気であるが，外国株式のアクティブ運用の約9割が外部委託運用となっている（金融庁 2023, 34-35頁）。海外の運用会社を傘下に収めることで，日本の顧客向けの外国株式のアクティブ運用をグループ内のインハウス運用とすることが可能である。

さらに，サステナブルファイナンス（ESG投資，インパクト投資，トランジション・ファイナンスを含む）やプライベートアセット（株式および債券）もポテンシャルのある有望なアセットクラスとなろう。

(5) 独立系運用会社への支援

日本の運用業界は，大手金融グループ傘下にある非独立系の運用会社と外資系運用会社による寡占市場である。これは，資産運用ビジネスの参入障壁が高いためである。その結果，国内（日系および外資系）の運用会社出身のファンドマネージャーの多くは，日本での運用会社の設立を諦め，規制がそれほど厳しくなく，ビジネスのインフラが整備されたシンガポール等での設立を目指すことが多い。これは，資産運用立国を目指す我が国としては，あまりにも不都合な現実である。

資産運用ビジネスは，規制業種であり，事業を行うにあたって体制整備にコスト（主に固定費）がかかるため，固定費率が高いが，資本はそれほど必要ない。損益分岐点を超えて預かり資産が増えると，利益率は飛躍的に上昇する営業レバレッジが効くビジネスである。問題は，累損額の最大値を上回

る資金の拠出を個人で行うことが容易ではない点である。損益分岐点に到達するための預かり資産額が少なくとも50億円程度は必要となる（手数料率を1%として，収益が5,000万円。人件費，家賃，システム費用等で，費用は最低でも5,000万円）が，新会社のトラックレコードがない中で，50億円の資金を集めることは容易ではない。50億円が集まるまでは，赤字となるため，最大の累損額以上の自己資金が必要となる。給与所得者が，自己資金として拠出可能な金額が，5,000万円程度だとすれば，3年以内に累損が5,000万円を超えると，その時点で廃業せざるをえない。

しかしながら，岸田政権の「資産運用立国実現プラン」では，資産運用業の改革の施策として，新興運用業者促進プログラム（日本版EMP）が盛り込まれた（内閣官房 2023, 3頁）。当該プランにおいて，新興運用業者促進プログラム（日本版EMP）と題し，官民連携して新興運用業者に対する資金供給の円滑化を図る観点から，銀行，保険会社等の金融機関に対して，新興運用業者を積極的に活用した運用を行うことや，新興運用業者について単に業歴が短いということのみによって排除しない（内閣官房 2023, 3頁）ことを要請している。これは，政権が交代しても，継続すべき政策である。

参入障壁が低くなれば，国内の運用会社出身のファンドマネージャーにも国内での独立の道が開かれる。独立系の運用会社の社長兼運用責任者には定年がない。ウォーレン・バフェット氏（94歳）のように，ビジネスが上手くいくならば，引退時期は自ら決めることが可能だ。

現在の日本の資産運用業界は，経験豊富な専門人材を上手く活かしきれていない。日系大手運用会社において，ベテランのファンドマネージャーを雇用し続けることが難しければ，過度のリスクをとることなく，彼ら彼女らがセカンド・キャリアとして，自分の会社で運用を続けられるようにすることが，日本の運用会社の運用力向上につながる。

また，小規模な資産運用会社が数多く誕生することにより，中小型株の市場が活性化する可能性もある。運用資産額の想定が100から200億円程度の新規ファンドだと，日系大手運用会社では規模が小さく，設定が難しい面がある。しかし，ベンチャーの運用会社であれば，この規模の運用資産でもビ

第4部
運用会社の課題

ジネスが成立する。今後，TOPIX 構成銘柄の見直しに伴い，指数から除外
される小型株が大量に出てくる見通しである。そうした銘柄は，国内外の大
手機関投資家の投資対象とはならない可能性があるが，それらすべてが非上
場化に向かうとも考えにくく，市場参加者からの関心が低いまま，一定程度
は上場を維持すると考えられる。そこに，ベンチャーの運用会社の活躍の場
がある。また，IFA（独立系ファイナンシャル・アドバイザー）や複数の独立系
の運用会社の商品を束ねた FoF（ファンズ・オブ・ファンズ）の運用会社が，
こうした独立系運用会社の運用力の目利きを行うことで，中小型株のエコシ
ステムが上手く循環することを期待したい。

[参考文献]

金融庁（2023）「資産運用業高度化プログレスレポート 2023—『信頼』と『透明性』の向上に
　　向けて—」（https://www.fsa.go.jp/news/r4/sonota/20230421/20230421_1.pdf）。

金融庁長官 栗田照久（2023）「資産運用立国の実現に向けて」資産運用業大会資料，2023 年
　　11 月 1 日。

内閣官房（2023）「資産運用立国実現プラン」2023 年 12 月。

内閣官房（2024）「『資産運用立国実現プラン』の主な施策の進捗状況のフォローアップと今
　　後の予定」2024 年 6 月。

第14章

運用会社のガバナンス

本章は，アセットマネジメント会社のコーポレートガバナンスの現状と課題を検討し，解決のための提言を行う。日本の大手アセットマネジメント会社はコーポレートガバナンスの改革を進めてきたが，まだ途上の状況にある。特に，大手金融機関の子会社であり，さらにビジネス上親会社に依存している状況を考えると，上場会社以上に強固なコーポレートガバナンスが望まれる。こうした課題解決のため，本章では，指名委員会の設置，独立社外取締役の増員，ダイバーシティの推進という3つの提言を行う。

第4部
運用会社の課題

1

はじめに

　2014年にスチュワードシップ・コード（2017年，2020年改訂），2015年にコーポレートガバナンス・コード（2018年，2021年改訂）が策定され，アセットマネジメント会社による上場企業へのエンゲージメントが活発化している。また，2018年，「投資家と企業との対話ガイドライン」（2021年改訂）が策定され，具体的なエンゲージメントの項目について述べられている。この中では，「3. CEOの選解任・取締役会の機能発揮等」など，コーポレートガバナンスに関するエンゲージメント項目が多数紹介されている。実際，アセットマネジメント会社から上場企業に対して，数多くコーポレートガバナンスの改善を求めたエンゲージメントが行われている。

　ただ，ここで少し立ち止まって，日本のアセットマネジメント会社のコーポレートガバナンスの現況を考えてみる必要があろう。上場企業にコーポレートガバナンスの改善を求められるほど，はたして自社のコーポレートガバナンスに問題がないのであろうか。本章では，日本の大手アセットマネジメント会社のコーポレートガバナンスについて考察していく。2009年，筆者は『金融サービス業のガバナンス』（金融財政事情研究会）において，日本の大手アセットマネジメント会社の問題点について指摘すると同時に，その改善策を提示した。その後，多くのアセットマネジメント会社は，コーポレートガバナンスの改善に取り組み，当時指摘した問題点のいくつかは改善されつつある。しかし，依然残された問題も多い。したがって，本章では，その解決策を提示すると同時に，今後のアセットマネジメント会社のコーポレートガバナンスについての期待を述べたい。

第14章
運用会社のガバナンス

2

日本の大手アセットマネジメント会社の構造的な問題

　まず，これからの議論の前提となる，日本の大手アセットマネジメント会社の構造的な問題を考えてみる。大手アセットマネジメント会社の最大の問題は，金融機関グループの系列会社であるということである。大手アセットマネジメント会社は，証券会社，銀行（メガバンク），信託銀行，生命保険会社，損害保険会社など，様々な金融機関の子会社となっている。そのため，親会社が発行済み株式数の過半数，中には100％を持っている。その意味では，通常の上場会社とは異なっている。親会社は株主なので，子会社の社長や取締役をどうしようと親会社の勝手であるといえるかもしれない。しかし，ステークホルダーの視点で考えれば，このことが顧客やアセットマネジメント会社の従業員にとって健全なことであるとはいえない。やはり，アセットマネジメント会社は，親会社から独立した経営を行う必要がある。すなわち，上場企業同様，コーポレートガバナンスは極めて重要であると考えられる。

　多くのアセットマネジメント会社は，ビジネス上も親会社と密接な関係を持っている。証券会社やメガバンク系列の場合は，親会社が投資信託の販売会社でもある。大手アセットマネジメント会社にとって，投資信託は最も重要な商品であり，その販売を親会社に依存していることになる。もちろん，親会社も子会社の商品だけを扱っているわけではないが，子会社のアセットマネジメント会社にとって，販売会社である親会社は極めて重要な顧客となる。一方，生保系の場合，親会社は資金の出し手として最大の顧客である。親会社は，株を100％持っていると同時に，最大の顧客であるという立場にある。また，信託銀行系の場合，もともとアセットマネジメントビジネスが本業であったものが分離された形である。機関投資家向け（年金基金）は親会社との関係が残るが，投資信託の販売は依存しない。最後に，損害保険系の場合，親会社とのビジネス上の関係は希薄である。したがって，例外はあるものの，日本の大手金融機関の子会社であるアセットマネジメント会社の

229

第4部
運用会社の課題

場合，自社よりも親会社の利益が優先されるという利益相反に十分注意する必要がある。言い換えれば，こうした利益相反を防ぐため，上場企業よりも強固なコーポレートガバナンスが求められる。

3

2009年時点の問題点

　ここで，時計の針を2009年にまで巻き戻してみよう。このとき指摘したのは，前述した大手アセットマネジメント会社の構造的な問題と，社長の選任方法である。当時，多くのアセットマネジメント会社において，社長は親会社から送られてきた。親会社の取締役の退任とともに，子会社であるアセットマネジメント会社に社長として送られる。これには，コーポレートガバナンスにおける社長の指名という点で，極めて大きな問題がある。

　最大の問題は，社長がアセットマネジメント会社において指名されたわけではないということである。もちろん，当時指名委員会などはほとんどなく，アセットマネジメント会社が自らのトップを決められないという状況であった。まして，親会社からどのような人が派遣されるかは，親会社の取締役選任や退任によっていた。例えば，親会社で新しい社長が選任されると，年上の取締役が退任することが多い。こうした退任取締役の中から，子会社のアセットマネジメント会社の社長が決められる。もちろん，その選択肢の中では適切な人が選ばれる可能性は高いが，選択肢自体が極めて小さい。また，これまでの親会社での論功としての評価も加わってくる。すなわち，最適な人がアセットマネジメント会社の社長に選任される可能性が低い。さらに，タイミングの問題も大きい。親会社の取締役交代のタイミングで行われ，アセットマネジメント会社での経営の状況が考慮されないからである。経営手腕の高い人がアセットマネジメント会社の社長に選任され，高業績を上げていても，親会社の取締役交代のタイミングで，現社長は退任することになってしまう。そして，別の新しい人が社長として派遣される。大手金融機関であっても，大きな子会社の数は限られているため，アセットマネジメ

ント会社の社長のポジションは，親会社の退任取締役にとっては魅力的である。そして論功に報いる意味もあり，少しでも多くの親会社の退任取締役にそのポジションを提供しようとするため，アセットマネジメント会社の社長の任期は極めて短い。任期は2〜3年が多く，はたしてこの短い期間で長期的な経営ができるのか疑問である。これは，親会社の社長や通常の上場企業の社長の任期と比べても極めて短い。

　社長だけでなく，他の取締役も親会社から派遣されていることもある。そして，その多くが親会社からの出向形態をとる。社長はすでに親会社の取締役を退任しているため，親会社に籍はない。一方，他の取締役は親会社に籍があるため，はたして彼らは社長のいうことを聞くのであろうか。彼らは，自社の社長よりも親会社の意向を重視することになる可能性が高い。これは，アセットマネジメント会社の取締役だけの問題ではなく，出向者は部課長にも数多くいる。こうした状況で，親会社と関係が切れてしまった社長が，リーダーシップを発揮することができるか疑問である。

　当時，大手アセットマネジメント会社のコーポレートガバナンス改善のために，筆者は3つの提言を行った。独立した社外取締役の導入，社長の報酬，出向制度の見直しである。まず，独立した社外取締役の導入であるが，前述したように，大手のアセットマネジメント会社の多くが，ビジネス上も親会社に依存していた。利益相反を防ぐため，独立社外取締役の導入は必須である。もちろん，独立社外取締役の導入だけで利益相反の問題が解決されるとは思っていない。しかし，これまで社内取締役だけで，親会社との関係も当たり前のように議論してきた中，独立社外取締役が入ってくることによって，彼らに対して説明責任が発生する。利益相反の問題を，あらためて社内取締役に認識させることができる。次に，社長の報酬であるが，たとえ親会社から送られていても，業績連動型の報酬にすべきである。親会社の報酬制度に影響されない。アセットマネジメント会社の社長はリスクをとって経営を行い，成功すれば高い報酬をもらい，業績が悪ければ交代ということになる。これは，社長の任期とも連動しており，高い業績を上げている社長は，親会社の都合で交代するべきではない。最後は，出向制度の見直しであ

第4部
運用会社の課題

り，特に，ポートフォリオマネージャーやアナリストといった運用プロフェッショナルは，出向形態をとるべきではない。こうした3つの提言であるが，その後，大手アセットマネジメント会社はどうなったのであろうか。次に，この15年ほどの，大手アセットマネジメント会社の取り組みについて見てみたい。

4
近年の大手アセットマネジメント会社の取り組み

　2009年時点で行った3つの提案の結果について見てみたい。まず，現在，大手アセットマネジメント会社は，すでに独立社外取締役を選任している。そのため，モニタリング機能は強化されたといえる。特に，議決権行使には，この独立社外取締役によって，利益相反を含めたチェックが行われるようになった。

　一方，社長の報酬については，開示がないため，業績連動型報酬がどれほど進んだかはわからない。ただ，親会社から社長が派遣されるケースは，徐々に減ってきている。外部から招聘するケースや内部昇格が増えてきているためである（信託銀行系の場合は，もともと本業からの分離であるため，社長が親会社出身であっても内部昇格と考えられる）。これまでの親会社からの派遣の場合，親会社の取締役退任後の報酬設定に縛られていたが，外部からの招聘や内部昇格の場合は，アセットマネジメント会社による報酬体系となるため，業績連動型報酬となっていると考えられる。特に外部から招聘する場合，こうした制度がない限り優秀な人を採用できない。さらに，社長の選任は，親会社の取締役人事と切り離されているため，アセットマネジメント会社の判断で行うことが可能である。

　最後に，親会社からの出向制度だが，ポートフォリオマネージャーやアナリストといった運用プロフェッショナル業務では，その多くがすでに，中途採用を中心にプロパー化している。さらに，出向していた者の多くが，子会社であるアセットマネジメント会社に転籍をするか，親会社に戻るかをして

いる。アセットマネジメント会社でのプロパー採用も，中途採用がほとんどであったが，新卒採用も増えてきている。

正直，2009年当時こうした提案をしたときには，これほどアセットマネジメント会社のコーポレートガバナンスが改善するとは思っていなかった。その意味では，各社の自助努力と，こうした改善を促してきた金融庁の努力に敬意を表したい。しかし，まだ大手アセットマネジメント会社のコーポレートガバナンスの改善は途上である。実際，金融庁は，2023年「資産運用業高度化プログレスレポート2023—『信頼』と『透明性』の向上に向けて—」（以下，プログレスレポート2023）において，「資産運用会社の経営の透明性確保」で，社長の選任について問題提起をしている。次に，このプログレスレポート2023の指摘について考えてみたい。

5
プログレスレポート2023

プログレスレポート2023では，以下のように述べられている。

「しかしながら，わが国の大手資産運用会社には，金融機関グループの系列会社が多く，同じグループ内の販売会社は販売手数料獲得型の営業を主流としており，状況によっては，販売会社の短期的利益が資産運用会社の長期的利益に優先されるおそれがある。資産運用会社はこうした懸念を払拭できるよう，利益相反を適切に管理し，顧客の最善の利益を図ることを，具体策を持って国民に示していく必要がある。」（金融庁2023，5頁）。

これは，まさにこれまで議論してきた，日本の大手アセットマネジメント会社が持つ構造的な問題が指摘されている。そして，社長（経営トップ）の選任の状況について，海外との比較を行っている。2022年12月末時点の投資信託および投資一任契約の運用資産残高で，国内上位20位内の日系アセットマネジメント会社（11社）が調査の対象である。そして，比較対象は世界大手30社である。

まず，前章の**図表13-4**を見ていただきたい。このグラフは，日系大手11

233

第4部
運用会社の課題

社と世界大手30社の社長の在任期間の比較をしている。

　日系大手は在任期間3年未満が72.7％を占めているのに対し，海外大手は5年以上10年未満が1番多く，43.3％となっている。前述したが，親会社から社長が派遣される場合，退任取締役の天下り先としてアセットマネジメント会社の魅力度が高く，できるだけ多くの退任取締役にポジションを与えようとする。その結果，任期が異常に短くなる傾向がある。言い換えれば，社長の選任が，アセットマネジメント会社ではなく，親会社の都合が優先されているといえよう。前述したが，社長の社内昇進や外部からの登用が増えてくれば，日系大手の在任期間は伸びていくと考えられる。

　次に，日系大手の社長のアセットマネジメントビジネスの経験年数を見てみる。もちろん，もし社長が経営のプロフェッショナルと考えると，業種は関係なく，アセットマネジメントビジネスの経験年数は関係ないのかもしれない。しかし，多くの場合，初めて社長になる人が多いため，やはり，そのビジネスでの経験は重要になる。**図表14-1**が，日系大手11社と世界大手30社の社長のアセットマネジメントビジネスの経験年数を示している。

　日系大手では3年未満が1番多く，36.4％を占めており，一方，海外大手は20年以上が59.3％である。海外大手の数値が常識的な結果であると考えると，日系大手の数値は驚きをもって見られる可能性がある。これも，いまだ親会社から社長が派遣されている会社があることが影響している。この場

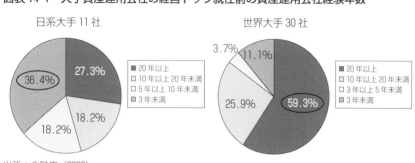

図表14-1　大手資産運用会社の経営トップ就任前の資産運用会社経験年数

出所：金融庁（2023）

第 14 章
運用会社のガバナンス

合，繰り返しになるが，親会社の人事が優先されるため，アセットマネジメントビジネスを理解した人が選任されるとは限らないからである。上場企業では考えられない社長の選任方法となっている。しかし，社長の在任期間と同様，社長の内部昇進や外部からの招聘が増えれば，世界大手30社の数値に近付くと考えられる。

　次に，社長の出身会社を見てみる。この問題が，最大のポイントであって，これまで説明した，社長の在任期間や経験年数はその結果に過ぎないと考えられる。前章の**図表13-3**が，日系大手11社と世界大手30社の社長の出身会社である。

　日系大手ではグループ内他社が73％であるが，海外大手では内部昇進（勤続10年以上）が47％を占めている。ただし，前述したように，信託銀行系の場合は，本業としてアセットマネジメントビジネスを行ってきたのが，分離されて子会社形態になったため，社長は内部昇進と考えられる。そのため，状況はもう少し改善されているが，それでもいまだに親会社から社長が送られてくるアセットマネジメント会社が多いことも確かである。

　最後に，ダイバーシティの観点から，**図表14-2**で社長の性別の比率を示している。日系大手が9％，世界大手が22％となっており，日系大手の比率は小さいが，世界大手も高いとはいえない。こちらも，今後ダイバーシ

図表14-2　大手資産運用会社の経営トップの性別

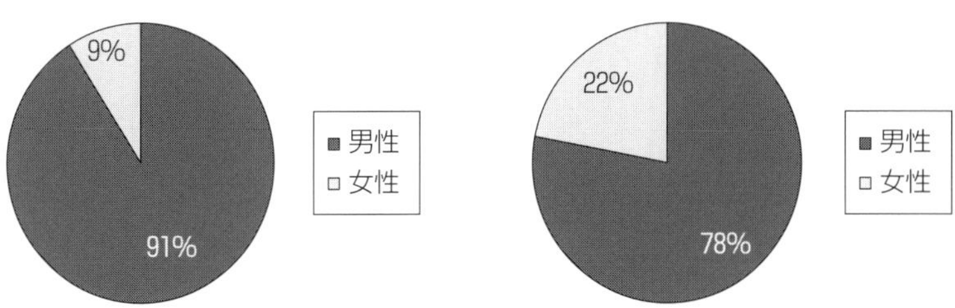

日系大手11社

世界大手30社

出所：金融庁（2023）

235

第4部
運用会社の課題

ティの推進により，改善していくものと期待される。

　以上，プログレスレポート 2023 のデータを検証してきたが，最大のポイントは，社長の選任方法である。歪な数値は，親会社から社長が送られてくることが原因となっている。

6
新たな提言と期待

　近年，日本の大手アセットマネジメント会社は，社外取締役の導入，社長選出における社内昇進・外部からの招聘の増加，出向制度の見直し等，コーポレートガバナンスの改善に取り組んできたが，金融庁のプログレスレポート 2023 では，社長の選任にいまだ問題があることが指摘されている。以下では，2009 年時と同様，新しい提言をしたい。ただし，今回は前回と違って楽観的である。それは，外部環境，特にステークホルダーとの関係から，アセットマネジメント会社は，自らコーポレートガバナンスを改善していくと考えられるからである。まず，このステークホルダーを中心とした外部環境の変化について指摘した後，提言を行う。

（1）　外部環境の変化

　外部環境の変化として，ステークホルダーとの関係が変化してきていることが挙げられる。この場合のステークホルダーは，顧客，従業員，投資先上場企業である。

　まず，顧客であるが，機関投資家であるアセットオーナーが高度化していくと考えられるとともに，アセットマネジメント会社を採用したときに説明責任が問われる。したがって，採用のときにコーポレートガバナンスが問われても不思議ではない。アセットマネジメント会社が，投資先企業にコーポレートガバナンスの開示を要求することと同じである。内閣官房から「アセットオーナー・プリンシプル」が策定されることも，こうした流れを推し進めることとなろう。また，親会社もグループとしての業績拡大を目指す

中，子会社であるアセットマネジメント会社の業績拡大が必要となる。そのためには，親会社と関係しない顧客をいかに獲得するかが重要となる。さらに，大手アセットマネジメント会社の中には，グローバル化を目指すところもあり，その場合には海外顧客を獲得しなければならない。そのため，コーポレートガバナンスを改善し，グローバル化を成し遂げられる人を社長に選任するシステムが必要となる。

次に従業員である。以前は出向者が多かったが，現在では親会社からの転籍者とプロパー採用された人々がほとんどである。こうした状況で，社長や取締役が親会社から派遣されるという状況に納得するであろうか。もし，放置すれば，優秀な人材は他社に移ってしまう。また，新卒採用や中途採用にも影響する。実は，新卒や中途でアセットマネジメント会社に応募しようとする人々は，社長，取締役，その他管理職がどこから来ているのか，しっかりとチェックしている。そのことに，アセットマネジメント会社やその親会社は気付いているのだろうか。

最後に，投資先上場企業である。アセットマネジメント会社によるエンゲージメントはすでに一般化してきており，その中で上場企業に対してコーポレートガバナンスの改善を求めている。そうした中，アセットマネジメント会社のコーポレートガバナンスに大きな問題がある場合，こうしたエンゲージメントは説得力を持たなくなる。

以上のように，ステークホルダーとの関係が変化する中，アセットマネジメント会社は自らコーポレートガバナンスを改善しなければならない状況にある。

(2) 指名委員会の設置（提言1）

会社経営で重要なことが，優れた社長の選任であることは明白である。優れた社長の選任には，アセットマネジメント会社でも，上場企業と同様，指名委員会の設置が必要となる。指名委員会では，独立社外取締役が過半数を占めるとともに，委員長も担う。この指名委員会で，社内，社外の中から最適な人物を選任する。そして，社長就任後は，そのパフォーマンスをモニタ

リングし，経営状況が思わしくない場合は，社長の交代をも議論する。

指名委員会の設置が意味することは，社長の選任権を，親会社から子会社であるアセットマネジメント会社に移すということである。そして，親会社の人事から切り離すことを意味する。もちろん，親会社は過半数の株式を所有しているので，社長選任に一定の意見が反映されるべきであるが，あくまで最終決定は指名委員会でなされなければならない。もちろん，指名委員会が，親会社の社員の中に最適な人物を見つけ，指名する場合も考えられる。この場合は，これまでの親会社の人事で派遣されてきたのとは異なると考えられる。

実際，ある日本の大手アセットマネジメント会社では，こうした指名委員会を設置し，そのプロセスで，社長が選任されている。他の大手も，できない理由はないと考えられる。

適任者が，アセットマネジメント会社の社長に就任すれば，それだけ業績がよくなる可能性が高まり，親会社の業績にもプラスになると考えられる。その結果，株主である親会社は，最適な人物が子会社の社長になることを志向するようになると思われる。そして，功労賞でアセットマネジメント事業に精通していない人を，そのポジションにつけるようなことはしなくなるであろう。

（3） 独立社外取締役の増員（提言２）

現在，大手アセットマネジメント会社では独立社外取締役が選任されている。中には，過半数以上を独立社外取締役が占める会社もあるが，多くの大手アセットマネジメント会社で，独立社外取締役比率が低い状況にある。大手アセットマネジメント会社は，親会社とのビジネス依存の問題および利益相反のリスクが高いことから，上場企業以上に独立社外取締役の役割は重要である。現在，東証プライム市場に属するほとんどの上場企業が，3分の1の独立社外取締役比率を達成していることを考えると，アセットマネジメント会社では，過半数の独立社外取締役比率が求められよう。

独立社外取締役の候補としては，弁護士，会計士，学者，コンサルタント

第14章
運用会社のガバナンス

（IT含む）といったスペシャリストの他，特に他のアセットマネジメント会社で経営を担った人材が最重要である。実際，そうしたケースはあるが，まだ数が少ないのが現状である。しかし，今後，アセットマネジメント会社の社長はプロフェッショナル化していくため，独立社外取締役候補のプールは拡大することが予想される。

（4）　ダイバーシティの推進（提言3）

　プログレスレポート2023では，日系大手の女性社長の比率は9％，人数としては1名である。これは低い数字であるが，女性取締役比率も同様に低い水準にとどまっている。さらに，この女性取締役も，独立社外取締役で増やしているのが現状である。これは，上場企業でも似た状況であるが，やはり，社内取締役で女性取締役が選任されていくことが望まれる。そのためには，社内の女性管理職比率を上げていく必要がある。

　また，グローバル化を目指すアセットマネジメント会社の場合，外国人取締役も必要になってくる。実際，すでに社長も含めて外国人取締役が選任されている会社もあるが，今後大きく増えていくことが期待される。

7
おわりに

　これまで議論してきたように，日本の大手アセットマネジメント会社は近年コーポレートガバナンスの改革を進めてきたが，まだ途上の状況にある。特に，大手金融機関の子会社であり，さらにビジネス上親会社に依存している状況を考えると，上場会社以上に強固なコーポレートガバナンスが望まれる。

　2009年時点では，大手アセットマネジメント会社のコーポレートガバナンス改善のため，独立した社外取締役の導入，社長の報酬，出向制度の見直しという3つの提言を行った。当時，筆者はこの提言が実行されることに悲観的であったが，実際には予想を超える改善が見られることになった。今回

第4部
運用会社の課題

の提言は，指名委員会の設置，独立社外取締役の増員，ダイバーシティの推進である。繰り返しになるが，今回は外部環境の変化もあり，これらの提言に楽観的である。はたしてどうなるであろうか。

[参考文献]
金融庁（2023）「資産運用業高度化プログレスレポート 2023―『信頼』と『透明性』の向上に向けて―」（https://www.fsa.go.jp/news/r4/sonota/20230421/20230421_1.pdf）。
辻本臣哉（2009）「投資顧問会社のコーポレート・ガバナンス」『金融サービス業のガバナンス：規律付けメカニズムの再検討』金融財政事情研究会，pp. 138-171。

第15章

新興運用会社の役割と新規参入の課題

　本章は，運用業への新規参入の課題と新興運用会社の果たす役割について述べる。運用の資金集めなど，運用業への新規参入の課題は多いといえるが，政府の資産運用立国実現に向けた取り組みや関連サービスの充実，ネットワーキングの機会増加など，ビジネス環境は着実に追い風になっている。こうした環境下で，新興運用会社が企業価値向上において果たす役割も重要だと考えている。多様な資産運用会社が設立され，ファンドマネージャーたちが切磋琢磨し，資産運用業界が活性化されることを期待したい。

第4部
運用会社の課題

1
はじめに

　筆者は，資産運用会社の創業を2度経験している。1度目の創業は2006年であり，その後リーマンショックが起こるなど経営は厳しく，撤退を行った。そして，2022年に2度目の創業に携わり，2024年に入ってようやく投資運用業務を開始するなど，現在少しずつビジネスを前に進めている。社会人としてのキャリアは，国内系，外資系，独立系と形態は違うもののすべて資産運用会社であり，主に日本の上場株式の運用業務に携わってきた。

　したがって，本章は，筆者の運用会社における実際の経験や印象，またこれまで関わりを得た様々な立場の皆さまから直接伺った意見などがベースとなっており，いわゆる現場の声としてお読みいただけると幸いである。運用業界に属されない読者も想定して書き進めたが，特に前半部分では，これから運用業を始めたい方に知ってほしい実務や留意点も盛り込んだので，細かい事項が多くなっている点はご容赦いただきたい。

　本章は，基本的に日本の上場株式に投資を行う新興運用会社について書いたものである。また「運用業」という語句を用いているが，金融ライセンスに関わる文脈では「投資運用業」，政策支援に関わる文脈では「資産運用業」と記載した。

2
運用業への新規参入の課題

　上記の経験もあり，知人やその紹介などで運用業への参入の相談を受ける機会が，しばしばある。

　まず，ファンドマネージャーとして運用の腕に自信があって独立を考えている，という場合，本章ではあまり多くを触れないが，ファンドプラットフォーマーと呼ばれる運用会社でマルチマネージャー型ファンドの運用者になるという選択肢がある。マルチマネージャー型ファンドとは，平たくいう

第15章
新興運用会社の役割と新規参入の課題

と，様々な運用戦略を持つファンドマネージャーたちが，それぞれ独立して運用の意思決定を行っているファンドである。そこに採用されると，当初定めた運用戦略から逸脱せず，また運用パフォーマンスをコンスタントに出し続けている限り，自由度が高い運用を継続でき，実績ベースの報酬を得ることができる。また，チームとして人員を増強することも可能である。独立して，運用会社を立ち上げることと比較すると，運用資金集め，マーケティング，トレーディングやミドル，バックオフィス業務などにとらわれることなく，運用業務に専念できるというメリットがある。比較的若いファンドマネージャーの中には，ファンドプラットフォーマーでトラックレコードを積み上げ，資金を蓄え，独立を果たすケースも見られる。

　一方で，一から資産運用会社を創業することは，人材の獲得や体制の整備，顧客との関係構築など多くのプロセスが必要で，その中でも運用の資金集めが，大きな課題になっている。これから具体的に紹介していきたい。

　筆者自身が創業をする際，先輩方から様々なアドバイスを受けてきたが，その中でも肝に銘じておくべきことは，「会社も自分自身の家計も，少なくとも向こう3年分の資金の蓄えを持って始めるべきである」だと考えている。

（1） 投資運用業への新規参入にあたって

　投資運用業に参入するためには，いくつかのステップと要件を満たす必要がある。ここでは，それぞれ必要な項目について，これまでの筆者の経験も踏まえて整理をしてみたい。どのビジネスを立ち上げるにおいても，ヒト・モノ・カネの3要素が必要といわれるが，投資運用業特有の条件として，まずは金融庁の登録を完了しないとビジネスを始めることができないことを，押さえておかなければならない。

1） 経営理念の制定
　優れた運用リターンを獲得することが重要視されるビジネスなので，運用会社として経営理念を創業時点から設定する必要があるか，という意見はあ

第4部
運用会社の課題

ろう。しかし，チームとして会社運営が行われる以上，会社としての拠りどころとなる理念やミッション，目指すべき方向性は，社員全員で共有しておくことが望ましいと思う。何のためにビジネスを始めるのか，ということである。これは1度目の起業から得た学びの1つである。

2) 経営計画の策定

　投資運用業においては，提供する商品は運用戦略なので，どのような運用哲学やプロセスで投資を行うのか。自分たちの強みや，どのような顧客層をターゲットにするかを明確にして，経営計画を策定していく。ビジネスモデル自体はシンプルであり，運用資産残高×手数料率をベースとし，成功報酬があれば，それを考慮して売上の前提を考え，各コストを控除した計数面での目標設定を行うことになる。とはいうものの，市況など自社でコントロールできない要素も多く，計画した通りに進捗することも，現実的には難しい。

　ファンドの報酬体系をどうするか。例えば，買い持ちと空売りを組み合わせたロング・ショートファンドの運用であれば，2-20と呼ばれる年間2％の固定報酬と利益の20％の成功報酬を顧客から得るのが一般的だが，報酬の手数料率をどの水準にするのかは運用会社ごとの考え方が現れる部分である。また，アクティブファンドにおいては，自分たちの運用が可能な適正資産規模があり，その運用戦略のキャパシティをいくらくらいと，ある程度は想定しておく必要もある。

　アクティブ運用を行う以上，運用資産規模は多ければ多いほどよいというものではなく，適正な運用資産規模の想定は重要な経営課題の1つである。

　その他，人材採用計画や役職員の報酬体系，資本政策なども話し合っておいた方がよいであろう。

3) 投資運用業登録について

　投資運用業を行うためには，財務局への登録申請が必要となるが，その要件として，資本金および純資産額が5,000万円以上であることが求められ

> 第15章
> 新興運用会社の役割と新規参入の課題

る。いわゆる純資産規制というもので，売上が上がるまでに時間を要することから費用が先行するため，実際には創業時に5,000万円では不十分で，少なくとも5,000万円に1〜2年分の運転資金を加えた額が必要となってくる。この資金調達については，投資運用業への一定の参入障壁になっている。なお，後述するが，2024年の金融商品取引法（以下，金商法）の改正により，投資運用業者が顧客から金銭等の預託を受けない場合において，この純資産規制は金額が引き下げとなることが決定している。また現行のルールにおいても，適格投資家向け投資運用業（いわゆるプロ一任）では，主にプロフェッショナルな投資家を対象とした投資運用業務であれば，一般の投資運用業と比べて登録要件が緩和されており，運用財産の総額が200億円以下であることなどの制限があるものの，資本金は1,000万円以上で登録が可能である。

　また人的構成要件も一定の参入障壁となっており，投資運用業に関しては取締役会設置会社であることが必須となっており，取締役が3名以上，監査役が1名以上いることが必要である。加えて，経営者には経歴・能力等に照らし業務を公正かつ的確に遂行する資質が求められる。運用担当者には運用資産の知識・経験，また資産運用部門から独立したコンプライアンス部門には十分な知識・経験を有する担当者を確保することが求められる。

　その他，業務を適切に遂行するための組織体制の整備も必須であり，投資顧問業協会など自主規制機関への加入も必要である。細かい点のようではあるが，国内に営業所または事務所を有することが必要で，専用スペースやセキュリティの確保などオフィスの仕様にはいくつかの条件がある。またビジネスが開始する前の登録申請時にオフィスを設ける必要があり，スタートアップには，少なくない固定費負担となっている。

　詳しくは，金融庁の「投資運用業等登録手続ガイドブック」に，必要な手続や要件が詳しく説明されているので，新規参入を検討されている方は参照されたい。また後述する「Tokyo独立開業道場」というプログラムも参考になるだろう。

第4部
運用会社の課題

4）　必要な人材

　先述の通り，投資運用業を行うためには，金商法に基づく資格や一定の実務経験，専門知識などが求められる。経営者や運用担当者については，高い経営能力や高い運用能力を持ち合わせているかどうか，という観点はさておき，登録要件を満たすという観点では一定の要件を有した人材は一定程度存在する。そもそもは，創業者が経営者であり，運用担当者というのが一般的であろう。しかしながら，コンプライアンス部門の要件を満たす経験者は限られており，その上リスクをとって創業時から参加できる人材を獲得するのには，各社苦労をしている模様である。

　またどういう人物と一緒に働くのかという点についても，とても重要だと考えているので，後述したい。

5）　顧客獲得

　効果的なマーケティング戦略を立て，顧客を獲得することが必要なのは，他のビジネスにおいても同様であるが，特に，運用開始時よりファンドに出資をしてくれる投資家を見つけることが，運用業の新規参入における最も超えるべき高い障壁といえるかもしれない。これも，後述したい。

6）　必要な資金

　投資運用業を行うためには，一定金額以上の資本金ならびに純資産が必要であることは述べた。イニシャルとして，通常の業務で必要なものは電話とパソコンくらいであるが，その他，投資運用業登録費用，業界団体への加入費用，また弁護士報酬など法務・コンプライアンス費用などが必要である。また運転資金として，まずは人件費である。創業メンバーは，損益分岐点が超えるまで，ほとんど給料をとれないと聞くことも多い。加えて，各種情報提供を行うデータベンダーやトレーディングシステムなどのサービスプロバイダーに支払う情報機器関連費が大きく，不動産賃借料，顧客によっては加入が求められるD&OやE&Oの保険料負担もある。

　また実際に運用戦略を実行するファンドの組成や維持する費用も運用資産

が一定規模を超えるまでは，新興運用業者にとって少なくない負担である。

7) 体制の整備

業務を適切に行うための体制の整備には，法令遵守のための内部監査やコンプライアンス部門の設置と同時に，社内規則やリスク管理，内部監査，顧客保護に関する規定など自社の状況に合わせて策定を行う必要がある。投資運用業としての信頼性や透明性を高めるための取り組みであるが，必要に応じて，弁護士など外部の専門家の助言がないと，円滑に整備を行うのが難しいのが実態である。

(2) 運用業への新規参入の課題

前項での様々なプロセスを鑑みた上で，運用業への新規参入の課題をまとめてみたい。人材の重要性など，どの業種にも当てはまるようなことがある一方で，こんなことが課題なんだと思われる点があるかもしれないが，運用業以外のスタートアップの起業との違いにも着目してご覧いただけると理解が深まるのではないかと思う。

1) 運用開始初期の顧客獲得

シードマネーといわれることもあるが，運用開始時点の顧客獲得について苦労をするケースが多い。通常，別の運用会社から独立を果たすのが一般的であり，ある程度見込み顧客に当たりを付けて創業すると思われるが，顧客との関係性を維持することには多大な労力を要する印象である。変わりつつあるとはいえ，アセットオーナーによる運用者の選定基準はトラックレコード重視であり，特に国内年金基金においては新興運用会社がプレゼンテーションの機会を得るのもなかなか困難な状況である。したがって，運用開始時点からお金を出す投資家は，海外の投資家か一部富裕層しかいないのが実態である。もっとも，設立時点では信用力に乏しい運用会社のファンドに資金を預けるのは，ビジネスリスクも含めて目利きが難しいことは理解できる。新興運用会社としても，ガバナンス体制の透明性を高める努力は必要で

第4部
運用会社の課題

あろう。

2) 投資運用業登録におけるプロセス

投資運用業者の登録要件は詳細に開示がなされ，明快であるが，審査の過程で新規参入業者にとっては不安に駆られる面もある。これは，登録に要する期間が読めないからである。いつ登録が完了するのか，審査に時間を要している場合，どこに問題があるのかがわからないのである。不正業者を排除するための適正な審査に時間が必要なことは理解しているが，ビジネスを始める前の段階で事務所家賃など固定費が出ていくことは，スタートアップには負担となっている。

さらに細かい点として，投資顧問業協会の理事会において入会の承認を得る必要があるが，理事会が開催されるのは月に1度で，8月は開催されないなど，なるべく早くビジネスを開始したいスタートアップにとっては看過できない要件となっている。

3) 人材獲得や定着の難しさ

どんなメンバーでどういうチームを作るのか，というのは新興運用会社においても重要な経営課題であろう。実際，予算が潤沢ではない中で，能力のある人材を獲得するのはなかなか困難である。また無事に獲得できたとして，人材の流動性が高い業界であることから，定着が難しい面もある。

これまで20年近く数多くの運用会社の立ち上げをサポートしてこられた方がいっていた言葉が印象的で，それは「ロックバンドとヘッジファンドは解散するのが常」というものである。お金が絡むビジネスでもあり，複数の創業メンバーで同じ夢を見て立ち上げても仲間割れになるケースが多いという話で，運用業に限った話ではないかもしれないが，他の人からも，筆者が起業する際に同種のアドバイスをいただいた。

創業初期の頃に経営理念やミッション，ビジョンなどを策定し，社員全員で共有しておくことや，各業務の責任や権限，人事報酬の考え方をある程度議論しておいた方がよいだろう。ミッションやビジョンなどは，メンバー全

員に浸透するような活動も継続する必要がある。目指すべき方向性が共有できていればこそ，足元の意見の違いも乗り越えていけるのだと思う。

大手運用会社の場合，定年まで現役のファンドマネージャーを務めるというのは稀で，仮に運用成績がよくても，一定の年次になると他部署に異動となるケースが多いと聞く。メンバーのキャリア形成の希望に応じた柔軟な人事政策をとれること，個々のワークライフバランスに応じた柔軟な働き方への対応を整備することは，人材獲得において利点となろう。

4) 会社の継続性

そもそも運用業の新規参入には，運用成績に自信のあるファンドマネージャー1人が中心となって独立をして立ち上げるケースが最も多いと思われ，この場合，権限や責任の所在が明快である反面，個人商店型で，キーマンリスクが高く，事業の持続可能性については，限界がある。もちろん多様な運用会社が勃興し，切磋琢磨することがまずは重要であるが，創業者一代限りという新興運用会社が多い点も指摘しておく必要があろう。

経営と運用の機能を明確にするなど，会社のガバナンス体制には工夫の余地があると考えている。

運用業への新規参入の増加で，運用業のプロ経営者や連続起業家が増えることも期待しておきたい。

5) 撤退時の困難さ

新規参入の課題を述べるのに，撤退時のことを記載するのは若干躊躇するが，会社をたたむのが大変であることは頭の片隅に入れておいた方がよいだろう。顧客への説明や承諾を得ること，会社のみならず，ファンドを償還するための手続や負担する費用，また情報ベンダーやその他契約により支払いが求められる費用など，会社やファンドを閉鎖する意思決定をしてから気付くことはいくつかあろう。

第4部
運用会社の課題

3

取り巻く環境の変化

2000年代半ばには，和製ヘッジファンドブームがあった。筆者の1度目の創業もその頃であるが，構造改革を訴えた小泉政権のもと，日本の株式市場が回復し，主にファンドオブファンズなど海外投資家からのファンドへの出資を見込んで，運用業に参入する運用会社が次々と生まれた。日本株ロング・ショートファンドの運用を行う会社が中心であったが，2000年前後くらいから，東証マザーズや名古屋証券取引所のセントレックスなど各証券取引所が新興市場を相次いで創設し，新興・成長企業の上場が大きく増えた時期でもあり，中小型株式や成長株式の運用を得意とするファンドマネージャーが多かった。しかし，その後のライブドアショックやリーマンショックの影響もあり，新興運用会社が勃興する流れは一過性となった。

しかし，今般，政府の資産運用立国実現に向けた一環として，「新興運用業者促進プログラム（以下，日本版EMP)」がスタートするなど新興運用業者を支援するための取り組みや関連サービスが充実してきており，また各インベストメントチェーンが意見交換するネットワーキングの機会増加など，ビジネス環境は着実に追い風になっている。本節では，こうした支援体制や法改正，規制緩和，またその他サービスプロバイダーのサポート，各種イベントやネットワーキングの機会が充実してきている現状について，ご紹介したい。

（1） 新興運用会社の政策的支援

1） 日本版EMP

日本版EMP（Emerging Managers Program）は，政府の資産運用立国実現に向けた一環として，官民連携で新興運用業者に対する資金供給を円滑化することを目的としている。具体的には，銀行や保険会社などの金融機関（アセットオーナー）が新興運用業者を積極的に活用し，業歴が短いことだけで排除しないようにすることが求められている。ここでの新興運用業者とは，

第15章
新興運用会社の役割と新規参入の課題

創業から10年以内の運用会社を指し、新しいアイデアや手法を取り入れることで、資産運用業界に新しい風を吹き込むことが期待されている。

1件あたりの金額規模は当初それほど大きくはないことが想定されているのだが、新興運用業者にとっては、大手金融機関からの厳しいデューデリジェンスをクリアして、資金を受託できるということは自信につながるとともに、今後の資金獲得の呼び水となることが期待できるだろう。ガバナンス面での不透明さから、批判を浴びることもある金融機関系列の運用会社体制であるが、こと日本版EMPに関しては金融機関グループ全体として、様々な分野で新興運用業者はサポートを受けられる可能性もあり、大手金融機関グループのリソースの厚さを改めて実感するところである。

一方で、アセットオーナーの立場から、複数の新興運用業者をデューデリジェンスする負荷は大きいとも考えられ、数が多くなると一部不適正な業者が紛れてしまうリスクは想定しないといけないという話は耳にする。しかし、仮に不適切な運用を行う業者が発生したとしても、それをもってこうした日本版EMPに出資をした金融機関を批判したり、今後の取り組みにブレーキをかけるものにならないことを願う。

アセットオーナー側の改革については、アセットオーナープリンシプルが策定された点にも触れておきたい。これは、アセットオーナーが受益者の最善の利益を考慮し、資産を適切に運用する責任を果たすための指針であり、5つの原則から成り立っている。特に、この原則3には、アセットオーナーの最適な運用委託先選定について書かれており、その中の補充原則3-4では、「知名度や規模のみによる判断をせず、運用責任者の能力や経験（従前の運用会社での経験等を含む）を踏まえ、検討を行うことが望ましい。例えば、新興運用業者を単に業歴が短いことのみをもって排除しないようにすることが重要である。」と明記されている。日本版EMPの推進を支えるものであるといえる。

2) 国際金融都市東京を推進する取り組み

まず東京都の資産運用業創業支援が挙げられる。これは、独立系資産運用

第4部
運用会社の課題

業者が創業初期の費用負担を軽減するための補助金制度で，東京に拠点を設置し，独立系である業者を対象に，業登録費用，投資信託協会や日本投資顧問業協会の加入費・年会費，法務・コンプライアンス関連費用，運用事務委託・システム関連費用などを一部補助する取り組みである。この支援制度は，東京を国際金融都市として発展させるための取り組みの一環として実施されている。筆者の会社においても，要件チェックを受けた上で補助金をいただいた。キャッシュフローが厳しいスタートアップには少なくない金額の補助である。

　また FinCity.Tokyo（一般社団法人 東京国際金融機構）も東京の金融市場としての魅力を高め，世界トップクラスの国際金融都市とすることを目的とした組織であり，国内外への情報発信やネットワーキング，海外金融系企業の誘致，金融に関するセミナーやイベントの開催を行っている。「EM Showcase」という新興運用会社の市場参入を促進し，国内資産運用業の多様化・高度化の促進を目的として，注目に値する新興運用会社を紹介する施策や，Tokyo 独立開業道場というプログラムがあり，筆者も創業時に参考にさせていただいた。

3）　各種サポート体制

　ちょうどこの原稿の締め切りの頃（2024 年 10 月第 1 週）に，「Japan Week」が開催される。これは，日本政府が主催するイベントで，海外の投資家なども招いて，日本の金融市場の魅力を発信することを目的としている。およそ 1 週間前後の間に，様々な金融機関や企業，団体が資産運用フォーラム，サステナブルファイナンスに関するセミナーなど，多岐にわたるイベントを同時に開催する。新興運用会社にとっても，学びやネットワーキングの機会であるとともに，自分たちの戦略をアピールする場にもなろう。

　また資産運用業の改革や新規参入を促進し，競争を活性化させることを目的として，2024 年 6 月には，東京，大阪，福岡，札幌の 4 都市が「金融・資産運用特区」に指定された。地域ごとに特色ある施策が期待されている。筆者も札幌市の職員の方々から，詳しく話を伺ったが，北海道というエリア

の強みを活かした資金や人材の集積を目指す取り組みは新興運用会社にとってもビジネス機会となろう。

その他，筆者のオフィスはFinGATEという平和不動産株式会社が運営する兜町・茅場町エリアにある金融系スタートアップのためのインキュベーション施設にあるが，資産運用やFintechなどの金融系スタートアップの起業・成長を支援することを目的とした運営が行われており，新興運用会社にとって，痒いところに手が届く助言やサポートを行っていただいている。FinGATEは兜町・茅場町の複数のビルに展開しており，こうした街作りの甲斐もあって，一昔前は兜町を歩けば，場立ちの方々に出会うという状況だったのだが，今は新興運用会社のメンバーに出会うという状況になっている。

(2) 2024年の金融商品取引法改正

2024年5月，「金融商品取引法及び投資信託及び投資法人に関する法律の一部を改正する法律」（改正金商法）が成立したが，投資運用業の参入促進に向けた措置も重要な焦点となっており，特に投資運用業の新規参入に関わる文脈で，以下の点に注目している。

1) 投資運用業の登録要件緩和
投資運用業者が顧客から金銭等の預託を受けない場合，資本金要件が引き下げとなる。具体的には，5,000万円から1,000万円に引き下げられる予定である。これは，既存の運用業者にも適用される。純資産規制をクリアするための資金調達などの負担が軽くなることにより，新規参入の障壁は緩和される。

2) ミドル・バックオフィス業務に係る業の創設
投資運用業者からコンプライアンスや計理などミドル・バックオフィス業務を受託する事業者の任意の登録制度が創設された。この登録を受けた業者に業務を委託する場合，投資運用業者の人的構成要件が緩和されることとな

253

第4部
運用会社の課題

る。特に採用が難しいコンプライアンス担当者のアウトソーシングが可能に
なる利点は大きい。

3) 運用権限の全部委託が可能に

運用の企画や投資実行など分業化が進む欧米と同様に，投資運用業者が
ファンドの企画・立案の運営機能に特化し，様々な運用業者へ運用を委託で
きるよう，運用権限の全部委託が可能となった。

これまでも，資産運用会社が運用指図権限の一部を外部委託することは可
能だったが，今回の改正金商法により，特に既存の資産運用会社はファンド
の運用実行を外部に任せ，自社は企画や立案に特化することが可能となるた
め，新しい運用会社の増加が期待されている。筆者の運用会社では，現在欧
州のファンドマネジメントカンパニーから委託を受けて運用を行っている
が，今回の制度改正によって，国内においても，ビジネスが拡大する可能性
があると認識している。

4

新興運用会社の果たす役割

新興運用会社だからこそ果たせる役割について，考えてみたい。逆にいう
ならば，資本力もあって人材も充実している大手資産運用会社に成しえない
ことがあるのだろうか。スピード感のある意思決定や独立系でしがらみが少
ないので柔軟な組織運営が可能などスタートアップとしての特性は活かせる
だろう。なかなかすべてをロジカルに説明することが難しいのだが，いくつ
か述べてみよう。

1) 多様な運用商品の供給

現状では日本の資産運用業への新規参入は少ないので，まずは新規参入に
より，多様なスタイルの運用商品の品揃えが増えることは，投資家の選択肢
が増えることにつながる。そもそもアクティブファンドの残高が日本では少

254

ないことに加えて，大手の運用会社にはないリスク・リターン特性を持つ商品やユニークな戦略を採用したい場合においても，対象となる運用会社，商品が不足しているとアセットオーナーから聞くこともある。

　誤解をおそれずにいうと，国内大手の運用会社を中心にそれほど商品性に大きな差異が見られない中で，昨今立ち上がっている資産運用会社には，特色ある運用戦略をとるファンドが増えつつある。以前は新規参入といえば，日本株ロング・ショート戦略をとるファンドが多かった。しかし，少しずつではあるが多様化も進んできており，例えば企業とのエンゲージメントを重視，非上場株とのクロスオーバー，地方銀行を中心に投資をする戦略，ディープバリュー株に特化，投資銘柄数を絞った超集中投資，特定地域の企業に限定，インパクト投資など，ユニークである。また運用成績も概ね健闘していると聞く。

　こうした大手の運用会社へ運用を委託する資金フローとは異なる資金の循環が起こることは，資本市場に厚みが増すことにもつながるであろう。また競争が促進されることにより，イノベーションが起こることを期待してもよいだろう。いずれも資本市場が活性化することにつながるといえるのではないか。

2）　企業価値の向上

　企業価値向上の観点でも，新興運用会社が果たせる役割はあるだろう。投資は，価値あるものを見つけてお金を回す行為でもあり，ユニークな投資哲学や戦略は，投資先企業の埋もれた価値が発見されることにつながるであろう。また分野に特化した知見が企業とのエンゲージメント活動を通じて，企業価値向上につながることも期待できる。特に，中小型株式の分野は証券会社のリサーチ範囲が行き届いていないこともあり大手の運用会社においてはリソースを割きづらい状況にあること，サステナビリティの要素については，まだ企業価値への計測手法が確立されていないことなどもあり，新興運用会社が果たせる余地が大きいのではないかと考えている。

第4部
運用会社の課題

5
おわりに

　日本では新興運用会社がなかなか育たない，という指摘があるが，それは資産運用業界に限らず，日本におけるスタートアップやベンチャー企業育成が抱える課題と同じ側面もあろう。ただし，運用業に限って考えると，ファンドの資金集め，とりわけシードマネーの獲得が大きな障壁になっている。しかし，官民合わせた各種サポートもあり，新興運用会社にとってビジネス環境が変わりつつある。新しい資金の循環が起こり，多様な運用会社，腕に覚えがある運用者たちが切磋琢磨し，資本市場が活性化することを期待したい。

　本章を書いている2024年8月初め，株式や外国為替の市場は大荒れであった。似たような運用戦略をとる商品が多いと，時としてマーケットの急激な変動をさらに増幅させることがある。日本では，アクティブファンドが不足している現状もあるので，新興運用会社の多様な運用戦略をとるプレーヤーが増加することは，市場の厚みを増すことにもつながるであろう。

　本章をお読みの皆さまが新興運用会社の実態を知り，関心を持つきっかけとなれば幸いである。またこれから運用業に参入しようとする方々に何らかの参考になればと思う。微力ながら運用業界を盛り上げていければと考えているので，皆さまのご意見などお寄せいただけたら大変ありがたい。

[参考文献]

金融庁（2024）「金融商品取引法及び投資信託及び投資法人に関する法律の一部を改正する法律案」説明資料。

髙村誠（2024）「新興運用業者促進プログラム（日本版EMP）について」『証券アナリストジャーナル』62巻7号，pp. 70-79。

第5部

コーポレートガバナンス・コードの成果と課題

第 **16** 章

コード導入の成果と今後への期待

　本章では，コーポレートガバナンスおよび長期的な企業価値拡大の観点から 2030 年に向けて目指す姿を確認する。企業と資本市場の論理は必ずしも同一である必要はないが，共通言語を持ち，相互理解に努めることが望ましい。コーポレートガバナンス・コードをはじめとする様々な方針や報告書が目指しているところは十分に企業行動に反映されているのか。投資家は正確にその内容を理解しているのであろうか。今後コーポレートガバナンス・コードが改訂されるのであれば何を期待しているかについて述べた。

第5部
コーポレートガバナンス・コードの成果と課題

1

はじめに

　2025年はコーポレートガバナンス・コードの制定から10年の節目を迎える年である。ガバナンス・コードや会社法の改訂によって取締役会の存在意義とあるべき姿が見直された。2014年発行の第1弾の伊藤レポートによって取り上げられたROEの議論が2023年東京証券取引所が発した「資本コストと株価を意識した経営に関する要請」に至るほどに進化したコーポレートガバナンス・コードや東京証券取引所の要請で求められていることは，本来企業経営が果たすべき責務である。変化は起きているがそのスピード感や方向性，実質的な変化が伴っているか否かについては懐疑的な意見が多いかもしれない。コードや報告書自体は注目度が高いものの実効性が不足しているといわれるのはなぜか。新しいコードや開示基準が検討されると「日本企業は真面目だから一生懸命コンプライする」というフレーズがよく聞かれる。真面目だからソフトローでも存分に対応するはず，真面目だから一生懸命情報開示に努めた結果疲弊してしまう，といわれるが本当なのだろうか。本当に「真面目」なのであれば，実効性を伴った改革にまい進するのではないか。近年は日本株市場への注目が集まっているが，この注目を一時的なものではなく定着させるためには，その実効性について資本市場に確信させる必要があるだろう。海外の投資家にとって，日本株市場の方向性を明示する必要がある。

　企業の中期経営計画のあり方について議論する際にバックキャストが重要と述べられることがある。この章では2030年に向けて設定されている目標および企業価値拡大という目標の達成に向けたこれまでの進捗，そしてコーポレートガバナンス・コードの実効性をより高めるために，バックキャストを通じて必要なアクションは何かということを考えたい。

第16章
コード導入の成果と今後への期待

ーーーーーーーー **2** ーーーーーーーー

2030年　目指す姿の再確認

　2015年10月国連において17の持続可能な開発目標（SDGs）が採択された。SDGsは2030年の解決を目標にしている。しかし現在世界は一層複雑になり，2015年当時に描いた目標の実現は当時よりも難しく見えているのではないだろうか。長期的な期間に設定した目標に対し戦略を立て実行することは当然のことながら難しい。そもそも長期目標設定は意味のない試みなのだろうか。

（1）　長期の定義とは何か

　長期経営，長期投資家…長期という言葉にはポジティブな響きが感じられる。一方短期的な目線を持つ投資家が望ましくない存在なのかというと必ずしもそうとは考えない。資本市場に様々なプレーヤーが存在することが重要だ。例えばある企業に予測していないインシデントが発生し株価が連日ストップ安になるなど大きな影響があった際に，短期的な資金の流入が一方的な動きに歯止めをかけることも想像できる。ただしあまりにも偏った属性の投資家ばかりであることはよろしくない。短期的な資金しか流入しないのであれば，それはなぜかというと長期的な予想に確信を持てないからであろう。

　日本を代表する優良企業の1社であるHOYAのウェブサイトにこう記されている。「HOYAでは『短期の積み重ねが長期成長につながる』との考えから，四半期単位の超短期で各事業のレビューと改善活動をおこなっています。（四半期決算を，年度決算と同等以上に重視しています）」長期と短期の捉え方を非常に適格に示した表現である。有価証券報告書の総会前開示や決算の場中開示など開示先進企業の同社の言葉には重みがある。

　長期投資家というといまだに「売却をしない投資家」を想像する向きもあるかもしれない。長期投資家とは「長期的な視点から企業価値を判断する」投資家であると理解している。長期的な企業価値拡大に確信を持つために必

261

第5部
コーポレートガバナンス・コードの成果と課題

要なことは長期目標の設定そのものではなく，環境変化等に応じて目標達成のための戦略を運営する高度な経営とその実態を外部のステークホルダーである機関投資家に効率的に開示することである。そしてその道筋は単なる目標値の設定ではなく現在の対話や開示を真摯に行うことで達成される。

2030年あるいは2050年という時間軸を考えた際に計画立案者においても2050年には同じ職にとどまっていない，あるいはこの世にもう存在していない可能性も頭をよぎるが，2030年だとまだそうはいかず，逃げ切れない局面にあり，ある程度現実的な目線を持たざるをえないのではないか。

ソフトバンク（現ソフトバンクグループ）が30年ビジョンを発表したのは同社が創業30周年を迎えた2010年であった。その際の発表内容は今もウェブサイトに掲載されている。情報革命に関する強烈なメッセージとともに時価総額拡大への強い意志が示されていた。当時はそんな先の未来の話なんてと訝る向きも多かったかもしれないが，情報通信という特に予見性が低い分野であえて超長期の見方を示す意義は大きかった。

2030年という目線は確かに長期であるがそこに向けた目標を示すことは重要だ。もちろん様々な外部要因の変化があるだろう。そのときは目標を調整するのか，そこに至る戦略を調整するのか複数の選択肢が存在する。短期的なサイクルで柔軟にレビューを行い価値の最大化が図られることが望ましい。

(2) 2030年日本が目指す姿とは

改めて2030年に日本が目指しているターゲットを整理したい。あらゆる組織はまず目標があり，その上で戦略を立てる。そしてその戦略に十分な実効性が担保されているか監督機関がモニタリングをするのがあるべき姿である。しかし多くの組織がいきなり戦略を立て始めていることが多いのではないか。それぞれの目標が設定された背景，達成されるために必要な道筋，そして資本市場の観点からは企業価値と関連付けて考える必要がある。

日本が掲げる2030年に向けての主な目標には以下のものが挙げられる。

・温室効果ガスは2013年から46％削減，さらに50％の高みに向けて挑

戦する

- ・第6次エネルギー基本計画によるとエネルギーミックスにおける原子力発電の構成が20〜22%に達する
- ・プライム企業で女性役員（定義には執行役員やそれに準じる役職も含む）の比率が30%を超える
- ・男性の育児休業取得率が85%に達する

これら2030年に向けた目標への道筋を企業活動という側面から考えたい。

(3)　目指す姿のために必要なアクションは何か

1)　E 環境に関する目標について

2015年の COP で合意されたパリ協定は近年に至るまで，国際政治の激動にさらされている。『グリーン戦争—気候変動の国際政治』（上野 2024）に詳しくあるように，温室効果ガスをめぐる問題は米国においてともと拡大していた政治的な派閥あるいは分断に推進派・否定派が当てはまってしまったような形になった。

日本においてはどうだろうか。金融機関はサステナブルファイナンスやトランジションファイナンスに関する積極的な推進目標を掲げ，順調な滑り出しを見せているとのことだ。聞き心地のよい目標で終わらせず，実際の企業価値拡大そして温暖化への実質的な対処に資するためには，ファイナンスの対象となる事業の収益性や成長性，エネルギーミックスや使用量のあり方と合わせて考える必要がある。

近年気候変動の情報開示に関する株主提案が連続して提出されている。日本企業に関しては定款変更に関する議案であり，実現に向けたハードルが存在することは事実である。しかしこうした株主提案が資本市場を含む多くのステークホルダーの注目を集め，企業側の行動進展を促し，また企業も先進的な目標設定やグローバルスタンダードを意識した情報開示を積極的に行うようになったという側面があるだろう。経済的価値と社会的価値の両立は多くの企業で目標として掲げられている。それを本当に達成しているか否かは2050年ネットゼロの中間地点でもある2030年に一定程度検証されるだろう。

第5部
コーポレートガバナンス・コードの成果と課題

そして企業活動の持続性を測る上でエネルギー政策の議論は当然のことながら避けて通れない。2021年に発行された第6次エネルギー基本計画では2030年の電源構成では20〜22%の原子力を含む59%が非化石燃料とされている。はたしてこの実現に向けた実際の戦略はどのように策定され実行されるのだろうか。ネットゼロに向けた排出量削減と経済成長の両立のための明確な意思決定と方針策定が必要である。

2）S 社会に関する目標について

2022年3月にプライム市場に上場する企業は2025年までに女性役員を最低1名選任に努める，2030年には女性役員比率30%を目指す，と当時の岸田首相と発言し大きな驚きをもって迎えられた。ただし，この目標にある女性役員の定義は曖昧である。投資家の目線からは取締役がふさわしいが，監査役だけでなく，執行役・執行役員，おまけにそれらに準じる役職も含まれる。

かつて2009年に第一子を出産後産育休を経て職場へ復帰する女性の割合が過半数を超えた。それまでは半数以上が出産≒退職をしていたということだ。2009年に産まれた子どもは2030年21歳になり社会人の入口に立っている。複数の自治体で保育園児の数が幼稚園児の数に迫った。家族や世帯構成員のあり方も多様に変化している。そのような環境で育った若者の採用・育成ができる組織かどうかを測る指標として女性役員比率や男性の育児休業取得率が目安になる。

2023年5月の厚生労働省による将来推計人口の調査によると2030年の出生数はわずか74万人とされている。しかし2024年9月時点では2024年前半の出生数は35万人であり上半期過去最少が更新された。少子高齢化は東アジア共通の課題である。今後地域の中で若者や優秀な人材の取り合いが加速するだろう。日本という市場を見る上ではジェンダー・国際性・働き方の多様性を向上することは持続性確保のために必須の行動となる。こうした変化は同時に働く側に対しても意識の変革を迫っていることが重要だ。少子化が進展し，長く働き続けることが必須となるこれからの時代に個人個人が備

第16章
コード導入の成果と今後への期待

える必要がある。

（4）　改革の目的は何だったのか

　一連の目標はそれ自体がゴールの1つでもあるものの，何を成し遂げるために設定されたのだろうか。いずれも日本が持続的に成長していくために必要な処方箋と捉えられたのだと認識している。社会に多様性を備える，柔軟な働き方を可能にする，温室効果ガスを削減する，安定したエネルギー供給を達成する，いずれも社会にとって重要な論点であるが，日本株の投資家の目線からはそれらは日本企業の企業価値拡大に資するものであり，結果として日本株市場全体にも好影響を及ぼすものだとからこそ推進を後押しする。そのためには投資家が企業とのスチュワードシップ活動において行うべきは，単なる開示情報の追加を要請することではなく，各企業のファンダメンタルズに応じた戦略の分析，そしてその戦略を実行するために十分なガバナンス体制の整備を確認することである。全社が同じ「マテリアリティ」を詳細に掲げることではない。

　冒頭に掲げた伊藤レポートやコーポレートガバナンス・コードが掲げた目標はいずれも日本企業の企業価値拡大そのものであったと理解している。ここでいう企業価値とは何か。「企業価値」という単語にはより幅広い意味合いがいつの間にか含まれているようだ。

　この点の整理が2023年6月に中間報告が出された経済産業省における「持続的な企業価値向上に関する懇談会」において試みられている。2024年6月26日に発行された座長としての中間報告では①将来キャッシュフローの割引現在価値と②株主以外も含む多様なステークホルダーにとっての価値の総和，という捉え方で投資家と企業の間に差があることも踏まえ，成長のためのリスクマネーとしてのエクイティによる資金調達や株主報酬拡大の可能性も踏まえ，株価や時価総額の捉え方についてさらなる議論が必要とされている。

　同時期に経済産業省にて設置された企業情報開示のあり方に関する懇談会においては投資家が企業価値算定のために使用する可能性のある情報，投資

265

家と対話の材料となりうるは財務・非財務，サステナビリティといった情報は1つの報告書から得られることが望ましいとされている。

　上記懇談会の報告書はいずれも資本市場に身を置く投資家に対して，キャッシュフローの創出や資本配分つまりバランスシートの理解・分析，そしてそれらに影響を与える広範なサステナビリティ情報を統合して理解すべきであると要請しているように読める。ESGを含むサステナビリティ推進に問題があるとすれば，ガバナンスや資本コストが不十分な企業にEやSを開示することこそが重要だと誤ったメッセージを与えてしまったことかもしれない。そうした企業のEやSの開示は上滑りしているケースが大半だろう。

　『新解釈コーポレートファイナンス理論』（宮川 2022）においてリスクプレミアムとベータからなる株主資本コストの高低によってその企業単一ではなく他企業との比較の中で企業価値が決定される，調達した資本を活用してリスクテイクした成果としてのリターンが市場で評価されることによって価値が決まるとされている。開示情報は同一でも各投資家の分析手法や投資哲学によって評価は変わりうる。様々な側面から様々な投資家に分析され，様々な他社と比較される中で企業価値評価が形成される。そのような厚みのある資本市場の形成が企業価値拡大に欠かせないと考える。投資家も十分な財務分析のスキルや企業との対話のスキルを磨かなくてはいけない。厚みのある市場とは企業・投資家双方の努力によって形成されるのではないだろうか。

3
コードの実績として「成長」は果たされたのか

　ガバナンス・コードを含む各種方針は成長を目的として作られた—資本市場はその成長をどのように評価してきたのだろうか。そもそも企業は成長の方向性を資本市場の目線と合致した尺度で測っていたのだろうか。「企業価値」あるいは「成長」という同じ言葉を使用していても，その意味合いや指標とする Key Performance Indicator（KPI）が異なるケースもある。資本市場の目線と期待を整理したい。

（1） 日米比較

　図表16-1 は日米のPBR推移を5年移動平均でROE上昇要因とPER上昇要因に分解して計算したものだ。これは筆者の同僚小寺英司氏の分析による。日本企業のROEは確かに改善しバリュエーションの改善にも結び付いた。しかし米国企業はもともと日本企業より高い水準にあったROEがさらに改善している。

　米国企業はもともと資本収益性が高くその高い水準を成長させた。その結果資本市場からの信頼や期待も高まりバリュエーションがさらに拡大している。成長に対する資本市場からのプレッシャーが非常に強いことがうかがえる。一方日本企業は収益のボラティリティが非常に激しく，元の資本収益性の水準が米国企業と比較して明らかに低い。確かに足元では改善しているが過去のトラックレコードを振り返ると，将来にかけてその持続性に強い確信が持ちにくいというのは当然の帰結ではないだろうか。この市場による信頼感のギャップが現在のバリュエーション格差につながっている。そして信頼感は将来の成長への確信度につながる。この観点では現在のバリュエーションが市場からの信頼度を表しているということになる。ROEを向上させたにもかかわらずバリュエーションが改善していないのではなく，ROEを「持続的に」拡大させていくことが達成されていないからこそそのバリュエーションなのである。

　多くの中期経営計画を見ていると，ROE目標が現状とほぼ同じあるいは現状よりも低下するというケースも珍しくない。絶対水準ですでにROEが高い水準にあるからこそ，それを維持・向上させることは難しいのは承知している。キャッシュフローを潤沢に産む事業だからこそ，そのキャッシュの使い道が重要だ。キャッシュを蓄積し放置し続けることは企業価値の毀損につながることに加え，自らを買収してくださいといわんばかりの状況を招いている。これでは成長に向けた経営の意思が十分に市場に確信をもって伝えることができない。資本市場に納得感を持たせるような成長に向けたガイダンスが必要だ。

第5部
コーポレートガバナンス・コードの成果と課題

図表 16-1　日米株価推移のバリュエーション要因分解

	TOPIX 500			S&P500		
	PER	ROE	PBR	PER	ROE	PBR
2024年8月末	14.83	8.88	1.33	21.92	19.09	4.50
2019年8月末	13.03	8.22	1.07	17.08	16.61	3.09

出所：Bloomberg・FactSet のデータをもとに小寺英司氏作成

(2) 資本市場と目線を合わせたKPI設定

　将来成長のための目標設定はどのようにあるべきだろうか。企業価値拡大，価値創造といったフレーズが並ぶことが多いがその価値は何をもって測るのだろうか。生命保険協会の調査によると意思決定時の判断基準としてふさわしいと考えられるKPIについて企業と投資家にはギャップがある（生命保険協会 2024）。

図表16-2　報酬・投資の意思決定に使用されるKPI

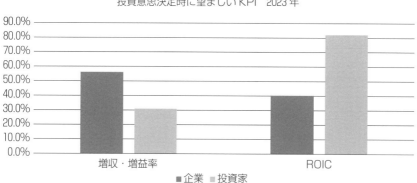

出所：三菱UFJ信託銀行コーポレートガバナンス実務者研究会編著（2024），生命保険協会（2024）

第5部
コーポレートガバナンス・コードの成果と課題

　当然のことながら投資家はROEにしてもROICにしても自らが投じた資金に対するリターンを見たい。一方で企業としては売上高・営業利益といった期間損益をKPIとして設定するのはコントロール可能な数値だからであろう。事業部やチームに落とした場合はその通りだが，経営はバランスシートを合わせてコントロールすることにも注力し発信するべきだ。KPIとしては経営陣の意思が反映される，つまり経営がコントロール可能な数値が選択されることが望ましい。投資家はバリュエーションに際してEPS・BPS・CFPSといった一株あたりの数値を見る。一株あたりの数値やバランスシートの数値は企業の意思がより明確に反映される。三菱UFJ信託銀行の調査によると取締役会の業績連動報酬のKPIに関する調査において売上高・営業利益を採用している企業の割合が30%・50%に達しているの対し一株あたり利益を採用する企業は3%，株価関連指標は5%に過ぎなかった（三菱UFJ信託銀行コーポレートガバナンス実務者研究会 2024）。中には指標はないとの回答もあったとのことで，一体どのように報酬額を算定したのだろうか。取締役の報酬KPIは資本市場の目線と合ったもので設計されることが望ましい。

4

形式基準の重要性

　日本企業，日本株市場全体を，持続的な成長を実感させるだけの実績が十分ではなく，また資本市場と目線の合わせたKPIが適切に示されていないということを述べた。ただそうした中でも一連の改革やコードの制定などを好機と捉えて社内の改革を実行した企業，また資本市場や投資家からの要請を都合のよい外圧と解釈して改革に役立てた企業は数歩先に進んだ存在になっている。形式基準というとあまり聞こえがよくないが，戦略的に形式を活用することも可能なはずだ。

　「形式的」という言葉はスチュワードシップ活動についても投げかけられることがある。投資家の議決権行使行動については第7章で今村氏が論じて

第16章
コード導入の成果と今後への期待

いる。この分析を読むと議決権行使方針策定やその意思決定の過程は高度に
モニタリングされており，理想と現実のギャップを認識しながらも最適解を
目指していることが理解できる。自らの意にそぐわない行使結果を「形式
的」と批判するのではなく，賛成や反対という行動に表現されたメッセージ
を理解することが重要だ。投資家側はそのメッセージを開示し対話する用意
がある。

「形式から実質へ」との言葉は2021年6月のコーポレートガバナンス・
コード改訂の際にも謳われていた。ここでの意味合いは形式的にコードの要
請をなぞるのではなく，実質的な改革につなげるように努めるべきというこ
とであり，形式は守らなくてよろしいという意味では決してない。制定され
達成が望ましいとされている形式基準が何を要請しているかを理解し，その
上で実質的に要請されていることを達成するような形式を満たすことが求め
られる。例えばコーポレートガバナンス・コード原則4-8では独立社外取締
役を3分の1以上あるいは環境に応じて過半数と求めている。その目的は会
社の持続的成長と中長期的な企業価値向上に寄与するためと明記されてい
る。また原則4-11では取締役会に多様性が必要と定めているが，それは取
締役会・監査役会の実効性確保のための前提条件であるとしている。この人
数や比率という形式基準には大きな意味がある。

実際に形式基準はどの程度順守されているのだろうか。2024年7月時点
の東証の調査によるとプライム市場に上場する企業の98%が独立社外取締
役比率3分の1を達成し，過半数を達成している企業は20%にも達してい
る（東京証券取引所 2024c）。任意ではあるものの指名・報酬委員会の設置お
よび各委員会における独立性は一定程度満たされていることが示されてい
る。その点では外形標準はすでに一定程度達成されている。

コーポレートガバナンス・コードは冒頭において，「コーポレートガバナ
ンス」とは，会社が，株主をはじめ顧客・従業員・地域社会等の立場を踏ま
えた上で，透明・公正かつ迅速・果断な意思決定を行うための仕組みを意味
すると定義している。もしその効果が出ないというのであれば，コードの示
す形式が間違っているのではなく，活用の仕方が間違っているのではないだ

271

第5部
コーポレートガバナンス・コードの成果と課題

ろうか。

5
コーポレートガバナンス・コード　今後への期待

　2014年に発行された初代伊藤レポート，2015年に制定されたコーポレートガバナンス・コード，2023年に東証による「資本コストや株価を意識した経営の実現に向けた対応について」が発信された。コーポレートガバナンス・コードの制定以前にも2007年には企業行動規範が，2009年には上場会社コーポレートガバナンス原則が制定されている。いずれも2030年そしてそれ以降に向けた日本企業の企業価値拡大のために策定された。効果が十分でないと見られるのであれば，それは各方針の内容ではなく企業行動への反映や活用方法に課題があると考えるべきであろう。

　日本では各種コードがソフトロー，プリンシプルベースで行われている。ソフトロー路線をとったことの背景として，ハードロー・義務化による形式的な適用というデメリットが懸念されたと理解している。しかしまずは形式を整備しないと理想とする体制の好影響も十分に得られない。コードの要請事項を好機として自らの組織を変貌させようと挑戦する企業がいる一方で，形式基準に合致することだけを目的に実質面の担保されない対策をとった企業もいるかもしれない。資本市場と目線の合っていないKPIが採用され，一連の変化の目的が企業価値拡大・株価の上昇・バリュエーションの向上であることが企業と資本市場の共通認識にはなっていないように見える。

　先に述べたように資本市場とは多様な存在の投資家がいてこそ厚みを増す。厚みを増すためには市場全体の資本コストを下げ，多様なバックグラウンドの投資家を迎え入れる体制が整備されていることが必要である。

　改めてコーポレートガバナンス・コードの冒頭部分，その目的を再掲したい。コーポレートガバナンスとは「会社が，株主をはじめ顧客・従業員・地域社会等の立場を踏まえた上で，透明・公正かつ迅速・果断な意思決定を行うための仕組み」である。そして東証は2024年8月30日の「『資本コスト

や株価を意識した経営の実現に向けた対応』に関する今後の施策について」の中で資本コストや株価を意識して企業価値向上に取り組むことが当たり前となる市場を目指すとしている。

　次回コーポレートガバナンス・コードの改訂が行われるときは1点だけに絞るのはどうだろうか。なぜ上場しているのか理由を一言で述べるよう要請するのである。字数制限を設けて有価証券報告書，コーポレートガバナンス報告書，招集通知に上場している理由を記載する。当然ボイラープレート回答や詩的な表現は禁止とする。上場している理由・意義を明文化し，その上で資金の出し手である投資家が企業と対峙する。過去と現在では上場に求めることは異なっているかもしれない。対応コストが過剰である，成長手段であったはずの上場にかかるコストが逆にその企業の成長を阻害しうる場合には上場の意義を見直す企業も出てくるだろう。投資家側も真摯に対応する企業に対しては真摯にスチュワードシップ活動を行い，長期的な観点から投資判断を行うことが求められる。ガバナンス・コードの適切な活用によって企業と投資家双方が企業価値向上に向き合うことが日本株市場の活性化につながる。

[参考文献]

上野貴弘（2024）『グリーン戦争─気候変動の国際政治』中公新書。

経済産業省資源エネルギー庁（2021）「第6次エネルギー基本計画」。

生命保険協会（2024）「生命保険会社の資産運用を通じた『株式市場の活性化』と『持続可能な社会の実現』に向けた取組について」。

東京証券取引所（2024a）「グロース市場における投資者への情報発信の充実に向けた対応について」2024年5月31日。

東京証券取引所（2024b）「『資本コストや株価を意識した経営の実現に向けた対応』に関する今後の施策について」2024年8月30日。

東京証券取引所（2024c）「東証上場会社における独立社外取締役の選任状況及び指名委員会・報酬委員会の設置状況」2024年7月24日。

内閣府男女共同参画局（2023）「女性版骨太の方針2023」。

日本IR協議会（2024）「第31回IR活動の実態調査」。

三菱UFJ信託銀行コーポレートガバナンス実務者研究会編著（2024）『実務家が語る取締役会のいまと今後の展望』商事法務，p. 224。

宮川壽夫（2022）『新解釈コーポレートファイナンス理論』ダイヤモンド社，pp. 86-89，118-122。

第17章

日本企業に残された課題

　社外取締役の数の増加，政策保有株式の縮減など，目に見える形の変化に加え，ROE や ROIC などの重要な業績評価指標化の動きなど，コーポレートガバナンス・コード（CGC）の成果は出ている。しかし，PBR1 倍割れ問題に代表されるように，「攻めのガバナンス」の推進という CGC の意図は道半ばと評価せざるをえない。行政主導により CGC の実効性向上のための課題整理が行われているが，それらは具体的アクション策定のためで，手法や態勢などに関する議論が中心である。本章では，「攻めのガバナンス」推進のために 2 つのマインドセット改革を課題として提示する。第 1 は，多様なステークホルダーを犠牲にせずリスク・不確実性に挑み自社ならではの「善い残余利益」を追求することを通じて株主価値を最大化することが株式会社の取締役会の責務であるという認識。第 2 は，上場会社としての責務を再確認すること。具体的には，① PBR1 倍割れ解消にとどまらず，本来の株主価値と株価のギャップを可能な限り縮小し，適正な PBR 水準を確立・維持すること，そのためには②情報開示（透明性）と様々な対話を推進し自反尽己を実践することの重要性を再確認すること，である。

第 5 部
コーポレートガバナンス・コードの成果と課題

1

はじめに

　本章のテーマは，コーポレートガバナンス・コード（以下，CGC）導入の成果と残された課題である。このテーマに対するアプローチとして，「政策の意図→その意図を達成するための施策→施策の具体的実施内容→意図した結果（成果）と意図せざる結果の把握→不十分な成果や意図せざる結果に対応するための課題（新たな政策意図）」という枠組み[1]を念頭に置く。その際，紙幅の都合上，CGC の実施内容・改訂内容および関連のイニシアティブ等[2]に関する詳説はせず，CGC の意図とその結果（成果および意図せざる結果）を整理することを通じて，CGC に関連する今後の根本的課題および対応について，論ずることとする。

1　この枠組みは，ビジネス・ヒストリーを研究する際に活用される枠組みである。筆者が，ハーバード・ビジネス・スクールの Richard S. Tedlow 教授から教えられたものである。

2　ここでイニシアティブ等と呼んでいるのは，スチュワードシップ・コード（2014 年，2020 年改訂），社外役員等に関するガイドライン（2014 年），コーポレート・ガバナンス・システム（CGS）ガイドライン（2015 年，2018 年改訂），価値協創ガイダンス（2017 年），グループ・ガバナンス・システム実務指針（2019 年），事業再編実務指針（2020 年），社外取締役の在り方に関する実務指針（2020 年），持続的な企業価値の向上と人的資本に関する研究会報告書（2020 年），市場区分見直し（2022 年），コーポレートガバナンス改革の実質化に向けたアクション・プログラム（2023 年，2024 年），社外取締役向けの研修・トレーニングの活用の 8 つのポイント・社外取締役向けのケーススタディ集（2023 年），東証の「資本コストや株価を意識した経営の実現に向けた対応等に関するお願いについて」の要請（2023 年 3 月），などである。様々なイニシアティブに関しては，「持続的な企業価値の向上に関する懇談会」参考資料①（https://www.meti.go.jp/shingikai/economy/improving_corporate_value/pdf/001_03_00.pdf）および上場企業のコーポレートガバナンス調査 2024 年 8 月 1 日（https://www.jacd.jp/news/opinion/cgreport.pdf）などを参照。

276

第17章
日本企業に残された課題

2

コーポレートガバナンス・コード導入の成果

（1） コーポレートガバナンス・コード導入の意図

　CGC 導入は，2014 年 6 月 24 日に「日本再興戦略改定 2014」が閣議決定され，その中に，東証および金融庁を共同事務局とする有識者会議を設置し，2015 年の株主総会シーズンに間に合うように CGC を作成支援することを表明した。2015 年 3 月 5 日に有識者会議によって CGC 原案が決定され，東証が同年 5 月 13 日に上場会社に向けた「コーポレートガバナンス・コードの策定に伴う有価証券上場規程等の一部改正」（施行開始は同年 6 月 1 日）を公表した。同年 6 月 1 日から施行され，施行日以降に最初に開催された定時株主総会の日から 6 ヶ月以内に，「CGC を実施するか否か，実施しない場合にはその理由を説明」したコーポレート・ガバナンス報告書[3] を東証に提出することが必要となった。2015 年の CGC 導入に先立ち，2014 年 5 月から施行された「『責任ある機関投資家』の日本版諸原則《スチュワードシップ・コード》」（以下，SSC）が導入された。また，2015 年に成立し 2016 年 5 月から施行された，金商法適用会社に社外取締役 1 名以上の設置を"事実上義務付ける"会社法の改正等があった。

　こうした CGC 導入の経緯からすると，CGC 導入の意図は日本再興戦略[4]に資すること，ということになる。CGC（原案）では，CGC を踏まえた会社は「攻めのガバナンス」を目指すべきとしている。この「攻めのガバナンス」確立の意図と CGC が整合しているのか，という点に関しては，OECDの CGC の目的が資本コストの低下を重視する（「守りのガバナンス」といえる）

3　コーポレート・ガバナンス報告書自体は，2006 年 6 月から東証上場会社に対してその作成が求められている。

4　政府による日本再興戦略推進自体の妥当性については議論すべきテーマであるが，「失われた 30 年」「Japan Passing」などの問題への対応が政府として必要であるという立場に立ち，ここでは論じない。

277

第 5 部
コーポレートガバナンス・コードの成果と課題

のに対して，日本の CGC がその序文で健全な企業家精神の発揮や会社の持続的成長や中長期的な企業価値向上を重視することや，そもそも CGC で「攻めのガバナンス」は促進されるのか，などの論点から，CGC 導入当初から疑問視する見方もあった[5]。

（2）　コーポレート・ガバナンス・コードの成果—道半ば—

　CGC 導入や関連する様々なイニシアティブが日本の上場企業によい変化をもたらしていることは確かである。2024 年 6 月に公表された「持続的な企業価値向上に関する懇談会（座長としての中間報告）」（経済産業省経済産業政策局（事務局）2024）（以下，企業価値向上懇談会）は，日本企業のガバナンス・経営に多くの変化が起きたとして，ポジティブに評価している。社外取締役の数の増加，政策保有株式の縮減，親子上場の数の減少，買収防衛策の廃止，情報開示拡大など，目に見える形の変化に加え，ROE や ROIC などを重要な業績評価指標に少なくない企業が取り入れ，資本効率の重要性の意識も経営者に浸透したとする（**図表 17-1**）。

　しかしながら，「攻めのガバナンス」の確立という CGC 導入の意図は依然として十分に達成されていないといえる。「攻めのガバナンス」の進捗度合いの指標は，中長期的な企業価値向上の度合い，ということだが，その進捗度の具体的測定指標としては，①PBR 向上，②ROE 向上，③時価総額の上昇，④TSR（Total Shareholder Return），の 4 つが最も単純で有益な指標といえよう。2024 年 6 月に公表された企業価値向上懇談会は，過去 10 年間，日本企業が様々な企業変革を行ってきたにもかかわらず，ROE や PBR 等のパフォーマンス指標を見る限り，米国・欧州企業と比較して依然として差があり，これまでの CGC や SSC などに関連するイニシアティブの再点検

5　CGC 導入の経緯と CGC への疑問視などの議論は，江頭（2016）に基づく。また，『上場企業のコーポレートガバナンス調査』（日本取締役協会 2024）では，2014 年以降のコーポレートガバナンス改革や制度等の変遷がまとめられている。「持続的な企業価値向上に関する懇談会（座長としての中間報告）」（経済産業省経済産業政策局（事務局）2024）の参考資料①でも，CGC および関連の動きがまとめられている。

第 17 章
日本企業に残された課題

が必要であるとしている。

PBR に関しては，図表 17-2[6] に示されている通り，日本の PBR 分布は欧米に比べて劣っている。プライムおよびスタンダードに上場している企業の

図表 17-1　経営指標として重視すべき指標（企業の見方・投資家の見方）

年度	ROE 企業	ROE 投資家	売上高利益率 企業	売上高利益率 投資家	利益額・利益の伸び率 企業	利益額・利益の伸び率 投資家	ROIC 企業	ROIC 投資家	資本コスト 企業	資本コスト 投資家
2013	35.8%	90.8%	48.0%	27.6%	62.7%	37.9%	2.7%	23.0%	0.2%	20.7%
2018	51.2%	89.8%	42.3%	28.6%	56.6%	30.6%	5.0%	49.0%	2.6%	37.8%
2019	52.3%	85.1%	42.4%	31.9%	57.8%	35.1%	6.4%	42.6%	2.1%	35.1%
2020	55.6%	85.1%	39.4%	30.7%	50.2%	35.6%	7.6%	48.5%	2.6%	35.6%
2021	57.5%	85.3%	46.5%	21.1%	53.7%	41.1%	12.8%	46.3%	2.3%	37.9%
2022	58.7%	83.3%	45.6%	10.4%	53.1%	30.2%	17.6%	51.0%	3.0%	40.6%
2023	68.3%	90.5%	51.8%	11.9%	56.3%	34.9%	22.8%	64.3%	5.4%	50.0%

注：アンケート調査：2023 年度では，回答数は，企業が 448 社，投資家が 84 社。
出所：生命保険協会「企業価値向上に向けた取り組みに関するアンケート調査」2013 年度から 2023 年度をもとに筆者作成

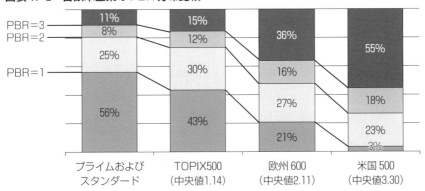

図表 17-2　日欧米企業の PBR 分布比較

注：欧州 600 は STOXX EURO600，米国 500 は S&P500，PBR 計測は 2023 年第 1 四半期。
出所：明田（2023a）FactSet データベースをもとに作成

6　明田（2023a）。

第5部
コーポレートガバナンス・コードの成果と課題

PBR 分布を見ると，56% が PBR1 倍割れの状態になっている。

ROE 向上に関しては，企業価値向上懇談会で提示された資料に基づくと，欧米，特に米国との格差は依然として大きい。日本企業[7]（TOPIX500 のうちの 400 社）は，2013 年前後の ROE が 8.3% 程度であることに対して，10 年後の 2023 年でも 9.22% にとどまっている（米国は 21.22%，欧州が 11.07%）。過去 10 年間の間には，コロナ禍があることに加え，企業変革には相応に時間がかかるとはいえ，ROE 向上に CGC 導入はそれなりのインパクトがあったのか，に関しては課題が残る状況である。

しかしながら，ROE はあくまでも過去の実績である。今後の企業価値・株主価値向上に関する期待値は時価総額や TSR により強く反映される[8]。**図表 17-3** は，日本の上場企業の時価総額の推移を示したものである。2014 年6 月の時価総額を 100 として，円ベースとドルベースでの時価総額の推移を示している。円ベースでは，2014 年 6 月末〜2024 年 7 月末期間の年平均伸び率は 7.87% で，ドルベースでは 3.87%。東証による「資本コストや株価を意識した経営の実現」に関する要請（PBR1 倍割れへの対応に関する開示要請）と開示状況の公表以降（2023 年 3 月末〜2024 年 7 月末）の上昇率は，円ベースで年率 24.74%，ドルベースで年率 13.86% となっている。

株式時価総額は東証に上場する企業すべての時価総額を合計したものであるから，新規上場や増資の影響，自社株買いなどの影響を受けている。上場会社数で時価総額を割った，一社あたり時価総額で上昇率を算出すると，2014 年 6 月〜2024 年 7 月では，円ベースで年率 3.55%，ドルベースで年率 -0.29%，2023 年 6 月〜2024 年 7 月では，各々 23.54%，12.76% となる。CGC 導入以降の東証上場企業の加重平均利回り（円ベース）は年平均 1.63% であるので，TSR は，円ベースで年率 5.18%，ドルベースで年率 - 2.36 〜

7　日本企業とは TOPIX500 の 400 社，米国企業とは S&P500 の 344 社，欧州企業とは BE500 の 313 社，のデータである。企業価値向上懇談会中間報告書の資料に基づく（経済産業省経済産業政策局（事務局）2024）。

8　金利水準やリスク認識によって大きく左右されるが，「結果がすべて」という観点からすると，時価総額と TSR は投資家（株主）にとってその財務的便益に直結する重要な指標であることは強調し過ぎるということはないであろう。

第 17 章
日本企業に残された課題

図表 17-3　日本の上場企業の時価総額推移（2014 年 6 月＝ 100）

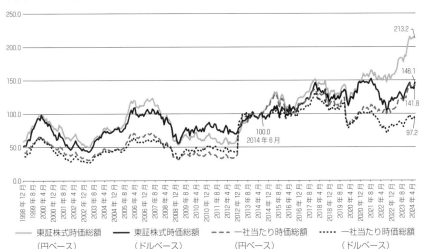

出所：東京証券取引所のデータベース等をもとに筆者作成

－2.71％[9] と見なすことも 1 つの見方であろう。PBR 分布から推測されるように，一部の企業の株式時価総額の上昇はあった[10]が，日本の上場企業全体としての時価総額向上は CGC 導入後も及第点を付けられる状態ではないといえる。日本の株式市場の魅力度はさほど高まっていないといわざるをえない。

　ただ，PBR 問題が 2023 年 3 月以降東証によって取り上げられたことは，非常に評価できることを強調したい。日本におけるアクティビストの活動が 2021 年以降活発化し，アクティビストによる提案行為も日本の機関投資家からの賛同を得られてきていること[11]は，攻めのガバナンス推進の状況を生み出し，日本企業への関心の高まりは株価上昇として顕在化しているといえる。

9　円ベースの配当利回りを各時期に応じてドルベースの配当利回りに変換する必要があるが，ここでの TSR の算出では，算出期間の円ドルの為替レートの単純年平均 4.0％，開始時点と最終時点の 2 時点比較の倍率の年率換算に基づく年率 3.7％という円レート減少率を円ベースの配当利回りに適用した。
10　本書の第 10 章では，PBR 自体の上昇は CGC 導入後に観察されなかったことが論じられている。
11　芳賀沼（2024）では，アクティビスト活動の活発化，機関投資家の支持の広がり，事業戦略に関する要求，M&A の増加などに関して議論されている。

第5部
コーポレートガバナンス・コードの成果と課題

3
残された課題

（1）　現時点での問題意識と課題リスト

　2024年6月に公表された「コーポレートガバナンス改革の実践に向けた
アクション・プログラム2024（意見書（7）及び概要）」（金融庁 2024）（以下,
アクション・プログラム2024）の問題意識も重要である。その問題意識は下記
の通りである。

　企業及び投資家における取組みの具体的な内容に目を向けてみると,コー
ポレートガバナンス・コードやスチュワードシップ・コードへの対応が形
式的なコンプライにとどまっているとの指摘や,各主体の間で取組みの質
に大きな差があるとの指摘もある。また,こうした「差」のより具体的な
要因として,企業の規模等に応じたエンゲージメントの担い手が不足して
いるとの指摘もある。

　形式的対応と企業によって取り組みに大きな差があること,という2つの
点が指摘されている。確かに,東証の2023年のガバナンス白書によれば,
2022年7月の時点で,CGCに90%以上コンプライしている企業の比率は,
プライム市場（1,837社）では92.8%,スタンダード市場で51.8%,JPX400で
98%となっている（東京証券取引所 2023）。時価総額別では,5,000億円以上
の会社で99%以上（全原則にコンプライしている企業の比率は66%以上に及ぶ）,
1,000〜5,000億円未満の会社で95.9%,250〜1,000億円未満の会社で
75.4%,100億円未満の会社で49.2%となっている。

　こうした問題意識から,①スチュワードシップ活動の実質化,②取締役会
等の実効性向上,③収益性と成長性を意識した経営,④情報開示の充実・グ
ローバル投資家との対話促進,⑤市場環境上の課題解決（政策保有株の実態に
関する情報開示の充実）,⑥サステナビリティを意識した経営（女性役員比率の

282

目標として 2030 年までに 30% 以上の東証上場規則における規定，非財務情報の開示の充実とその信頼性確保など），という 6 つの課題が示されている。

また，2024 年 6 月に公表された企業価値向上懇談会の中間報告では，5 つの課題（**図表 17-4**）が提示されている。

課題①〜④は企業サイドに関するものであるのに対して，課題⑤は主に資本市場サイドに関するものである[12]。

図表 17-4　「持続的な企業価値向上に関する懇談会」中間報告書（2024 年 6 月）における課題整理

課題の再整理	本懇談会で出てきた論点
課題①：企業価値に対する企業と投資家との間の認識のずれ	● 企業価値を高めることの意義の再確認
課題②：長期視点の経営の重要性	● 企業が置かれているポジションによる優先課題や処方箋の違い ● 社会のサステナビリティも踏まえた，長期視点の経営による将来の成長期待（PER）の向上（企業情報開示のあり方も含む） ● 中期経営計画のあり方の再考　など
課題③：経営チーム体制の強化の必要性	● CFO・FP&A，CHRO・HRBP 機能の強化 ● 経営者人材の育成に向けた取組の加速　など
課題④：取締役会の実効性の強化	● 取締役会の役割の明確化 ● 経営者の選解任等の機能の強化 ● 社外取締役の実効性の強化（選任方法の検証，投資家との対話・エンゲージメントの充実，社外取締役の質の向上等）　など
課題⑤：資本市場の活性化	● 次世代を担うアセットマネージャーの人材確保・育成 ● アセットオーナーの投資運用力を含む専門能力の強化 ● 政策保有株式の更なる低減や資本市場への説明のあり方 ● 企業情報開示の質の向上 ● 企業間の競争を促すための株価指数の運用改善　など

出所：経済産業省経済産業政策局（事務局）（2024）

第5部
コーポレートガバナンス・コードの成果と課題

（2） 残された課題と対応

　企業価値向上懇談会やアクション・プログラム 2024 で提示された課題整理も有益であるが，具体的アクション・プログラム策定を目指すため，いずれもテクニカル・手法・態勢に関するものが中心となっている[13]。多様なステークホルダーの利害を考慮して持続的な企業価値・株主価値の向上を促すための CGC（および様々なイニシアティブや改訂）の意図は，「攻めのガバナンス」の推進であった。しかしながら，「攻めのガバナンス」を通じてどのような会社の姿・どのような価値創造を目指すかは会社によって異なるはずである。だからこそ，Comply or Explain の原則が採用されたわけだが，CGC 導入後の動きでは，会議体の設計や経営プロセスなどに関するガイドラインがハイライトされてしまい，CGC への形式的対応が問題視されるようになっていると思われる。以下では，上場会社として共通して確立される必要があると考えられる「攻めのガバナンス」に関する基本的な考え方・姿勢，上場会社の経営におけるマインドセット改革を今後の課題として 2 点強調したい。

1） 「善い利益」追求への意識改革：CGC の実効性向上

　持続的な企業価値・株主価値向上のための「攻めのガバナンス」確立といっても，企業価値向上懇談会が指摘する通り，企業サイドと投資家サイドで企業価値・株主価値に関する認識ギャップがあるままでは，「攻めのガバナンス」の確立は捗らない。ステークホルダー主義や短期収益実現を求める傾向があるアクティビスト活動[14]の活発化の状況では，上場会社にとって企

12　機関投資家の運用スタイルにおいて，パッシブとアクティブの株式市場における運用比率が問題であるが，アセット・オーナー以外はここで示された課題整理には取り上げられていない。個々の会社のファンダメンタルズ（＝価値創造ポテンシャル）を反映した株価形成が適切に行われるためには，多様なアクティブ投資家が市場に参画している必要がある。Kerzérho（2024）に基づくと，世界全体としては，2023 年末時点では，53％ がアクティブファンドとされる（北米を除く世界全体では 60％）。日本については，機関投資家比率は 37％ とされ，その大半がパッシブ運用者かそれに近い運用者とされる（明田 2023b）。

13　その結果，形式的対応が促進されたともいえる。ただ，パッシブ投資家の増大も無視できない。

14　すべてのアクティビストが短期的であるということではない。

業価値・株主価値を上げることはどういうことか，なぜ企業価値・株主価値を向上するのか，上場会社（の取締役会）の責務とは何か，などの上場会社の基本的なスタンスに関する問題がますます先鋭化してくるからである。そもそも，企業価値・株主価値をどう捉えるかによって，企業価値向上懇談会が指摘する課題②〜④をどう捉えて取り組むかは大きく左右される。

同懇談会の資料では，企業価値は2つの捉え方があるとしている（経済産業省経済産業政策局（事務局）2024）。第1は企業が将来生み出すキャッシュフローの割引現在価値（DCF）をベースとする捉え方である[15]。第2は，企業が生み出す価値を広く捉え，株主，顧客，従業員，取引先，社会コミュニティなどのステークホルダー価値の総和とする捉え方である。中長期的には企業価値向上というテーゼは企業サイドも投資家にも異論はないはずで，ステークホルダー全体の価値を高めることが株主価値の向上につながる，という見解が2014年に発表された「伊藤レポート」（「持続的成長への競争力とインセンティブ〜企業と投資家の望ましい関係構築〜」プロジェクト）で示されている。

しかしながら，ステークホルダー全体の価値を高める，というスタンスでは，どのステークホルダーの価値向上を優先するべきか，という現実的な経営問題に対して明確な指針が提供されない。例えば，事業シナジーが見込め，顧客にとっても株主にとっても価値増大が見込めるような企業買収提案が従業員価値を減少させることはないものの必ずしも増大するものではない場合，被買収会社の取締役会はどのような判断をすべきなのか。従業員価値を減少させない，ということには，一部の従業員の適正なリストラクチャリング（早期退職や転社サポート，時間をかけて行われることなど）を行うことが含まれる可能性もある。もちろん，見方によっては，従業員価値の減少の可能性も存在する。しかし，顧客価値や株主価値を増加する買収提案を退けることが被買収企業の取締役会の適切な判断といえるのか。こうしたステークホルダー間の利害対立を巡るジレンマが発生する状況で，ステークホルダー価

15　この考え方に基づくと，将来生み出される残余利益（FCF to Equity Capital）の現在価値＝株主価値を最大化することが企業価値最大化になるということである。

第5部
コーポレートガバナンス・コードの成果と課題

値の総和という企業価値の捉え方は経営の意思決定の基準を提供しない。

　会社は，企業精神と金銭欲（営利衝動）を結び付ける仕組みといえ，だからこそ，ミルトン・フリードマンが主張したように，「会社の目的は利益追求」が最重要視されるべきだという考え方がある。しかしながら，企業精神と営利衝動の他に，市民としての美徳が前提になって成立するのが本来の会社であるといえる[16]。本質的には，会社の目的は，社会的問題を解決し経済価値を生み出すための存在であり，そのために必要となる先行投資に貢献した株主[17]に対する利益（残余利益）を獲得する必要がある，ということである。どのような社会的問題（地球環境を含む）の解決に挑むのか（Problem Ownership）を前提に，解決することで経済価値を得られるようにするためにどのような資産を保有するのか（Asset Ownership）を決定し，その（資本）資産所有構成を実現するための資本構成（Capital Ownership）を整える。こうしたプロセスを通じて，企業価値が創造される。株式市場で取引されることを前提とするため，ここでいう上場会社の企業価値は将来のFCFと現在価値に変換するための割引率に基づいて確定されるものであるが，将来の

16　ヴェルナー（2016），マルクス（2024），注18のMayer（2024）の著書で展開されている会社観である。渋沢栄一の『論語と算盤』に通じる話である。ただ，特に上場株式会社については，「三方良し」や「五方良し」などと表現されるステークホルダー主義ではなく，ここで論じられている「善い残余利益」を長計する姿勢が重要であると考える。「善い」をどう判断するか，は難しい問題である。日常の道徳観・倫理観をビジネスにおいてそのまま適用できるのか，すべきなのか。需要が増加したことを受けて価格を引上げることによって利益を得ることは善い利益といえるのか。市場価格形成の基本原則を否定することが，市場制度に基づく資本主義経済において適切なことなのか。倫理・道徳の適用を考える際には，コンテクスト（状況）と適用の程度（上記の例では，価格引き上げの程度）の2つが問題になる（Heath 2023）。しかし，だからこそ，「善い利益」追求になっているかを常に考え続けることが重要といえる。ここの論点に関連して，岩井（2024，17-27頁）は，「市場で売れなければならない，というのが資本主義の論理だが，売れればよいというものではない，というのが資本主義の倫理であり，資本主義には論理を超えた倫理が確保されなければならない」という示唆に富む議論を展開していることを紹介しておきたい。渋沢栄一の『論語と算盤』の考え方に似ている。

17　企業の価値創造において，人的資本の重要性が増しているため，産業資本主義で確立された株主主権の考え方の見直しが必要であることも確かだが，大きな価値を生み出すためにはそれなりの資金・リスク・キャピタルが必要である。同様に，人的資本という形での先行投資も必要となるが，人的資本投資者に対するインセンティブ付与の観点から，企業価値のコール・オプション＝株式に関して適正な価格形成がなされる市場の存在は不可欠である。

第17章
日本企業に残された課題

FCF（利益）は，社会的問題を解決することで生み出され，かつ，社会的問題を引き起こさない（地球を含む第三者を犠牲にしない）形で生み出されなければならない。第三者に問題を引き起こさない形で企業価値を生み出すということは，様々なステークホルダー（地球を含む）の不利益・損害を引き起こさない形での利益，第三者に対する広い意味での不当利得にならない形で株主にとっての残余利益を最大化すること，すなわち株主価値最大化・向上が持続的な企業価値向上につながるということになる。

こうした残余利益を Colin Mayer は「Just Profits」[18] と呼んでいる。つまり，「善い利益（残余利益）」，あるいは，ステークホルダーを犠牲にしない（ステークホルダーに対する責務を果たした上で獲得する）利益という意味で「楽しめる利益」「誇れる利益」「後悔のない利益」[19] を最大化することが上場会社の経営陣・取締役会の責務といえる。会社法の規定では，株式会社の所有者はあくまでも株主であるから，株式会社の取締役会は，株主の（財務的）便益を最大化することによってその忠実義務を果たす義務を負う。取締役は，会社およびそのステークホルダーに対する善管注意義務と同時に，株主に対する忠実義務も果たすことが求められる[20]。

18　Mayer（2024）で展開されている議論である。Just Profits は，不当利得の英語が Unjust Enrichment であることを意識し，「正当な利益」と表現したものと思われる。Mayer は，企業の存在意義は，社会的問題・課題の解決に挑む覚悟を持つ，すなわち，Problem Ownership にあるとする。この考え方に基づき，Capital Ownership を有する株式資本投資家も，Problem Ownership の覚悟を経営者や取締役とともに負うべきであるとする。この覚悟と課題解決の支援に対する報酬が残余利益であり，Just Profits であると論じている。株式所有は投資先企業から利益を得る権利ではなく，Obligation（義務）が先行し，その義務遂行に対する報酬が生じるという考え方を展開している。

19　「楽しめる利益（Enjoyable Profits）」「誇れる利益」「後悔のない利益」という表現は，日本ペイントホールディングスで使用されているという（同社 COO から筆者は説明を受けた）。こうした利益の最大化に基づく MSV（Maximizing Shareholder Value）が日本ペイントという上場会社の経営陣のミッションであるとしている（熊野 2024）。

20　この考え方は，英国会社法第172条の規定に沿うものである。米国では，忠実義務と善管注意義務の2つを信認義務は含んでいる。日本法は，株式会社は営利法人であり，その目的は，その事業活動を通じて得た利益を構成員である株主に分配することであるとする。したがって，株主利益の最大化が取締役・執行役の義務とされる（奥乃 2022）。この義務は，忠実義務と善管注意義務ということになるが，これら2つの義務を巡っては同質であるという説と異質であるという説もあるという状況である（田村 2016）。株式市場における英米のプレゼンスの大きさと上場企業

287

第5部
コーポレートガバナンス・コードの成果と課題

　「善い利益」に基づく株主価値を最大化できるように資産を活用できるのが Best Owner[21] といえる。長期経営，社会のサステナビリティを踏まえた経営，「善い利益を稼ぐ力」を向上することを原則とすることが，ステークホルダー間の利害対立，短期と長期の利益実現，製品価格と従業員に対する報酬と株主に対する報酬の均衡点の模索など，様々な矛盾や対立やジレンマに対応するための会社の経営に関する意思決定に資すると考える。

　　であるということ，さらに，機関投資家を巡る信認義務では2つの義務が明確にされていることなどを考慮すると，日本においても，上場会社のコーポレート・ガバナンスは，2つの義務を前提にし，かつ，株主に対する忠実義務が確立される必要があると思われる。

21　そもそも所有権が正当化されるのは，資源を効率的かつ適正に使用し社会における価値を効率的・効果的に創造できる者に与えられることを基本とする（労働による所有権の獲得），というのが，ロックに代表される所有権概念である（鷲田 2024；今村 2011）。かなり宗教的な意味合いを含むものといえる。注16で紹介したガブリエル・マルクス（2024）の文献では，自然物を使用して人間の経済活動を通じて生み出されるのが剰余価値（市場で取引される価格をベースとする付加価値だけではない）であるとしているが，この剰余価値を最も効率的・適切に創造する者に所有権が付与されるべきであるということになる（この考え方に基づくと，カネの使い方に市民としての美徳が発揮されることが期待される）。社会における価値創造は，イノベーションを伴う価値創造に挑み成功する可能性の高い企業にリスク・キャピタルを配分する役割を担う株主（投資家）に，株式会社の所有権が付与されるべきということになる。しかしながら，株式市場による株式の流動性の提供は，リスク・キャピタルの資本コストを低下する効果を持つが同時に投資先株式会社の長期的な価値創造（その指標としての株主価値創造）と矛盾する可能性を持つ。現金による企業買収では，Best Owner であれば高い価格を支払うということになるが，その高い価格の源泉が従業員の短期的な大幅リストラに基づくものであるとすると，買収価格水準だけで，買収企業が被買収企業の Best Owner と判断してよいとはいいがたい。また，長期的な企業価値創造に大きな貢献をする人的資本提供者も，その投資先である企業の所有権を有してよいのではないか，という考え方が出てくるが，現状の株式会社に関する所有権モデルは，株式所有に基づいている。人的資本提供者は，成果が上がる過程でも報酬を受け取っているため，株主とは異なるリスクを伴うキャピタルを提供しているため，会社の所有権に関して株主と同等の所有権を付与してよいとはならない。むしろ，自分の報酬を最大化することを最優先すると，リスクの高いイノベーションに挑戦することを拒む可能性を持つ。もちろん，株式の流通市場の存在は，リスク・キャピタルの資本コストを引き下げる効果を持つものの，投資家は途中退出（人的資本提供者と同様に投資リターンを実現できる機会を持つこと）が可能であり，短期的な投資リターン実現を促そうとする可能性がある。株式市場における株価形成を巡る論点はあるものの，株主（投資家）が長期的な価値創造を重視するのであれば，人的資本提供者に対する適切な対応を求めることになるので，株主に所有権を付与することは妥当であるという論理が成立する。事実，企業価値創造における人的資本価値の重要性が大きい企業では，重要な人的資本提供者に株式型報酬が提供されている。

288

第 17 章
日本企業に残された課題

　何が「善い利益」なのか，どうすれば株主価値最大化につながる「善い利益」を稼ぐことになるのか，に関しては様々な意見が出てくるであろう。具体的な行動を決める時点では，こうすることが「善い利益」につながる，と判断しても，人間の認知限界や意思決定以降の現実には多様な要因が介在してくるために，その判断が間違ってしまうこともある。だからこそ，経営の執行を担う執行役や社内取締役にとっては，社外取締役や投資家とのコミュニケーションを行うことが重要となる。適切な情報開示が必要となるし，「善い利益」追求のために多様なステークホルダーに対してパートナーシップ精神を発揮し，多様なステークホルダーとのエンゲージメントを推進する必要がある。会社の取締役会は，会社が取り組むことを決めた社会問題を解決するという目的を実現し続けるために追求すべき「善い利益」とは何かについて自反尽己の姿勢で悩み続ける必要がある。これは，上場会社は，自社のパーパス[22]の解像度を上げ，長期的・総合的・本質的に見て善い利益追求になっているかどうかを基準に現実のジレンマに対応し続けていくことを意味する。

　この「善い利益」を長計し実現することが上場会社の経営原則であるということを企業サイドも投資家サイドも再確認する必要があると考える。時価総額 5,000 億円以上の会社の 99% が CGC の 90% 以上にコンプライしているという状況を鑑みると，「善い利益」の長計の中で出てくる課題（ビジネス・チャンスでもある）に関する説明を充実すること（自社ならではの「善い利益」追求ストーリーを提示すること）は，CGC の実効性向上にとって有益であろ

22　会社にしても個人にしても，パーパスの設定には 4 つの視点が必要であるとされる。①世界は何を必要としているか，②自社（自分）は何を愛しているか，③自社（自分）は何が得意か，④自社（自分）はどのような報酬（財務・非財務）を得られるのか，である。①と②の重なる領域が Mission（使命・任務）を，①と④が重なる領域が Vocation（天職）を，②と③の重なる領域が Passion（情熱・熱意）を，③と④の重なる領域は Profession（専門性）を，それぞれ規定し，すべてが重なる領域が Purpose を規定するというものである。この考え方は，作家のアンドレス・ズズナガのアプローチとされ，ユベール他（2022）で展開されている。同書では，リサ・アール・マクラウドの「ノーブル・パーパス」（世の中に与えたいポジティブな影響のことで，ひいては公益に貢献することであり，したがって，戦略を含むあらゆる意思決定・評価の指針となる北極星である。）という考え方が敷衍されている。

289

第5部
コーポレートガバナンス・コードの成果と課題

う。企業価値向上懇談会の報告書では，中期経営計画のあり方を再考すべき，という論点が挙げられているが，アクティブ投資家の数も質も多様性にも課題があり，海外のアクティブ機関投資家に依存することにも限界があり，セルサイド・アナリストのカバレッジにも課題がある状況では，中期経営計画の提示は，投資家や従業員などを含む社内外のステークホルダーにとって，有益であると思われる（経済産業省経済産業政策局（事務局）2024）。セルサイド・アナリストによるファンダメンタル・レポートが質・量ともに問題を抱えている状況では，会社の統合報告書を敢えて「自社ならではの善い利益追求ストーリーを年に一度アップデートして発信する情報媒体」として位置付けることは，日本の資本市場の現状に合致していると考える。法的に縛られ，訴訟リスクに晒される有価証券報告書にどこまで自社ならではの善い利益追求ストーリーを書き込むか，に関しては，現実を鑑みながら検討すべきであろう。いずれは，自社ならではの「善い利益」追求という経営原則がいかに遂行されているかに関する報告体系（第三者を犠牲にしないための投資や費用を財務諸表に計上したり，「善い利益」追求の過程で顧客や取引先，第三者にプラスの価値をどのようにかつどのくらい生み出しているのか[23]を提示できる報告体系）を整備し，第三者による監査をどう行うか，に関する国際的基準作り[24]と日本での適用の仕方などがなんらかのイニシアティブで検討される必要があろう[25]。

2）　上場会社としての責務の再確認：PBR1倍割れ解消以降の課題

　上場会社としての責務に関して認識不足があると考える。

　第1は，PBR1倍割れ問題に関する理解不足である。理解不足の解消には，単純な前提に基づくとはいえ，収益力と資本コストとPBRの本質的関

23　会社の企業価値・株主価値最大化にどう貢献するか不明確な社会貢献（ソーシャル・インパクト）の活動に関してはさらなる議論が必要だと考える。

24　Mayer（2024）で主張されている論点である。

25　カーボン・プライシングを含め環境対応投資や費用は税金という形で要請されてくるというシナリオを企業は念頭に置くべきであると考える。

係を示す2つの式を企業サイドが意識することが有益である[26]。

第1の関係式は，PBR ＝ 1 ＋（ROE −株主資本コスト）÷（株主資本コスト−成長率）である。この関係式が意味することは，長期的に維持できる水準としてのROEが長期的に適用される株主資本コストを上回らない限り，PBRが1倍を上回ることはない，ということである。ROE −株主資本コスト＝ROEスプレッドは，ROIC −加重平均資本コスト＝ROICスプレッドと本質的に同じといえるが，PBR1倍割れ解消には，ROEスプレッドあるいはROICスプレッドがプラスである必要があるということである。プラスのスプレッドは，株主や投資家にとっての「善い利益」であるための条件であり，自社がその事業・資産のOwnerとして最低限の資格を有することを示す。

プラスのスプレッドが確保されない状況で成長率を高めると，PBRは悪化してしまう。このスプレッドが中長期的な視点においてグローバルなスコープで同業他社に比べて最高水準にある場合（すなわち，同業他社に比べて最も高いPBRになる可能性が高い），自社がその事業・資産のGood OwnerもしくはBest Owner（株主資本コストと成長率の差が小さいこと，すなわち，大きなリスクをとっていないにもかかわらず高い利益成長機会を見出す能力が高いことも含まれる）であるということを意味する。

PBR1倍割れは，自社はその事業のGood Ownerではないことを意味する[27]。PBR1倍割れの状態では新株の公募増資は既存株主にとって受け入れがたい。しかしながら，株主取り分である残余利益（残余CF）が再投資される[28]のは，既存株主が割当て増資を承諾していることを意味する。既存株主への割当て増資であれば，株式発行価格水準は問題にならないし，取締役会を承認していることによって株主は投資先企業がGood Ownerになること

26　本書の第10章において，本文で述べる2つの関係式に関する詳細な議論と実証データ分析が紹介されている。

27　ここでの議論は，株式市場における株価が当該企業の残余利益（残余CF）の現在価値（「本来価値」ともいえる）を適切に反映して形成されていることを前提にしている。後述するように，本来価値と株価のギャップを可能な限り小さくすることが重要となる。

28　FCFは現在の事業継続を前提とする資本提供者に還元できるCFであるから，本来の残余CF ＞ FCFということになる。

第5部
コーポレートガバナンス・コードの成果と課題

を期待していることを意味する。

第2の関係式はPBR = ROE × PERである。ここで，PER = 配当性向÷（株主資本コスト−配当成長率）であり，配当成長率は配当性向を不変すれば，利益成長率と同じであり，利益成長率 = ROE × 再投資率 = ROE ×（1−配当性向）である。つまり，PBR = ROE × 配当性向÷（株主資本コスト − ROE ×（1−配当性向））ということである。ROEが高く，配当性向も高く，少ない再投資金額によって高い利益成長率を達成できる「善い利益」の獲得機会を見出し実現する低リスクで華麗に稼ぐ力があれば，PBRは向上できるのである。

この関係式の利用には少なくとも2つのメリットがある。第1は，企業が目標とするROEがどのような水準のPBRを目指していることになるのか，に関して有益な情報を得られることである。ROEの長期目標と配当性向があれば，CAPMに基づいて株式資本コストを算出するか，あるいは，株価＝配当金÷（株主資本コスト−成長率）という配当割引モデルに基づく株主資本コスト＝配当利回り＋利益成長率から，株式資本コストを算出すれば，PER水準の目安を把握できる[29]。PBR1倍割れを解消した後に，どのようなPBRもしくはPERが妥当なのか，を把握することができる。

2つ目のメリットは，目安としてのPBRやPERと現実のPBR，PERのギャップがなぜ生じているのか，に関する有益な検討材料を提供することである。株主資本コストに関する認識において投資家とズレがあるのか。ROEの水準に関する認識のズレがあるのか。成長ポテンシャルに関する認識にズレがあるのか。本来の株主価値と株価のギャップを合理的な範囲で可能な限り縮小することという上場会社の取締役会の責務を果たすためにもこの関係式を活用し，株式市場が株価形成を通じて発する自社に対するメッセージを理解することは，投資家との対話の充実にもつながる。

---

29 例えば，ROE15%，配当性向50%，CAPMに基づく株主資本コストが10%だとすると，PER20倍，PBR3倍という目安が算出される。丸井グループは，2023年6月の中期経営計画説明会で，現在のROE10% × PER17倍 = PBR1.7倍を，将来的には，ROE25% × PER20倍 = PBR5倍を目指すという目標を明示している。

第 17 章
日本企業に残された課題

　取締役会の意思決定のベースとして，こうした関係式の意味合いを理解することを含めてコーポレート・ファイナンス関連の知見を確保しておく必要がある。取締役のスキルの保有状況に関する調査[30] によると，グローバル，戦略，コーポレート・ファイナンス系のスキルに関して，日本の比率は低い。コーポレート・ファイナンス系では，米英の60%超に対して，日本は22%と大きな差がある。しかも，日本の場合，間接金融系の経験・知見を有する人材が含まれており直接金融系の人材は少ないと推察される[31]。この観点からの取締役会のスキル・ポートフォリオの再点検は重要である。

　第2は上場の意義と対話の重要性に関する認識不足である。経営陣が腹落ちしていないのではないか，ということである。上場するのは，企業の知名度・信用度を向上させ，株主に株式売買機会を提供することであり，リスク・キャピタルを調達するためである，という理解が一般的であろう。あるいは，株式を企業通貨として確立し，臨機応変に M&A を含む事業機会を実現するためであるとされる。役員・従業員や取引先などの利害関係者を自社のパートナーとして，その関係を強化するための手段として上場株式を活用するということもあろう。しかし根本は，リスク・不確実性に挑戦して自社ならではの「善い利益」追求を実現していくために上場するのであって，自社ならではの「善い利益」追求が他社の傘下に入ることであれば，上場という選択は望ましくない[32]。逆に自社のパーパス実践を阻害することになる

30　この調査は，経済産業省経済産業政策局（事務局）(2024) の参考資料①の52頁で，日本（TOPIX100）と米（S&P100）英（FTSE100）との取締役の保有スキルの比較が紹介されている。

31　この問題は，CFO 人材，FP&A 人材の育成問題と整合するものである。

32　様々なリスクや不確実性の高い価値創造に挑戦するリスク・キャピタルを得るために会社は上場会社になる選択をする。株式市場サイドは，ポートフォリオ投資と流動性の創出によって，リスク・キャピタルの供給力（金額規模，期待投資収益率＝資本コストの低下を含む）を高める。解決するのが難しくかつ長期間を要する社会的課題を経済的価値に変換しながら（市場で売れるようにして「善い利益」を創出しながら）解決することに挑むために会社には株式上場という選択肢が確保される必要があるということである。しかしながら，株式市場が会社の社会的課題を経済的価値に変換しながら解決するという挑戦を阻害するのであれば，M&A を含む非上場化も選択肢である。PE や VC は，会社の挑戦の価値創造ポテンシャルを充分に理解しその実現をサポー

293

第5部
コーポレートガバナンス・コードの成果と課題

のであれば，上場廃止すべきであろう。ただ，自社ならではの「善い利益」を追求する上では，自反尽己が徹底されなければならないが，そのために必要となる，見られることの効用（1人で慎むことが難しく自堕落にならないで済む，という現実への対応）や様々な対話機会[33]が上場によって得られることは重要である。この観点からすると，自社ならではの「善い利益」追求に資する株主（投資家）ポートフォリオ戦略の重要性を認識しておく必要があろう。また，上場とは，多くの人間に直接的にも，また，年金や投資ファンドを通じて間接的にも，株式運用による所得獲得機会を提供するという社会的価値に資するものでもあることも忘れてはならない。高齢化社会においては，ライフステージに応じた所得獲得機会は上場会社の存在なしには成立しないことも理解しておくべきであろう。上場会社として「善い利益」に基づく株主価値最大化の責務と株式市場への説明責任をないがしろにして，自己利益の追求のための手段として MBO を選択することは，広い意味[34]での不当利得行為だと意識しておくべきである[35]。

　こうした2つのマインドセット改革は，Sudden Death を危惧しなければならないほどの「危機意識」を持たない「緩慢な衰退」の状態（危機）にある多くの日本企業にとって重要である。株価は会社の将来性を示唆するからである。株式市場からのプレッシャーも必要[36]だが，リスク・不確実性に挑

　トできる存在と捉えることができる。会社の価値創造ポテンシャルがパッシブ投資家を含む一般投資家にも一定程度理解できるような状態に達した段階で株式を（再）上場することを目指す PE や VC は，「移行期」的株式市場の場をリスクや不確実性の高い価値創造に挑む会社に提供しているといえる。

33　宇田川（2024）では，経営における対話（dialogue）とは，「他者を通して己を見て，応答すること」であり，変革とは対話することであるとしている。また，後述の「緩やかな衰退問題」（「ゆで蛙問題」ともいわれる）も論じている。

34　法律に規定されていることに限らない，という意味である。

35　すべての MBO が望ましくないということではない。

36　プレッシャーでしか組織・人は動かないという見方もあるが，リストラを進めるためには成功・成長のためという動機が不可欠であるという組織心理・希望の原理を強調しておきたい。なお，全く新しい世界をデザインしそれを推進するという世界観（夢物語と称される）がなければ，ユニコーンのような事業は生み出されず，ほどほどのイノベーションを達成しようとする「希望」に「夢」が成り下がってしまう，とも指摘されている（岩淵 2024）。また，ほどほどのイノベー

第17章
日本企業に残された課題

戦して自社ならではの「善い利益」を生み出すには上場会社コミュニティ（上場会社の経営者・従業員・取引先などを含む）としての矜持と夢を抱くことが必須である。米国のVCの研究者[37]が語ったことだが,「成功するVBの根本には必ず社会的価値創造への意欲と夢があり,金銭的成功を最重視したVBは必ず失敗している。」ということを共有しておきたい。同時に,渋沢栄一が語った夢七訓も覚えておきたい。

夢なき者は理想なし　理想なき者は信念なし

信念なき者は計画なし　計画なき者は実行なし

実行なき者は成果なし　成果なき者は幸福なし

ゆえに幸福を求むる者は夢なかるべからず

[参考文献]

明田雅昭（2023a）「『PBR1・2・3目標』の提唱」2023年4月17日（https://www.jsri.or.jp/publish/topics/pdf/2304_02.pdf）。

明田雅昭（2023b）「ガバナンスコードで残されている課題」スチュワードシップ研究会　コーポレート・ガバナンス小研究会,2023年11月9日。

今村健一郎（2011）『労働と所有の哲学』昭和堂。

岩井克人（2024）『資本主義の中で生きるということ』筑摩書房,pp. 17-27。

岩淵正樹（2024）『世界観のデザイン』クロスメディア・パブリッシング。

宇田川元一（2024）『企業変革のジレンマ』日本経済新聞出版。

江頭憲治郎（2016）「コーポレート・ガバナンスの目的と手法」『早稲田法学』92巻1号,pp. 95-117。

奥乃真弓（2022）「ステークホルダー・キャピタリズム時代の会社のパーパス」『筑波ロー・ジャーナル』33号,pp. 1-21。

金融庁（2024）「コーポレートガバナンス改革の実践に向けたアクション・プログラム2024（意見書（7）及び概要）」2024年6月（https://www.fsa.go.jp/news/r5/singi/20240607.

ションを重視する姿勢は,多くの企業が大きなリスク,失敗を避け,成果・成功にだけ報酬を与えるもので,投資金額の10倍,100倍の事業価値を生み出すイノベーション（Roofshotsに対してMoonshotsと呼ばれる）への挑戦を阻んでいることを問題視し,Alphabet（Google）は,投資プロジェクトの配分を,コア事業向け70%,周辺・拡張型事業向け20%,Moonshot型投資10%とする方針を掲げていたこと（現時点でも継続されているかに関して確認できていない）を強調する議論もある（Strebulaev and Dang 2024）。

37　残念ながら誰なのか特定できなかった。

第 5 部
コーポレートガバナンス・コードの成果と課題

html）。

熊野信一郎（2024）「インタビュー　日本ペイント HD 若月社長が語る M & A 戦略『本社の
　　エゴを子会社に押し付けず』」日経ビジネス 2024 年 7 月 29 日号。

経済産業省経済産業政策局（事務局）（2024）「持続的な企業価値向上に関する懇談会（座長としての
　　中間報告）」2024 年 6 月（https://www.meti.go.jp/shingikai/economy/improving_corporate_
　　value/pdf/20240626_1.pdf）。

田村陽子（2016）「論説　日本の法制度における信認関係と契約関係の交錯」『筑波ロー・
　　ジャーナル』21 号，pp. 111-151。

東京証券取引所（2023）「東証上場会社コーポレート・ガバナンス白書 2023（データ編）」
　　（https://www.jpx.co.jp/equities/listing/cg/tvdivq0000008jb0-att/cg27su0000007u5u.
　　pdf）。

日本取締役協会（2024）「上場企業のコーポレートガバナンス調査」2024 年 8 月 1 日（https://
　　www.jacd.jp/news/opinion/cgreport.pdf）。

芳賀沼千里（2024）「アクティビストさん，いらっしゃい」『三菱信託銀行　Thematic In-
　　sight』2024 年 7 月 10 日。

鷲田清一（2024）『所有論』講談社。

ヴェルナー・ゾンバルト（金森誠也訳）（2016）『ブルジョワ』講談社学術文庫。

マルクス・ガブリエル（斉藤幸平監修・土方奈美訳）（2024）『倫理資本主義の時代』ハヤカ
　　ワ新書。

ユベール・ジョリー他（2022）『THE HEART of BUSINESS』英治出版。

Heath, J.（2023）*Ethics for Capitalists*, FriesenPress.

Kerzérho, R.（2024）The Passive vs. Active Fund Monitor, PWL Capital Inc.（https://
　　pwlcapital.com/wp-content/uploads/2024/08/20240318-PWL-The-Passive-vs-Active-
　　Fund-Monitor.pdf）.

Mayer, C.（2024）*Capitalism and Crises*, Oxford University Press.

Strebulaev, I. and A. Dang（2024）*The Venture Mindset*, Nicholas Brealey Publishing.

補章

スチュワードシップ研究会の 10 年

1

設立の経緯

　スチュワードシップ研究会は，機関投資家が協働して活動する場として，2014年10月に設立された。設立のきっかけは，2014年2月に金融庁から『日本版スチュワードシップ・コード』が公表されたことであった。

　『日本版スチュワードシップ・コード』では，機関投資家が，投資先企業やその事業環境に関する深い理解に基づき，投資先企業との建設的な「目的を持った対話」（エンゲージメント）などを通じて，当該企業の企業価値の向上や持続的成長を促すことにより，顧客・受益者の長期リターンの拡大を図ることが期待されていた。機関投資家のスチュワードシップ活動は，議決権行使にとどまるものではなく，企業と「対話」を行うことを含めた幅広い活動を指すとされ，スチュワードシップ・コード（以下，SSコード）の原則7では，「機関投資家は，……当該企業との対話やスチュワードシップ活動に伴う判断を適切に行うための実力を備えるべきである。」とされた。

　SSコードの対象とする機関投資家は，基本的に，日本の上場株式に投資する機関投資家とされている。SSコードを受け入れた機関投資家は，投資先企業に対する適切なスチュワードシップ活動を行うことが期待されているが，一方で，日本ではスチュワードシップ活動の歴史が浅く，適切なスチュワードシップ活動を行おうとするにあたり多くの課題も認められた。

　第1に，SSコードにも指摘されているように，日本株式に投資する機関投資家が企業の経営陣と適切に「対話」するための「実力」を十分に備えているかという課題である。

　個々の機関投資家の「実力」については様々な評価がありえようが，日本株式に投資する機関投資家全体としてさらに実力を高めていくことが期待されるところであった。そのためには，SSコードにも指摘されるように「必要に応じ，機関投資家が，他の投資家との意見交換を行うことやそのための場を設けることも有益であると考えられる。」このような場を通じて機関投資家が研鑽を積んでいくことは適切なスチュワードシップ活動に欠かせない

補章
スチュワードシップ研究会の10年

ものと考えられる。

第2に，対話の前提となる企業や機関投資家の情報開示のあり方や，株主総会のあり方，議決権行使のあり方など，よりよい「対話」を行っていくために改善が期待される制度やルールも少なくなかった。

2
本研究会の目的と活動

本研究会は，主に日本株式に投資する機関投資家が会員となってネットワークを形成し，上記のような課題の改善に向けて取り組んでいくことを目的として設立された。

本研究会では，機関投資家の個人が所属する企業の枠にとらわれず，また投資先企業等に配慮したりすることなく投資家同士が自由に意見交換を行うことを目指して，会員の参加資格を「機関投資家または機関投資家の事業を支援する業務に従事する個人」とし，上場企業の方やIR支援などの方は参加できないこととした。もちろん，上場企業やIRコンサルタントなどの方々との情報交換・意見交換は積極的に行ってきた。

現在，機関投資家の他，大学，研究機関などのメンバーも含めて，60以上の機関から約100名の方々が会員として参加している。

具体的な活動としては，以下の3点を掲げた。

(1) 機関投資家の情報交換・意見交換の場を設置することや，スチュワードシップに関する勉強会を設けること，あるいはグローバルな機関投資家との交流の場を設けることなどにより，機関投資家が「実力」を備えるための研鑽の場を提供する。

(2) 改善が期待される金融資本市場の制度やルールについて，機関投資家の意見・要望を取りまとめて公表し，関係当局等に提言するなど，スチュワードシップ活動の環境整備に努める。

(3) セミナーやブログ等を通じて機関投資家の考え方を社会に発信することにより，機関投資家の活動に対する社会的な理解を促す。

299

(1) の勉強会や情報交換・意見交換の活動は当研究会の主たる活動になっており，2015年以降毎年20回前後の勉強会・意見交換会を行っている。次節で過去10年の勉強会活動を振り返り，機関投資家のスチュワードシップ活動の議論や関心事項の変遷を振り返ってみたい。

　(2) の提言等については，SSコードやコーポレートガバナンス・コード（以下，CGコード）の改定，金融庁の開示布令の改正などに対して，投資家の意見を提出してきた。また，政策当局との意見交換も活発に行ってきた。

　(3) のセミナーについては，コロナ禍の2020年を除き毎年1～2回のペースで開催し，2023年までに12回開催した。12回のセミナーのテーマを振り返ると（**図表1-1**），2015年3月の第1回から2017年まではSSコードの導入を受けた「対話」の取り組みについてのテーマが取り上げられてきたが，その後，企業価値向上，資本コストの活用，取締役会評価，非財務情報開示など，投資家として取り上げるテーマが広がってきたことが見て取れる。講師やパネリストにはスチュワードシップ研究会メンバーの機関投資家が中心であったが，その他に企業のIR責任者の方などにも参加していただいた。

3

勉強会・意見交換会の歴史で見る日本の投資家の議論の変遷

　スチュワードシップ研究会の過去10年の勉強会，意見交換活動を振り返ると，この間の日本のスチュワードシップとコーポレートガバナンスに関わる議論の歴史を理解することができる。ここでは2014年からどのような活動を行ってきたかを紹介しながら，この間の日本の投資家の変化や，投資家を巡る課題の移り変わりを見ていきたい。

（1）　2014年—機関投資家の情報交換・意見交換のネットワークとしての研究会設立

　2014年2月に，日本初のSSコードが制定され，同年の夏には資産運用会

補章
スチュワードシップ研究会の 10 年

図表 1-1　スチュワードシップセミナー　第 1 回〜第 13 回まで

	日時	テーマ
第 1 回	2015 年　3 月 24 日	機関投資家のスチュワードシップ活動の現在 〜スチュワードシップ・コード，コーポレートガバナンス・コードの制定を受けて〜
第 2 回	2015 年　8 月　7 日	2015 年の株主総会の総括と 2016 年の株主総会に向けた対話のポイント
第 3 回	2016 年　1 月 15 日	エンゲージメント型・対話重視型ファンドの「対話」の取り組み
第 4 回	2016 年　7 月 19 日	スチュワードシップ・コード，コーポレートガバナンス・コードの導入で株主総会と対話はどう変わったのか？
第 5 回	2017 年　1 月 31 日	企業と投資家との「対話」の進展
第 6 回	2017 年 10 月　4 日	株主と企業との対話の拡大
第 7 回	2018 年　7 月 12 日	株主エンゲージメントは企業価値向上に役立つか？
第 8 回	2019 年　1 月 18 日	企業と投資家の対話における資本コストの活用
第 9 回	2019 年 10 月 17 日	取締役会評価と機関投資家の対話／議決権行使
第 10 回	2021 年 12 月　2 日	東証市場再編への機関投資家の期待と懸念
第 11 回	2022 年 12 月　6 日	非財務情報の開示と，企業と投資家の対話
第 12 回	2023 年　9 月　4 日	日本企業の価値創造力と投資家の役割を考える
第 13 回	2024 年 12 月　2 日	政策保有株を考える

出所：スチュワードシップ研究会活動記録

社がコードの受け入れ表明を開始した。その原則 7 では，英国のコードなどではあまり見られない投資家自身の自己鍛錬を求めていた。それにはなんらかの自己鍛錬が可能となる "場" が必要である。

　当時，日本には資産運用業による協会はいくつかあったが，"投資家" という立場で，政策当局のパブリック・コンサルテーション（以下，パブコメ）に意見書を提出したり，政策当局を訪問し意見交換を行うといった活動はあまり見られなかった。そこで，海外ではどのような活動が行われているのか情報収集を始めると，たまたま 9 月に，アジアに投資するグローバル投資家の団体 Asian Corporate Governance Association（本部香港。以下，ACGA）

のメンバーによる，ジャパン・デリゲーション（会員何人かで一緒に企業やレギュレーターをまわり，意見交換を行うイベント）が，東京で開催された。ACGA は，アジア各国のコーポレートガバナンスについてメンバー同士で議論を深め，それぞれのエンゲージメントや議決権行使に生かすとともに，グループで企業やレギュレーター，取引所などを訪問して意見交換を行っていた。また政策当局が制度改正などで実施するパブコメに応答し，投資家の意見を政策に反映させるための活動を行っていた。

　日本でも今後このような活動が重要になると考えていた本研究会の設立準備メンバーは，日本を訪問している ACGA のメンバー数人とミーティングを設定し，日本でのこのような団体の設立や活動について助言を求めた。この後スチュワードシップ研究会と ACGA との交流は，今日に至るまで続けられることとなった。

　2014 年秋，スチュワードシップ研究会は法人としての登記や HP の立ち上げといった準備活動を始めた。金融庁では CG コード策定に向けた有識者会議が始まり，世の中のガバナンスへの関心は高まっていた。そのような中，我々は 10 月に最初の勉強会を開催した。参加者は 10 人程度で，第一歩をスタートした。

(2)　2015 年—CG コード導入に伴う議論に貢献

　2015 年が明けると，会員も増え研究会の本格的な活動が始まった。この年は CG コードが最終化され，6 月に施行された年であった。

　1 月に行われた最初の勉強会は，企業側の株主総会担当者などを招いた開発中の CG コードについての意見交換だった。日本で初めての CG コードということで，海外投資家からの注目も高く，誰かが日本に出張する機会があると，意見交換の申し入れがくるようになった。そうして時々，海外の投資家を交えてディスカッションを行うことができるようになった。また金融庁や東証の担当者を招いての意見交換会や，研究者などに講師を依頼しての勉強会を開催した。

　勉強会は，この年合計 19 回に及んだ。テーマは CG コード関連が 6 回，

補章
スチュワードシップ研究会の10年

議決権行使関連が2回，政策保有株式，トヨタ自動車によるAA型種類株式発行について，社外取締役関連，株主総会の日程問題と，CGコードに合わせて注目されていたテーマから始まり，年後半にはESG関連を2回，また日本公認会計士協会と監査の問題について意見交換会を行った。

トヨタのAA型種類株式についての議論は，まずは問題点を理解することから始まったが，外資系の運用会社には，すでに反対を表明していたところもあった。またESGについても外資系（特に欧州が拠点の運用会社）と国内の投資家では，顧客の意向など環境の違いから意見のギャップがあった。年末に行ったESGについての勉強会は，欧州系運用会社のメンバーの1人が講師を務めてくれた。ESGのカテゴリーごとに非財務分析基準を示し，ESGのウエイト付けや，銘柄を評価するためのガバナンス体制，エンゲージメントの手法を説明した。また，水資源を例に挙げて，リスクの評価方法などを詳しく解説した。「気候変動は投資家にとってグローバルリスクの1つ」という，今でこそ国内でも普通に受け止められるようになったこのアジェンダについて，海外の議論を詳しく紹介してくれた。2015年の段階ではこのような議論に触れる機会が少ない日系運用会社のメンバーにとっては，大きな刺激となった。

（3） 2016年—海外投資家との交流を活発化，パブコメで意見発信

2016年になり，まず前年に導入されたCGコードについて，金融庁や東京証券取引所（以下，東証）と意見交換する機会を持った。また2月にACGAのメンバーが何人か日本を訪問したため，意見交換を行った。当時のACGAのメンバーの関心の高いテーマは，①政策保有株式，②トヨタのAA型種類株式，③株主総会の開催時期と有価証券報告書（以下，有報）開示のタイミングであった（①や③は8年たった今でも重要事項だ）。11月には，ACGAの年次カンファレンスが東京で開催されたので，その機会にまたACGAメンバーと意見交換を行った。この他にも，前年に続き，この年も日本に出張に来たACGAメンバーは個別に我々に会合を求め，本国の最新の議論を紹介してくれたり，日本で注目されている課題について意見交換を

303

申し入れた。その結果，海外投資家との交流がさらに活発化した。

　株主総会が近付くと，セブン＆アイ・ホールディングスのトップ交代のプロセス，ガバナンス体制が議論になった。また役員報酬について，企業のIR・株主総会担当者を招いて意見交換を行った。議決権の電子行使問題についても取り上げた。

　この年の後半は金融庁や関連機関で，決算短信の簡素化やフェアディスクロージャー・ルールの議論が行われ，これらも勉強会のテーマとなった。決算短信の簡素化については，東京証券取引所のパブリックコメントにも意見書を提出した。年末には導入の議論が始まった長文監査報告書（その後のKAM：Key Audit Matters）について，国際監査・保証基準審議会（IAASB）や企業会計基準委員会（ASBJ）で活躍していた専門家を招き解説を依頼した。また国際会計基準（IFRS）を導入した企業のIR担当者に，導入企業の視点や経験を共有してもらった。12月の末には金融庁が有価証券報告書の改訂に向けたパブリックコメントを実施，これにも意見書を提出した。

　我々はSSコードもCGコードも，導入後の具体的な活動が重要と考えた。筆者もIFRSの委員会出席のための，年2回のロンドン出張の機会を活用し，現地の実例を取材して，スチュワードシップ研究会の勉強会で共有した。この年は25回の勉強会を実施した。

（4） 2017年―「気候変動」と企業価値創造の議論の始まり

　2017年になるとTCFD（気候関連財務情報開示タスクフォース）が投資家の間でも話題となり始めた。2月には，金融安定理事会（FSB）のもとタスクフォースで開発に関わる日本人メンバーを招き，初めてTCFDの勉強会を実施した。またEUではESGの議論がますます注目され，EUで活躍する日本人コンサルタントからEUの動きについて解説を受けるという勉強会も開催した。

　早くもSSコードの改訂年がきて，英国の投資家団体インベスターフォーラムとオンラインで会合を持ったり，ACGAとのミーティングを開催するなど，海外投資家との意見交換に力を入れた。

またこの年，経済産業省は「価値協創ガイダンス」を公表，スチュワードシップ研究会でも，経産省担当者を招いて意見交換会を行った。これに関連する議論として，資本政策や，M&Aの開示の課題についても，勉強会テーマに取り上げていった。

その他，IFRSの最新の課題，長文監査報告書の議論，そして英国の最新の開示規則についても勉強会で取り上げた。10月には有価証券報告書の開示規則について金融庁の専門家に解説を依頼した。

このように2017年になると，企業価値，M&Aや関連法制度，また開示関連でも，IFRSや監査だけでなく，非財務情報開示について取り上げるようになり，勉強会のテーマは広がりを見せた。

また2017年は，意見発信もより活発に行った。金融庁などに向けて，開示ルールやSSコード，金融商品取引法などの改訂に伴う意見募集に対し計5件の意見提出を行った。意見提出にあたっては，勉強会を開き，そこで出た意見を集約した。この年は合計で，23回勉強会を開催した。

(5) 2018年—サステナブル・ファイナンス，投資家の社会的課題に対する役割

2018年頃，GPIF（年金積立金管理運用独立行政法人）などによりパッシブ投資家にもエンゲージメントが求められるようになり，研究会でも「パッシブ運用のエンゲージメントの論点」について，専門家を迎えて議論を行った。

また，日本企業に株主提案を行った海外のアクティブ投資家からの意見交換の申し入れも受けるようになった。海外投資家の提案には納得できるところもあるが，他方で，会員の中から，日本企業の実情を理解していないのではないかとの反論を聞くこともあった。

3月には，EUでサステナブル・ファイナンスのアクションプランが公表され，それに対してパブリックコメントが行われたため，日本からも意見を送るため勉強会を何回か開催した。アクションプランの内容については，投資家の間でも意見が分かれていた。会員間でも同様だった。ESGを重視する投資家から見ると賛同するところの多い政策だったが，一方でそのために

会計基準を見直す案や，脱炭素に貢献する事業や企業を分類するタクソノミの提案については，政策が投資に影響を及ぼし過ぎるように見え，投資の精神とはいささか異なるという懸念が聞かれた。提案の中に公正価値評価の見直しが含まれていたため（その後反対が多く，取り下げられた）「ESG 的によい取り組みを行う企業に投資資金を向かわせるため，会計基準を見直したいということは，そうでないとリスクが大きくて投資できないということか？」と鋭い指摘をするメンバーもいた。

　同じ 3 月には，IFRS 財務諸表に見られる課題について，国際会計基準審議会（IASB）の理事や ACGA の香港のメンバーとディスカッションを行った。原則主義の IFRS では，企業によっては財務諸表上の科目を合算し，十分な詳細開示を行わないという課題が日本ではよく見られた。海外では日本ほど合算はされていなかったが，それでも中間的な科目が投資家の望むものとは異なることがあった。この議論は最終的に投資家の分析方法や，事業のマテリアリティの考え方に及んだ。昨今国際サステナビリティ基準審議会（ISSB）が登場しマテリアリティという言葉をよく耳にするようになったが，当時は新しい概念であった。

　監査や有価証券報告書，TCFD に関する勉強会も行い，年の後半は金融庁の企業開示に関するパブリックコメントに意見書を送った。同様に，年初に東証のコーポレートガバナンスに関する意見募集にも応じた。

　その他この年は，市場の課題として「日本銀行の ETF 購入に関する問題点」を取り上げたこと，また，初めて女性活躍に関する問題について，内閣府から講師を招き，政府の取り組みについて解説を受けた。2018 年は 22 回勉強会を開催した。

(6) 2019 年―企業価値向上における投資家の役割

　2019 年は後から振り返ると非常に忙しい年となった。まず前年末に発表された ACGA の CG Watch（2 年に 1 度行われる調査で，アジア各国のガバナンスの進展度をスコアリングし，国別ランキング結果を公表している）で，日本は 7 位に滑落した。この評価については投資家の間でも賛否が分かれた。日本政

補章
スチュワードシップ研究会の 10 年

府はこれまで様々な努力をしてきていた。しかしそれに対し，日本企業の変化は，グローバル投資家の期待よりゆっくりであった。一方，東南アジア諸国が想像以上の努力をしていることが，国内であまり知られていなかった。そこで年初から，アジア各国のコーポレートガバナンスの取り組みについて勉強会を実施し，1 月末には日本を訪問した ACGA の代表を囲み，CG Watch の評価について詳しい解説を受けた。

　2 月にはサステナブルファイナンスのパブリックコメントに応答するための，勉強会を開催した。3 月には有価証券報告書の新しい開示基準である「役員報酬」について理解するため，専門家に依頼し解説を聞いた。この年は監査や非財務情報，TCFD なども含め，開示について取り上げたのは 29 回の勉強会中 9 回と全体の約 1/3 となった。

　またこの年は東証の市場改革に向けて議論が始まった年だった。東証第 1 部に 2,000 社を超える企業が所属し，それらがすべて TOPIX の構成銘柄であることに関係する様々な弊害が議論され，これを見直すための有識者会議が設置された。そこで，当会でもこれらの動きに合わせた一連の勉強会を行った。まず 1 月に「市場構造のあり方」についてディスカッションを行うと，その月の終わりには資本コストを取り上げ，2 月には企業価値向上とエンゲージメントについて議論した。新年度になると一部の長期運用の投資家が LIXIL にガバナンスの改善を求めて，取締役選任議案に株主提案を行っていることがわかった。アクティビストや買収ファンドなどではなく，議決権保有率も普通のアクティブ運用の投資家が，ガバナンス上の問題を訴え，他の株主にも賛同を求めるという提案というのはめずらしかった。最終的には投資家が勝つことができ，7 月には当事者に講師を依頼してディスカッションを行った。この年の株主総会シーズンはアクティビストもこれまで以上に活躍し，それに関する勉強会も複数開催した。資本コストや企業価値向上の議論の中で，スピンオフのケースも勉強会のテーマに取り上げた。

　また，サステナビリティ関連のテーマも取り上げた。2019 年の秋には，都市部でも河川が氾濫する台風被害があり，日本でも気候変動の深刻な影響が社会的に認知されていった。そのような中，再生エネルギーの利用を推進

307

する新興電力会社の勉強会や，日本のトランジションプランの状況と金融機関の責任をアジア各国と比較したディスカッション，持続可能なパームオイルについての勉強会等を開催した。そしてその年は，初めて AI の影響について勉強会で取り上げた。

（7） 2020 年―コロナ禍の活動と，サステナビリティ開示

2020 年は年明けに初めて ASBJ のパブリックコメント「会計上の見積もり」について意見書を送付した。これは前年から公開草案が発表されていたが，年末の 12 月 26 日に勉強会を行い，駆け込みで意見を集めたものだった。「会計上の見積もり」はのちに，この年最も投資家が注目すべき点となった。

1 月には新開示府令の評価や，次の SS コード改訂へ向けた勉強会を行ったが，この直後に新型コロナウイルスが蔓延し始め，テレワークに切り替える企業が増えていった。3 月の初めにクライメートボンド・イニシアチブとの勉強会を予定していたが，急遽電話会議システムに切り替えた。

3 月第 2 週と 4 月第 1 週に予定していた「ビジネスと人権」に関する日本政府の行動計画のパブリックコメントに対する勉強会は，初めて ZOOM 方式で行った。この間世界的にロックダウンが始まっていた。各国で開示や監査，株主総会についても緊急対応が発表されていった。4 月の後半，英国のFRC（Financial Reporting Council）にオンラインによるワークショップを依頼した。そこで英国の CG コードが新しく求める従業員などへの考慮と，それに合わせた開示について状況を聞いた。この頃海外では突然のロックダウンで従業員の雇用が心配されており，タイムリーなテーマだった。また 4 月末にはやはりこの頃注目されていた「減損」について，英国からオンラインで講師に参加してもらいディスカッションを行った。多くの資産が減損の危機に向かい合い，金融庁も企業に議論したばかりの「会計上の見積もり」の開示を求めた。

一方コロナ禍で，気候変動の議論は停滞するのでは，という一部の予想に反して，この議論は益々重視された。台風などの被害は数年に 1 度から毎年

になっていた。IFRS財団や豪会計基準評議会などは気候変動の影響はすでにIFRS財務諸表に現れるはずだと，資産評価や気候変動の対策のため発生した契約，引当金，保険契約の開示についてガイダンスを発表，これらを取り上げた勉強会も行った。またこの年にKAMが導入されたため，秋にはその分析を行った。コロナ禍による資産減損のリスクが高まる中，ちょうどKAMが役に立つ格好になった。

この年の秋には，初めて米国サステナビリティ会計基準審議会（SASB）と，オンラインで勉強会を開催した。SASBはIIRC（国際統合報告評議会）やGRI（Global Reporting Initiative）などと包括的なサステナビリティ開示について今後協力していくと述べ，それらの団体と発行したばかりのレポートをもとに勉強会を計画した。ところがこうした計画を立てている間に，IFRS財団もサステナビリティ開示について，自ら何らかの役割を負うべきかを問うコンサルテーションペーパーを発表した。そこでIFRS財団にも講師を依頼しディスカッションを行った。オンラインが当たり前になって海外との会合が容易になったことは，予想外だった。

年末には，これも新しいテーマで，サイバーセキュリティとその対策について経産省による勉強会を開催した。逆に年初には外為法に関する議論もあった。導入に向けた経産省，外務省の説明やコミュニケーションに問題があり，ACGAや海外投資家から反発が寄せられた。徐々に出社規制が始まる中，なんとかパブリックコメントにも応答した。

(8) 2021年—投資家の開示SFDR，ESGに目覚める米国

2021年はすべてがオンラインでの活動となった。CGコード改訂年で，関連する勉強会を開き，東証と金融庁双方のパブリックコメントで意見を送った。勉強会では英国FRCや台湾証券取引所もスピーカーとして招待し，海外事例を学んだ。

EUではこの頃投資家に影響のある新たな動きが始まっていた。これまでESG開示といえば企業開示の議論ばかりであったが，EUでは投資家のサステナビリティ開示が策定されていた。Sustainable Finance Disclosure Regulation（SFDR）について，4月に EU の投資家等に講師を依頼し勉強会を行った。また，もし SFDR のように各国が投資商品の ESG 開示をバラバラに求めた場合の，投資家への影響を懸念した CFA 協会では，独自に投資商品の ESG 開示基準を策定し，パブリックコメントを行っていた。そこでこちらにも意見書を送付した。

東京オリンピックが無観客で開催された頃，我々は EU で始まった，ソーシャルの要素をタクソノミに追加する議論を初めて取り上げた勉強会を開催した。人権や人的資本に関する議論はコロナ禍で，より注目されるようになった。また無形資産についての関心も高まっており，6月には知財に関する勉強会も行った。

サステナビリティ開示については，この年 IFRS 財団が SASB や IIRC，CDSB と合併して ISSB を設立するという発表を行い，数多くのワークショップやセミナーが地域を超えてオンラインで開催された。11月には COP26 が開催され，ISSB 設立の宣言が行われた。また，多くのイベントがオンラインで行われた。そこでそれらの情報を集めて11月末に「気分だけはグラスゴー」というアジェンダで情報交換会を開催した。

しかしこの年の勉強会は全部で18回という，最大回数であった2019年の 2/3 以下の回数となった。これはまだ年初行動ができていた2020年の20回をも下回った。

（9）2022年—気候変動株主提案，GFANZ とポートフォリオネットゼロ

2022年の最初の勉強会は人的資本開示だった。続けて東証新市場について東証を交えて議論を行い，2月には前年の COP で立ち上がった GFANZ やポートフォリオネットゼロを勉強会のテーマに取り上げた。2022年の春から夏にかけて，ISSB，EU，そして米国がサステナビリティ開示基準についてそれぞれ数百頁の提案書を策定し，一斉にパブリックコメントを行ったため，世界中の投資家団体を忙しくさせた。スチュワードシップ研究会でも議論を行った。

補章
スチュワードシップ研究会の10年

　また2年前に導入された KAM について，好事例も出てきたためそれを
テーマとしたり，前年からロンドンの投資家や PRI（責任投資原則）で取り
組まれていた開示の評価手法 "Climate Accounting Analyses"（非財務情報
で開示された情報と整合する情報が財務諸表や監査で開示されているかどうかを分析
し，レーティングをする手法）についても，ロンドンから関係者を講師として
招待しオンラインで勉強会を行った。

　サステナビリティ開示関連では，知財や S に関する指標の勉強会も開催
した。年後半ではなかなか情報が入りにくい米国での議論も取り上げた。
CFA 協会が懸念したように米国 SEC（証券取引委員会）は，SFDR のような
ファンドの ESG 開示について取り組み，改正案を発表したため，これにつ
いても議論した。一方日本の金融庁は他国と異なり，ESG データ提供機関
に対するコードに取り組み，夏には策定案をパブコメにかけたため，これも
勉強会のテーマに取り上げた。

　株主総会シーズンになると，気候変動関連の株主提案を行った NPO との
ディスカッションを開催した。気候変動に関する株主提案が「定款変更」の
形で出されることについては，様々な意見があった。

　年の後半には，かねてから課題となっていた日本の TOB（株式公開買付）
制度や買収防衛策が議論されるようになり，これらをテーマに取り上げた。
年末には伊藤レポート 3.0，価値協創ガイダンス 2.0 について勉強会を開催
した。勉強会回数は前年より少し増え 20 回となった。

（10）　2023 年—コーポレートガバナンスアクションプログラム

　2023 年は OECD のコーポレートガバナンス原則が改訂となり，パブコメ
が行われた。そのため 1 月にはパリの OECD のスタッフとオンラインで勉
強会を開催した。この年に金融庁が改訂 OECD 原則を反映させるため CG
コードの改訂を行うと思われたが，金融庁は改訂議論を行わず，その代わり
4 月に「コーポレートガバナンス改革の実践に向けたアクション・プログラ
ム」を発表した。それに先だち，前年末から東証では PBR1 を下回る企業の
問題について議論を始めていた。経産省でも TOB，大量保有報告制度見直

311

しに向けた議論が行われており，日本は株主アクティビズムを高める方向に
向かっていた。そこで4月に経産省の議論については有識者に，東証の資本
コストと株価を意識した経営を促すための一連の改革については東証に講師
を依頼し，各々勉強会を行った。

　5月には会員の1人が発表した論文をもとに「創業者持分が多い企業のガ
バナンス改革」について勉強会を行った。6月が近付くと，気候変動に関す
る株主提案が，初めて投資家主導で2社に対し行われ（それまでのこのテーマ
に対する株主提案はNPO主導であった），それらについての勉強会も開催した。
7月と9月に2回，ACGAと久しぶりの対面で，コーポレートガバナンスア
クションプログラムを中心とした意見交換会を行った。また年末には大量保
有報告制度に関する勉強会を行った。

　開示関連では，この年の6月にはISSBが最初の基準（気候変動）の完成
版を発表し，関心は次の基準作成のテーマとして何が選ばれるかに移って
いった。そこで，次の基準の候補であった人的資本や自然資本に関する勉強
会も18回中4回開催したことに加え，内閣府による知財の勉強会も行った。

　2020年から恒例となった秋の監査法人との会合では，毎年KAMや会計
上の見積もりなどその年の投資家の関心事を選んで，公認会計士の方々から
解説をいただいていたが，この年は初めてサイバーセキュリティについて取
り上げ，参加者の関心も高かった。

　2023年は3年ぶりの対面開催を行ったが，コロナは完全に鎮静化された
とはいえず，一方で海外出張などが復活し，なかなか勉強会の設定が難しく
なった。開催回数は前年よりまた少し減り18回であった。

（11）　2024年—政策保有株に関するオピニオンペーパー

　スチュワードシップ研究会もこうして10年たち2024年の初めに考える必
要が生じたのは世代間のギャップだった。世代によって関心のあるテーマも
異なり，また切り口も違う。

　そこで2023年の末から，少人数の目的別意見発信のワーキンググループ
を作り活動を始めた。最初のテーマは政策保有株で，何度か集まって議論を

図表1-2　勉強会の様子。議論を重視するときはコの字型に着席

出所：スチュワードシップ研究会

行い，2024年5月にオピニオンペーパーを発表した。2024年の勉強会のテーマは，COP28の議論の共有や生物多様性など環境問題の他，株式報酬制度，ダイバーシティ経営，そして女性特有の健康課題による経済損失の試算という経産省の取り組みなど，人的資本に係るテーマが増えてきた。

　こうしてこの10年間を振り返ると，その時々投資家が考えるべき様々な課題を，勉強会の題材として取り上げてきたことが，あらためて確認できる。伝統的なガバナンスの課題から，海外の投資家との交流，ESG，サステナビリティ，資本効率や持続的な経営，人的資本，サイバーやAI，企業価値向上と，この10年投資家が考えるべき課題は右肩上がりに増えてきた。

　これは投資家に社会が求める役割が増えているのか，あるいは世界の不確実性，サステナビリティの課題が増えているからなのか。いずれにせよ，投資家がこういったテーマについて集まって議論をする場の重要性は，引き続

き高まりそうだ。一方で多くの異なるニーズや，世代間ギャップにいかに応えていくかは，簡単ではなくなっている。10年前に比べて国内で活動する投資家団体も増えた。それぞれ固有のテーマで，専門性を高めたものも多い。そのような中で，スチュワードシップ研究会はどういった議論を続けていくべきか。よりよいスチュワードシップ活動に向けて，さらに議論を深めていきたいと考えている。

執筆者紹介

【編著者】

木村 祐基（きむら・ゆうき）［編集，はじめに，第 1 章，第 3 章，第 5 章，補章］
一般社団法人スチュワードシップ研究会代表理事，
一般社団法人機関投資家協働対話フォーラム代表理事・理事長

一橋大学商学部卒業後，野村総合研究所入社。企業調査部にて証券アナリスト業務に従事。野村総研香港社長，エマージング企業調査部長を経て，1996 年野村投資信託委託（現・野村アセットマネジメント）に移籍。企業調査部長兼経済調査部長，参事コーポレート・ガバナンス担当などを歴任。

企業年金連合会年金運用部コーポレート・ガバナンス担当部長（2008 〜 2010 年）。金融庁総務企画局企業開示課専門官（2010 〜 2014 年）。一般社団法人スチュワードシップ研究会設立に伴い代表理事に就任（2014 年 10 月）。一般社団法人機関投資家協働対話フォーラム設立に伴い代表就任（2017 年 10 月）。

【執筆者】〔執筆順〕

河北 博光（かわきた・ひろみつ）［編集，第 3 章，第 4 章］
根津アジアキャピタルリミテッド パートナー

1993 年日本生命保険相互会社入社。ニッセイアセットマネジメント株式会社国内株式担当部長，APS アセットマネジメント（シンガポール）日本株 CIO，ユナイテッド・マネージャーズ・ジャパン株式会社などを経て，現在は根津アジアキャピタルリミテッドでエンゲージメントファンドの立ち上げに参画中。

主な著書に，『株主に響くコーポレートガバナンス・コードの実務』（同文舘出版，2015 年），『世界標準の資産の増やし方』（東洋経済新報社，2024 年），『女性活躍で切り拓く企業の未来』（中央経済社，2024 年）。

菊池 勝也（きくち・かつや）［第 2 章］
東京海上アセットマネジメント ESG スペシャリスト

1989 年（現）大和アセットマネジメント入社。約 20 年株式運用部門に所属しファンドマネージャーを務める。主として成長株ファンドや SRI ファンドを担当。調査部長を経てスチュワードシップ活動を担当。2019 年東京海上アセットマネジメント入社し，マルチアセットの責任投資を統括した後現職。主な委員に，財務会計基準機構「サステナビリティ基準委員会（SSBJ）」。主な著書に，『「対話」による価値創造：ESG・統合報告・資本コストをめぐる企業と投資家の協創』（日本経済新聞出版，2021 年），『サステナビリティ情報開示ハンドブック』（共著，日本経済新聞出版，2023 年）。

斉藤 正和（さいとう・まさかず）［第6章］

アセットマネジメント One 株式会社 運用本部リサーチ・エンゲージメント部議決権行使チーム マネジャー

　安田信託銀行（現みずほ信託銀行）入社。営業店勤務を経て，国内株式リサーチおよび議決権行使業務に従事。現在は，アセットマネジメント One にて，投資先企業とのエンゲージメントおよび議決権行使を担当。

牧野 隆之（まきの・たかゆき）［第6章］

アセットマネジメント One 株式会社 運用本部リサーチ・エンゲージメント部議決権行使チーム アナリスト

　安田信託銀行（現みずほ信託銀行）入社。営業店勤務を経て，国内株式リサーチおよび運用業務に従事。現在は，アセットマネジメント One にて，投資先企業とのエンゲージメントおよび議決権行使を担当。論文に「機関投資家の議決権行使への取組み」『青山マネジメントレビュー』（No.11）がある。

今村 敏之（いまむら・としゆき）［第7章］

野村アセットマネジメント株式会社 責任投資調査部長 兼 スタートアップ投資室長

　1994 年野村アセットマネジメント入社。主に国内の公的年金基金向けの日本株式，外国株式運用を経て，2003 年よりニューヨークにて運用調査業務に従事，主に米国株式の調査を担当。2006 年に東京に戻り，投資信託の分析評価業務を行うグループ会社において，外国株式ファンドの分析を中心に担当，2008 年 12 月より同社ロンドン支店長。2013 年4月に野村アセットマネジメントに戻り運用企画部長。2016 年4月より責任投資調査部長（現任）。2024 年7月よりスタートアップ投資室長兼務（現任）。国内外の外部専門委員，有識者委員など多数。

大堀 龍介（おおほり・りゅうすけ）［第8章］

一般社団法人機関投資家協働対話フォーラム 理事

　1987 年野村證券株式会社入社，海外投資顧問室配属。以後，野村総合研究所への出向を含めてセルサイド・アナリスト業務に従事。1996 年 JP モルガンの資産運用部門にバイサイド・アナリストとして入社。調査部門を統括する調査部長を経て，2009 年日本株運用 CIO に就任。2017 年 JP モルガンを退職。経済産業省「伊藤レポート」委員，同「非財務情報の開示指針研究会」委員などを歴任。投資家フォーラム運営委員。ESG 情報開示研究会特別会員。前田道路株式会社社外取締役。株式会社 LIXIL 社外取締役。

鎌田 博光（かまた・ひろみつ）［第8章］

一般社団法人機関投資家協働対話フォーラム 理事

　1983 年山一證券株式会社入社，盛岡支店，国際営業部，在アムステルダム銀行子会社，株式先物・オプションのトレーディングデスク等を経て，1993 年山一投資顧問出向。その後継のソシエテ・ジェネラル・アセットマネジメントおよびアムンディ・ジャパンにて様々なスタイルの日本株アクティブ運用に携わる。2020 年アムンディ・ジャパンを退職。スチュワー

ドシップ研究会運営委員。投資家フォーラム運営委員。NPO 法人 ARUN SEED 監事。NPO 法人 JBCC 実行委員会実行委員。

山崎 直実（やまざき・なおみ）［第 8 章，第 9 章］
一般社団法人機関投資家協働対話フォーラム 代表理事・事務局長，
一般社団法人株主と会社と社会の和 代表理事

　1985 年株式会社資生堂入社。営業，商品開発・マーケティング，経営企画，新規事業を経て，ガバナンス，株主総会・株式実務を担当。国内外機関投資家や議決権行使助言会社，ESG 調査機関等との対話を重ね，IR/SR を推進。2014 年資生堂を退職。同年，一般社団法人株主と会社と社会の和を設立，代表理事に就任。企業向け IR・SR・ESG に関するアドバイザーを務める一方，2017 年，一般社団法人機関投資家協働対話フォーラムを設立，代表理事・事務局長として，日本の協働エンゲージメントを推進。経済産業省「持続的成長への競争力とインセンティブ～企業と投資家の望ましい関係構築～（伊藤レポート）」委員などを歴任。著書『株主に響くコーポレートガバナンス・コードの実務』（同文舘出版，2015 年）。

明田 雅昭（あけだ・よしあき）［第 10 章］
青葉ナレッジ・コンサルティング 代表

　野村総合研究所入社。株式数理研究室長，資産運用情報サービス部長などを経て野村ファンド・リサーチ・アンド・テクノロジー常務取締役。中央大学専門職大学院国際会計研究科特任教授（2012 ～ 2017 年度），日本証券経済研究所特任リサーチ・フェロー（2018 ～ 2024 年度）。年金などアセットオーナーの資産運用委員会委員を歴任。主な論文に「インデックス運用の適正規模」（1990 年証券アナリストジャーナル賞）。2018 ～ 2024 年度では日本企業の価値創造状況と価値向上および東証改革に関する論文多数。

中川 和哉（なかがわ・かずや）［第 11 章］
野村證券株式会社エクイティリサーチ部 ESG チーム・ヘッド

　2024 年野村證券株式会社入社。以前は，三菱 UFJ モルガン・スタンレー証券株式会社にて機関投資家向けの日本株ストラテジストとして ESG，株式需給に関する調査を担当した後，三菱 UFJ 信託銀行並びにグループ会社にてコーポレートガバナンス，サステナビリティ領域の調査を務める。主な著書・論文に，『サステナビリティ情報開示ハンドブック』（第 8 章，第 15 章（共著），日本経済新聞出版，2023 年），「ROIC 経営，資本コスト経営の現況とそれらを実現するガバナンスとは」『月刊資本市場』（共著，2023 年 3 月号），「ステークホルダーに訴求できる企業の人権への取り組みとは」『月刊資本市場』（2022 年 3 月号）。

宮下 　修（みやした・おさむ）［第 12 章］
ジェイフェニックスリサーチ株式会社 代表取締役

　早稲田大学政治経済学部卒（1989 年），ロンドン大学シティー校 Bayes Business School

MBA（1993 年），ドイツ・コンスタンツ大学経済統計学部修士（1994 年）。1989 年野村総合研究所入社後，スターンスチュワートで日本人初の EVA コンサルタント，メリルリンチ証券の投資銀行部門，AIG を経て，2005 年ジェイフェニックスリサーチに参画し 2009 年より代表取締役，2013-2016 年 UT グループ株式会社上席執行役員兼務，2019-2023 年株式会社スカラ最高戦略責任者兼務。「優先株」（共著，1991 年 4 月号），「変貌するドイツのユニバーサルバンク」（1992 年 7 月号），「市場型ガバナンス実践への視座」（共著，1998 年 7 月号），「米国大企業の財務管理」（共著，1999 年 1 月号）いずれも『財界観測』（野村総合研究所）など。米国 CFA 協会認定証券アナリスト，日本ディープラーニング協会 E 資格 2021#1 合格者。

小澤 大二（おざわ・だいじ）［対談］
一般社団法人機関投資家協働対話フォーラム 理事

東京銀行に入行後，ニッセイアセットマネジメントに出向し，日本株式運用に携わる。その後，シティトラスト信託銀行にて日本株式運用部長。モルガン・スタンレー・インベストメント・マネジメントを経て，インベスコ・アセット・マネジメントにおいて日本株式運用部長，取締役運用本部長 兼 最高投資責任者（CIO）。2024 年 6 月末に退職し，37 年間のアクティブ投資家人生にひと区切りをつけ，現在は投資家として培った知見・経験を活かした活動を行っている。

神山 直樹（かみやま・なおき）［対談］
日興アセットマネジメント株式会社 チーフ・ストラテジスト

日興證券株式会社（現 SMBC 日興証券株式会社）入社。日興ヨーロッパ，日興国際投資顧問株式会社，日興アセットマネジメント株式会社，ゴールドマン・サックス証券株式会社でクオンツ・アナリスト，以降モルガンスタンレー，ドイツ，メリルリンチ各証券会社で日本株チーフ・ストラテジストを経て現職。証券アナリストジャーナル編集委員。共著に，日本コーポレート ガバナンス フォーラム『株式投資家が会社に知って欲しいこと：会社と株主の win-win 関係のための Q&A 集』（商事法務，2008 年）。共訳に，J. スタンプフリ・V. グッドマン『ファイナンス数学入門：モデリングとヘッジング』（朝倉書店，2003 年）。『証券アナリストジャーナル』，『企業会計』等寄稿。

小松 雅彦（こまつ・まさひこ）［第 13 章］
日興アセットマネジメント株式会社 サステナブルインベストメント部 共同部長

プルデンシャル投資顧問株式会社（現 PGIM ジャパン株式会社）入社。シュローダー・インベストメント・マネジメント株式会社，ポーラー・キャピタル・パートナーズ等で主として日本株アナリスト業務に従事。2019 年に海外機関投資家との集団的エンゲージメントで主導的な役割を果たした一人として，日本のコーポレート・ガバナンス改革の進展に貢献。主な論文に，「柳モデルの TOPIX 採用全銘柄への適用に係る実証研究の示唆」『月刊資本市場』（共著，2024 年 7 月号）。

執筆者紹介

辻本 臣哉（つじもと・しんや）［第14章］

柏総合研究所 代表取締役

1989年東京海上火災保険入社，1991年東京海上MC投資顧問株式会社で，アナリスト業務を開始し，その後アナリストヘッドを務める。2001年明治ドレスナー・アセットマネジメント株式会社に入社。同社調査部長を経て，2007年RCMアジアパシフィック（在香港）に，アジア地域（日本を含む）の調査統括として入社。2011年ニッセイアセットマネジメント株式会社に移り，2013年からニッポン・ライフ・グローバル・インベスターズ・シンガポールCEO。10年以上に渡り，アジア及びグローバルエマージング株を運用する会社を経営する。2023年に帰国し，柏総合研究所を設立。

松下 敏之（まつした・としゆき）［第15章］

カディラキャピタルマネジメント 代表取締役・ファンドマネージャー

第一勧業朝日投信投資顧問（現：アセットマネジメントOne）入社以降，国内外の資産運用会社にて，主に日本の上場株式の投資運用業務に従事。資産運用会社を2回創業し，10年以上の経営経験を有する。著書に『ファンダメンタル分析の手法と実例』（プチ・レトル，2017年）。ビジネスブレークスルー大学「リーダーシップ・アクションプログラム」ラーニングアドバイザーを務める。日本証券アナリスト協会検定会員。

古布 薫（こぶ・かおる）［第16章］

インベスコ・アセット・マネジメント株式会社 運用本部日本株式運用部ヘッド・オブ・ESG

JPモルガン証券会社投資銀行部門金融入社後JPモルガン・アセットマネジメント株式会社へ転籍，日本株運用部門のアナリストとしてテクノロジー業界を担当。2014年インベスコ・アセット・マネジメント株式会社入社。日本株式運用部のリサーチ・アナリストとしてテクノロジー及び金融業界の担当と，ヘッド・オブ・ESGとして日本株式運用部のスチュワードシップ活動を統括する。金融庁公認会計士監査審査会委員，30% Club Japan インベスターグループChairを務める。著書に『女性活躍で切り拓く企業の未来』（中央経済社，2024年）。

山本 功（やまもと・いさお）［第17章］

起業投資株式会社 代表取締役

早稲田大学政治経済学部（1981年），ハーバード・ビジネス・スクールMBA（1986年）。野村総合研究所，メリルリンチ日本証券などを経て現職。日清オイリオグループ株式会社社外取締役，Scenera, Inc.（米国）社外取締役。東京大学経済学部非常勤講師（経営財務I担当）。著書に，『M&Aがやってきた！仕事はどうなる，あなたはどうする？』（共著，日本経済新聞社，2005年），『企業価値向上のためのIR経営戦略』（共著，東洋経済新報社，2004年），『入門「戦略財務」経営』（大庭清司と共著〔第三章執筆〕，日本経済新聞社，2000年）。論稿に「グループ経営と子会社公開」『証券アナリストジャーナル』（2000年12月）。

三井 千絵 （みつい・ちえ）［補章］

野村総合研究所 プリンシパル研究員

　株式会社時事通信社を経て，2008 年より株式会社野村総合研究所。専門は企業開示情報と関連制度。2014 年から 2020 年まで IFRS 財団の電子開示に関する諮問グループ ITCG，2021 年より CFA 協会の企業開示指針委員会のメンバー。IFRS，ガバナンスコード，海外非財務開示の動向，ここ数年はサステナブル・ファイナンスの研究を行う。経済産業省が設置した非財務情報の開示指針研究会や，SX 銘柄評価委員会で委員を務める。

　東京理科大学大学院理学研究科物理学専攻修士，日本証券アナリスト協会認定アナリスト（CMA）。

【編集協力】

円谷 昭一 （つむらや・しょういち）

一橋大学大学院経営管理研究科 教授

　2001 年，一橋大学商学部卒業。2006 年，一橋大学大学院商学研究科博士後期課程修了，博士（商学）。2021 年より現職。専門は情報開示，コーポレート・ガバナンス。スチュワードシップ研究会メンバー。日本経済会計学会理事，日本 IR 学会理事。主著に『コーポレート・ガバナンス「本当にそうなのか？」2- 大量データからみる真実』（同文舘出版，2023 年 3 月）など。

【著者紹介】

一般社団法人スチュワードシップ研究会

　主に日本株式に投資する機関投資家が会員となってネットワークを形成し，スチュワードシップ活動を適切に行うための研鑽の場を提供し，併せてスチュワードシップ活動を行うための環境整備に資することを目指して，2014年10月に設立された。現在，機関投資家やその関連業務に従事する約100名の会員が登録し，勉強会・意見交換会の開催や資本市場に向けた意見発信などの活動を行っている。

　URL：https://stewardship.or.jp/

2025年4月25日　　初版発行　　　　　　　略称：スチュワードシップ

機関投資家による
スチュワードシップの実践と展望
―スチュワードシップ・コードの10年―

編著者		木 村 祐 基
著 者	ⓒ	一般社団法人 スチュワードシップ研究会
発行者		中 島 豊 彦

発行所　同文舘出版株式会社
　　　　　東京都千代田区神田神保町 1-41　〒101-0051
　　　　　電話 営業(03)3294-1801　編集(03)3294-1803
　　　　　振替 00100-8-42935
　　　　　https://www.dobunkan.co.jp

Printed in Japan 2025　　　　　　製版・印刷・製本：藤原印刷
　　　　　　　　　　　　　　　　　　　　　　　　　装丁：オセロ

ISBN978-4-495-21070-0

[JCOPY]〈出版者著作権管理機構委託出版物〉
本書の無断複製は著作権法上での例外を除き禁じられています。複製される場合は，そのつど事前に，出版者著作権管理機構（電話 03-5244-5088, FAX 03-5244-5089, e-mail: info@jcopy.or.jp）の許諾を得てください。